U0937478

ANNUAL REPORT ON CHINA REFORM 2015

中国改革研究报告2015

A DECISIVE CHOICE TO ADVANCE ECONOMIC TRANSITION

转型抉择

2020：中国经济转型升级的趋势与挑战

2020: TRENDS OF AND CHALLENGES FOR CHINA'S ECONOMIC TRANSITION AND UPGRADING

迟福林◎主编

方栓喜　夏　锋　何冬妮　匡贤明◎副主编

中国经济出版社
CHINA ECONOMIC PUBLISHING HOUSE
北　京

图书在版编目（CIP）数据

转型抉择——2020：中国经济转型升级的趋势与挑战 / 迟福林主编.
北京：中国经济出版社，2015. 2
ISBN 978 - 7 - 5136 - 3718 - 3
Ⅰ. ①转… Ⅱ. ①迟… Ⅲ. ①中国经济—经济体制改革—研究 Ⅳ. ①F121
中国版本图书馆 CIP 数据核字（2015）第 024749 号

责任编辑　师少林
责任审读　贺　静
责任印制　巢新强
封面设计　金刚设计

出版发行　中国经济出版社
印 刷 者　北京科信印刷有限公司
经 销 者　各地新华书店
开　　本　787mm × 1092mm　1/16
印　　张　19. 75
字　　数　337 千字
版　　次　2015 年 2 月第 1 版
印　　次　2015 年 8 月第 3 次
定　　价　58. 00 元
广告经营许可证　京西工商广字第 8179 号

中国经济出版社 **网址** www. economyph. com **社址** 北京市西城区百万庄北街 3 号 **邮编** 100037
本版图书如存在印装质量问题，请与本社发行中心联系调换（联系电话：010 - 68330607）

版权所有　盗版必究（举报电话：010 - 68355416　010 - 68319282）
国家版权局反盗版举报中心（举报电话：12390）　　服务热线：010 - 88386794

前　言

当前，面对经济下行的压力，我国的经济增长前景与经济转型趋势越来越受到各方面的高度关注。总的看，“十三五”时期（2016—2020）是我国经济转型升级的最后“窗口期”。对我国的经济转型升级来说，2020 年确实是一个坎：化解短期增长压力的希望在 2020，实现全面小康社会目标的关键在 2020；避免“中等收入陷阱”、迈向高收入国家的关节点在 2020。如果谋划好、把握好 2020 这个“中期”，就能奠定未来 10 ~ 20 年公平可持续增长的坚实基础；如果错失 2020“中期”这个重要的历史机遇期，就会失去经济转型与改革的主动权，从而带来系统性的经济风险。对此，应当有客观、清醒的估计。这就要求我们：跳出速度看结构；跳出政策看体制；跳出短期看中长期，着眼于 2020 年经济转型升级和改革攻坚的实质性突破谋划好“十三五”。

基于以上考虑，本书以“转型抉择”为主题，力图客观分析 2015—2020 年这 6 年经济转型升级面临的趋势与挑战，提出务实的行动建议。全书由总论和八章组成。“总论”阐述了 2015—2020 年这 6 年经济转型与改革的大思路。1 ~ 3 章分别研究和探讨我国经济转型升级面临着的三大历史性趋势：一是从“中国制造”走向“中国智造”的工业转型升级大趋势；二是从规模城镇化走向人口城镇化的城镇化转型升级大趋势；三是从物质型消费走向服务型消费的消费结构升级大趋势。适应这三大趋势，第 4 章提出 2020 年经济转型升级的基本目标。我们认为，中国经济转型的出路在于加快从工业大国走向服务业大国，到 2020 年基本形成服务业主导的经济结构。要实现这一战略目标，关键在于全面深化改革。为此，5 ~ 8 章研究分析了 2015—2020 年这 6 年全面深化改革的四项重大任务：一是加快放开服务业市场，尽快形成服务业市场开放的大环境；二是打破利益固化格局，啃下结构性改革的“硬骨头”，在财政、税收、金融、教育等改革上取得新突破；三是把握全球多边、双边自由贸易的新机遇，推进服务贸易强国进程，形成国际竞争新优势；四是深化以简政放权为重点的政府改革，使行政体制改革能够有效推动经济转型升级。

每年推出一本改革研究报告，是中改院努力打造“中国改革智库”的重要任务之一。我们期待本书的出版能够继续得到广大读者的厚爱，能够引发各方对中国经济转型升级的进一步思考，能够对“十三五”规划的研究和编制产生积极影响。

本研究报告是中改院研究团队集体创作的成果。从报告主题的选择、提纲的确定、内容的撰写与修改，广泛征求了相关领域领导、专家的意见，也广泛参阅了大量国内外文献。主要编写者有迟福林、方栓喜、夏锋、何冬妮、匡贤明、刘锋、张飞等，苗树彬、宋敏、甘露、陈所华、方赟赟、郭文芹、余秀娟、宋雪、杨天英、李许卡、任喜萍等参与了资料收集和具体的编辑工作。中国经济出版社对本书的编辑出版给予了大力支持，在此一并表示感谢。

本书成稿之时，正值2015年羊年春节来临之际，谨以此书向广大读者拜年，恭祝广大读者新春快乐！

迟福林

2015年2月1日

CONTENTS

>> > 目录

总　论　转型中国的历史性抉择

2020年是我国经济转型的最后"窗口期"。面对国际国内发展环境和条件的深刻变化,转型与改革的时间空间约束全面增强。准确研判经济转型升级大趋势,准确把握经济新常态,关键是谋划、把握好2020年在服务业主导的经济转型升级上取得决定性成果。

第一章　从中国制造走向中国智造

——2020:工业转型升级大趋势

未来5~10年,新一轮科技革命与我国经济转型升级形成了一个历史性的交汇点。能不能到2020年初步完成从“工业革命2.0”向“工业革命3.0”的升级，并奠定“工业革命4.0”的重要基础，成为我国“十三五”工业转型升级的重大挑战。

第二章 从规模城镇化走向人口城镇化

——2020:城镇化转型升级大趋势

在扩大内需成为拉动我国经济增长主要驱动力的背景下,到2020年城镇化还有多大的发展空间?如何估计城镇化对扩大内需、拉动经济增长的重大作用?未来城镇化将何去何从?客观分析和解决好这些问题,不仅事关城镇化的成败,而且将牵动和影响经济转型升级的全局。

第三章 从物质型消费走向服务型消费

——2020：消费结构升级大趋势

我国进入到以大众消费为主的消费新时代，消费领域正在发生一场从物质型消费向服务型消费升级的深刻革命。适应这一大趋势，“十三五”能否在消费结构升级中释放巨大的消费需求潜力，由此形成经济转型升级的强大动力，成为消费驱动经济转型的重大现实问题。

第四章 从工业主导走向服务业主导

——2020：建设服务业大国大趋势

从发展阶段看，我国正处于由工业化中后期向工业化后期转变的历史关键阶段。到2020年能否基本形成服务业主导的新格局，将决定经济转型升级的全局。

第五章 放开服务业市场

——“十三五”:深化市场化改革的重大任务

我国服务业的发展不缺少资本,更不缺少市场需求,关键是形成服务业的市场开放的大环境。“十三五”破除服务业市场垄断,形成服务业市场开放的新格局,成为深化市场化改革的重大任务。

第六章　啃下结构性改革的硬骨头
——“十三五”:全面深化改革的攻坚战

实现服务业主导的转型升级,面临着结构性矛盾的重大挑战。根本出路是加快结构性改革。“十三五”要以结构性改革为重点,取得经济转型升级的决定性成果。

第七章　推进服务贸易强国进程

——“十三五”:形成国际竞争新优势

我国是一个货物贸易大国,但还不是一个服务贸易强国。在全球经济格局深刻调整变化和“一带一路”开放战略深度实施的大背景下,推动我国从货物贸易大国走向服务贸易强国,到2020年形成我国国际竞争新优势,既面临着重大机遇,也面临着历史挑战。

第八章 深化以简政放权为重点的政府改革
——"十三五"：全面深化改革的关键环节

到2020年实现经济转型升级的战略目标，关键在于深化以简政放权为重点的政府改革。"十三五"能否以理顺政府与市场关系为主线实现行政体制改革的实质性突破，既是经济转型升级的重大挑战，也是国家治理体系和治理能力现代化的重大任务。

总 论

转型中国的历史性抉择

2020年是我国经济转型的最后“窗口期”。面对国际国内发展环境和条件的深刻变化，转型与改革的时间空间约束全面增强。准确研判经济转型升级大趋势，准确把握经济新常态，关键是谋划、把握好2020年在服务业主导的经济转型升级上取得决定性成果。

当前，我国的经济转型升级正处在重要历史拐点：一方面，经济下行压力增大，经济矛盾与风险因素明显增多；另一方面，经济转型升级的大趋势初步形成，经济发展方式转变到了关键时期。面对国际国内发展环境和条件的深刻变化，转型与改革的时间空间约束全面增强。能不能准确研判2015—2020年这6年我国经济转型升级的大趋势，能不能准确把握经济新常态的核心内涵，对未来10年、20年，甚至30年我国经济的可持续发展都有着决定性影响。在这个特定背景下，方方面面高度关注未来几年经济走势，高度关注"十三五"(2016—2020)国家经济社会发展规划，高度关注"十三五"经济转型与改革的抉择。如何谋划好、把握好2020，将成为"十三五"的重大历史性课题。

一、2020：经济转型的最后"窗口期"

在我国经济发展的内外部环境都发生深刻复杂变化的特定背景下，留给经济转型的时间空间有限。2015—2020年这6年，是我国经济发展方式转变的历史关节点。

1. 国内经济矛盾与风险增大倒逼经济转型

(1)经济运行的矛盾与风险明显增大。这不仅表现在部分行业产能严重过剩以及地方债和房地产泡沫可能引发的经济风险，而且也反映在结构调整滞后、生态环境危机因素增多、创新能力不足等结构性矛盾加大了经济运行的潜在风险。当前，一些行业实体经济的效益不断下滑，资金周转困难，整体负债水平高。实体经济风险直接导致财政金融风险，若不及时解决，有可能引发系统性经济风险。“十三五”能不能加快转方式、调结构，实现经济发展方式的实质性转变，不仅对缓解当前的经济下行压力非常关键，而且对化解中长期经济风险至关重要。

（2）低成本优势明显减弱。从总体上看，以往支撑经济快速增长的劳动力、土地、资源等传统要素供求关系日益趋紧。从劳动年龄人口变化趋势看，一方面，劳动力红利基本消失，劳动力成本近两年每年以10%～15%的速度上升；另一方面，传统比较优势不断减弱。人口老龄化加快，60岁以上人口比重已经超过15%，劳动年龄人口近两年开始出现下降，这就使劳动力成本持续上升、企业成本不断加大。“十三五”能不能推动科技创新不断取得新突破、培育出新的全球竞争优势至关重要。

（3）资源环境约束明显趋紧。传统经济增长方式积累的生态环境问题正在全面凸显：一是环境承载力达到或接近上限；二是人民群众对环境的承受能力接近极限。目前，全国70%的城市空气质量不达标，水污染的问题比较普遍。环境污染不仅威胁老百姓的健康，还成为引发社会矛盾的导火索。顺应全社会对“APEC蓝”的期待，“十三五”能不能走出一条绿色低碳循环发展之路至关重要。

（4）社会矛盾和风险因素明显增多。贫富差距依然较大，利益主体多元化、利益格局固化引发的社会利益矛盾与社会冲突有所增加。此外，由于公共服务仍然短缺、社会保障水平较低、社会不公、社会信用缺失等，导致社会问题增多，老百姓抱怨增多，群体性事件也有所增加。过去经济高速增长“一俊遮百丑”的时代已成为历史，经济下行有可能使某些潜在的社会矛盾累积加大并日益凸显。“十三五”能不能缓解收入分配差距、走出一条包容性发展的新路至关重要。

2. 国际经济环境的复杂多变催促经济转型

（1）国际产业分工格局调整催促经济转型。国际产业分工格局调整对我国经济发展方式的转变形成很大压力。最近两年，欧美制造业回归和扩大出口，使我国与欧美的经济关系由原来的互补为主，逐步变为竞争与互补并存，互补性减弱，竞争因素逐步增多。

（2）新一轮科技革命、产业变革催促经济转型。我国高度重视正在发生的新一轮科技革命。这场科技革命使信息化与产业变革深度融合，使生产方式、商业模式、增长空间都正在或即将发生某些颠覆性的变化。麦肯锡公司在2013年的一份研究报告中预测，到2025年，互联网、新机器人等12项重大科技发明对全球经济的直接影响将达到 14 ~33 万亿美元;可以产生 16 ~40 万亿美元的新增经济价值。未来几年,这场科技革命带来的产业变革,既对我国经济转型升级带来重大机遇,同时也提出严峻挑战。如果“十三五”我国不能适应新一轮科技革命的大趋势,加快推进经济转型升级,就会进一步拉大与发达国家的发展差距。

(3)国际能源格局变化催促经济转型。国际能源格局变化给我国经济转型升级带来了巨大压力。美国能源的自给率从 2008 年的 76% 提高到 2013 年的 84%,对欧佩克的原油依赖度大幅下降至 38%,并提出到 2030 年风力发电占用电总量的比例不少于 20%。欧盟计划到 2030 年,可再生能源占能源总消费的比例达到 27% 以上。相比之下,我国的情况却令人担忧:由于我国仍以传统化石能源为主,温室气体排放总量已超过欧美的总和,人均排放量也高于世界平均水平。2015 年是“十二五”的收官之年,在“十二五”规划的所有约束性指标中完成程度最低的有可能是环保,估计“非化石能源占一次能源的消费比重”、“氮氧化物排放减少”两个环保指标的完成率很有可能均不会超过 50%。如果“十三五”我国不能在解决环境污染方面有大的突破,不仅将导致社会矛盾日益增多,还会面临较大的国际压力。

(4)世界及区域经济一体化进程催促经济转型。我国作为世界第二大经济体,在世界经济格局中的地位显著提升。当前,美国主导跨太平洋战略经济伙伴关系协定(TPP)和跨大西洋贸易与投资伙伴关系协定(TTIP)谈判,提出更高标准的自由贸易和投资规则,涉及我国一半以上的出口贸易产品。在这个背景下,我国只有加大经济发展方式转变力度,改变出口贸易结构,加快推进市场化改革,才能把握国际经贸的主动权,从而应对新一轮国际贸易规则变化带来的挑战。如果“十三五”我国不能抓住机遇形成国际竞争新优势,对外开放就会面临更大的压力和挑战。

3. 2020:经济转型升级的历史关节点

(1)跳出速度看结构。我国经济转型升级面临的突出矛盾和问题,既有增长周期的原因,更有发展方式的问题。客观地看,这些矛盾和问题大都与经济结构调整滞后直接相关,更与经济发展方式转变不到位密切相关。由此,不仅要着力缓解经济增速下行的压力,而且要加快转方式、调结构,并把转方式、调结构放到更加重要的位置,努力在“十三五”取得实质性进展。

当前,主动适应经济新常态,就是要高度重视经济结构调整。经济新常态,从短期看是速度问题,从中长期看是结构问题和发展方式问题。我国经济进入 6% ~7% 左右增长的新常态，这不仅是增长速度上的新常态，还包括经济结构上的新常态。要通过加快结构性改革，形成投资消费关系的新常态、服务业主导的产业结构新常态、以人口城镇化为主线的新型城镇化新常态、创新驱动新常态。不能因为短期内经济增长的扰动而放弃中长期转型改革的目标，尤其需要防止以增长速度取代结构调整的倾向。

(2)跳出政策看体制。以往依靠政府主导和全面政策刺激拉动 GDP 增长的边际效应明显递减，已难以为继。化解经济下行压力，主要不是靠政策刺激，关键在于处理好政府与市场的关系，充分发挥市场在资源配置中的决定性作用和更好发挥政府作用；关键在于啃下结构性改革这块“硬骨头”；关键在于打好以转型升级为主线的改革攻坚战。

(3)跳出短期看中长期。2015—2020 年这 6 年是跨越中等收入陷阱、全面建成小康社会的关节点，是经济转型升级的临界点，是全面深化改革的攻坚期，是全面推进依法治国的关键期。也就是说，化解短期压力的希望在 2020；走向经济新常态时代的历史新起点也在 2020。如果谋划好、把握好 2020 这个“中期”，加快以转型升级为主线、以理顺政府与市场关系为重点的经济转型与改革，不仅能有效化解短期的经济矛盾与风险，而且将为中长期的可持续增长奠定坚实基础。如果错失 2020“中期”这个重要历史机遇期，我国就会失去经济转型与改革的主动权。对此，我们应当有客观、清醒的估计。

二、2020：经济转型升级的大趋势

推进经济转型升级，首要的是准确判断经济发展大势，牢牢把握经济发展机遇，因势利导，顺势而为。“十三五”加快经济转型升级，是在内外发展环境深刻复杂变化背景下的现实性选择、战略性选择和历史性选择。经济转型升级是引领经济新常态的首要因素。主动适应经济新常态，自觉引领经济新常态，重在顺应经济转型升级的大趋势，在转方式、调结构上有新的突破、新的作为，努力形成“创新红利”、“转型红利”，并使之成为走向公平可持续发展的不竭动力。

1. 工业转型升级大趋势——从“中国制造”走向“中国智造”

作为 13 亿人的大国，实现“中国智造”，是工业转型升级的一个总目标。由制造业大国变成以智能化为重点的先进制造业大国、强国，我国工业正面临着转型升级的

重大机遇与历史性挑战。

(1)“十三五”是我国从工业化中后期走向工业化后期的关键5年。如果我国仍是世界工厂,还是进行一般性的制造加工,即使做大了经济总量,也仅仅是一个大国,而不是强国,在多方面仍处在一个被动的局面。目前,各方面对我国工业化所处阶段有不同的判断。有人说到了工业化后期,有人说到了中后期,也有人说仍在中期。我们认为,就全国总体情况看,“十三五”是我国从工业化中后期走向工业化后期的关键5年。

——“十三五”实施创新驱动发展战略。创新驱动将成为国家的核心战略,成为“十三五”最重要的一个导向性战略。这就需要以全面实施创新驱动战略加快推动工业的转型升级。

——“十三五”以信息化牵引工业结构升级将有重大突破。大数据时代已经到来。大数据将加快信息社会发展进程,并且成为社会生产力提升的“加速器”。目前,在全球科技革命和工业变革的推动下,信息化与新技术的深度融合,正在引发影响深远的产业变革,推动工业转型升级实现新突破。

——“十三五”一批战略性新兴产业及装备制造业将较快发展。“十二五”我国在发展战略性新兴产业和先进制造业上取得重要进展,但工业整体上仍处于全球价值链低端的局面并未有根本性改变。“十三五”以高铁为代表的制造业可能会发展得更快,高铁“走出去”,将大大提升我国制造业全球布局的影响力。

(2)“十三五”工业转型升级的突出矛盾是现代服务业占比低,尤其是生产性服务业占服务业的比重太低。这是制约工业转型升级的关键因素。

——我国服务业在国民经济中的比重只有47%左右,而发达国家服务业比重大都是70%~80%。

——我国生产性服务业占GDP的比重只有15%;德国作为先进制造业强国,其生产性服务业占服务业的比重在70%左右,同时,服务业在整个国民经济中的比重高达75%以上。

(3)“十三五”实现工业转型升级的关键是加快发展现代生产性服务业。

——“十三五”加快以研发为重点的生产性服务业的发展,努力把生产性服务业的比重从15%提高到30%~40%。工业与服务业的深度融合,将推动制造业的全球化、信息化、服务化。

——“十三五”将加快新一代信息技术开发,建设信息中国。

——“十三五”将形成以互联网、智能物流网、综合运输网、智能电网等为主的现代基础设施网络。

2. 城镇化转型升级大趋势——从规模城镇化走向人口城镇化

人的城镇化是人口城镇化的必然要求。人的城镇化是方向、是目标，如果没有形成人口城镇化的大格局，农民工没有实现市民化，怎么会有全面的人的城镇化？

(1) 未来5~10年城镇化仍是我国发展的最大红利。主要是基于以下两点研判：

——“十三五”城镇化正处在转型升级的历史关节点。首先，我国从工业化中后期走向工业化后期，城镇化率至少要达到60%以上，但目前只有53.73%，估计“十三五”城镇化率仍会以年均至少1个百分点的速度增长。其次，2013年我国人口城镇化率仅为36%，而2012年世界人口城镇化率已达到52%左右。“十三五”我国应加大以户籍制度为重点的制度创新，使人口城镇化率以较快的速度提升。如果到2020年我国人口城镇化率仍达不到2012年世界人口城镇化率的平均水平，就难以证明城镇化转型升级是成功的。差距就是发展的空间。2015—2020年这6年，我国的城镇化仍处在较快发展的阶段，“城镇化红利”仍是扩大内需的突出优势。

——“十三五”新型城镇化蕴藏着巨大的内需潜力。第一，农民工市民化是扩大内需的重要载体。第二，新型城镇化建设无论对投资，还是消费，都会带来巨大的市场空间。第三，在城镇化进程中推动城乡一体化，无论是农村的消费，还是农村的基础设施建设，都蕴含着巨大内需潜力。我国已经将扩大内需、拉动消费作为发展的突出优势。从发展趋势看，我国新型城镇化将成为释放巨大消费需求和投资需求的重要载体，承担着扩大内需的重大历史使命。

(2)“十三五”形成人口城镇化的新格局。

——基本实现农民工市民化，让“农民工”退出历史。

——城乡全面实施居住证制度。到2020年，城乡二元户籍制度要成为历史。

——加大中小城镇的公共资源配置，初步实现公共资源配置均等化。为什么北京中关村的房子能卖到几万元，甚至10万元一平方米？核心问题是公共资源配置的差距造成居住条件、居住价值的反差。要增强中小城镇对农村转移人口的吸引力，关键是公共资源配置要有明显改善。

(3) 探索改变城乡二元制度的历史性突破。从经济社会发展需求看，至少要实现“三个统一”：

——城乡统一的建设用地市场。规范推进城乡建设用地增减挂钩，探索完善农民承包地流转制度、宅基地有偿退出制度和集体经营性建设用地入市制度。

——城乡统一的社会保障制度。中共十八大提出，到2020年总体实现城乡基本公共服务均等化。实现这一目标，重在建立城乡统一的社会保障制度，就是制度统一、底线大致公平的社会保障制度。

——城乡统一的人口政策。就是在城乡全面放开“二孩”。到2020年，老龄化社会快速到来，城镇化较快发展，应当而且有条件在城乡统一实行放开“二孩”的人口政策。

3. 消费结构转型升级大趋势——从物质型消费走向服务型消费

（1）消费结构转型升级的阶段性特征。

——从生存型消费向发展型消费升级。生存型消费主要是吃饭穿衣的基本消费，发展型消费主要是教育、医疗、健康、文化、环境等服务消费。当前，城镇居民的消费需求正由耐用消费品为主向服务消费为主转变。例如，城镇居民人均医疗保健、交通通信、文教娱乐三大消费支出占人均消费的比重已从1985年的12.8%上升到2013年的34.1%。预计到2020年服务消费支出占比可能提高到40%～45%，一些发达地区甚至可能达到50%～60%，服务型消费将成为城镇居民的主要消费。农村居民的消费需求正由生活必需品为主向耐用消费品为主转变，而且对服务型消费的需求正逐步增大。

——从传统消费向新型消费升级。随着温饱问题的解决，人们对绿色消费、信息消费、便捷消费等新型消费的需求进一步提高。例如，伴随着互联网的兴起和电子商务、物流快递等新型服务业的快速发展，新型消费增长很快。2012年我国信息消费为1.7万亿元，同比增长29%；2013年，信息消费规模达到2.2万亿元，同比增长28%；2014年上半年，信息消费规模达到1.34万亿元，同比增长20%。估计“十三五”新型消费年均增长仍将保持在15%～25%的区间。

（2）消费结构升级带来巨大的消费市场。

——消费结构升级拉动消费的较快增长。扣除物价因素，近些年我国消费年均增速为10%～12%，保持两位数的增长。“十三五”随着消费供给创新和消费环境的改善，估计年均消费增长不会低于两位数。

——消费结构升级扩张消费需求总规模。

首先,消费结构升级带来新的消费大市场。根据麦肯锡公司2012年公布的报告,2011年我国医疗市场的规模是3 700亿美元,估计到2020年将高达1万亿美元,结论是我国将是全世界医疗市场增长最快的市场之一。再如健康服务业。按照国家老龄委的估算,现在老年人的当期消费至少有1万亿元人民币的消费需求潜力。但是,由于产品供给短缺、服务水平上不来,年实际消费大概在2 000亿元人民币左右。按照麦肯锡公司的估计,到2020年,随着我国人口老龄化的加快,健康服务业市场的总规模将超过医疗市场的总规模,高达8万亿元人民币左右。

其次,从消费总规模看,我国社会消费品零售总额2011年仅为18.4万亿元人民币,2014年达到26.2万亿元人民币,估计到2020年有可能达到45~50万亿元人民币,我国仅用6年的时间就将实现消费规模的倍增。

第三,消费的阶段性特点突出。在消费结构升级的特定背景下,消费的特点也有所变化。2014年中央经济工作会议指出,"过去我国消费具有明显的模仿型排浪式特征,现在模仿型排浪式消费基本结束,个性化、多样化消费渐成主流"。生存型消费阶段"一批一批消费者"的时代开始成为历史,服务型消费阶段"一个一个消费者"的时代开始到来。

(3)以释放消费潜力扩大内需。适应消费结构升级大趋势,重在推动消费驱动的经济转型,重在创新消费供给,适应个性化、多样化的消费需求,重在形成安全消费的市场环境。

三、2020:形成服务业主导的经济结构

从工业转型升级、城镇化转型升级、消费结构转型升级的大趋势看,2020年我国基本形成服务业主导的经济结构的客观基础正在形成。实现这一转型,既可以在结构升级的基础上形成7%左右的经济增长新常态,又能够为跨越中等收入陷阱、进入高收入国家创造有利条件。为此,到2020年基本形成服务业主导的经济结构,应成为"十三五"经济转型升级的基本目标和历史性任务。

1.走向服务业大国的趋势逐步形成

(1)比传统工业附加值更高的现代服务业快速增长。我国工业转型升级对现代服务业的依赖日益增强。工业化的一般规律是:在工业化初期阶段,由于工业附加值

远高于农业，由此带动工业的快速发展；而在工业化中期之后，由于降低交易成本和创新的需要，经济分化出比传统工业附加值更高的现代服务业，如设计、研发、物流、销售等生产性服务业，从而带动工业经济向服务经济的转型。自20世纪六七十年代以来，先行的工业化国家无一例外地经历了一场向服务经济转型的结构性变革，即服务业的产值和就业贡献在经济社会发展中占据主导地位。例如，1980—2004年，全球服务业增加值占GDP比重由56%升至68%，高收入国家达到72%，中等收入国家达到53%，低收入国家为49%。2004年，美国的这一比重为77%，法国为76%，英国为73%，日本、新加坡、韩国和印度分别为68%、65%、56%和52%。从服务业就业比重看，高收入国家为68.5%，上中等收入国家为56%，下中等收入国家为47.3%。纽约、东京、巴黎、新加坡和中国香港等大都市服务业增加值比重和服务业就业比重更是分别达到80%和60%以上①。

"十三五"创新驱动将成为国家的核心战略，将由此形成生产性服务业转型升级的大趋势。例如，以信息化牵引工业结构升级，加快新一代信息技术开发，建设信息中国，将形成以互联网、智能物联网、综合运输网、智能电网等为主的现代基础设施网络，从而加快现代生产性服务业的发展。

（2）人口城镇化需要服务业加快发展。进入发展型新阶段，人们对城镇的就业、安居、生活品质等需求全面快速增长，对城镇化的需求和期望发生历史性变化。从就业需求的变化看，以往人们能够忍受"候鸟式"、"两地分居式"就业，现在人们更多追求在城镇稳定的就业以及享受到完整的家庭生活；从居住需求的变化看，80后、90后的农民工已经成为农民工的主体，他们中的大多数不想回归农村，更希望在城镇安居乐业。"十三五"随着我国城镇化条件、需求、角色的深刻变化，新型城镇化主要不在于铺摊子、造新城，而重在适应人的发展需求提升城镇品质：一是从生产主导转向生活（消费）主导，促进生活（消费）型的城镇的兴起成为一个客观趋势。二是由工业主导转向服务业主导，工业吸纳的就业呈减少趋势，而服务业成为就业的主要渠道，这就要求服务业成为大部分城镇的主导产业。三是由城乡分割转向城乡融合，城镇空间的拓展成为农业文明走向工商文明的重要条件，以人口城镇化为重点的新型城镇化承担着统筹城乡发展、实现城乡一体化的重大使命。城镇化是以产业为支撑的城镇化，没有产业的城市会变成"空城"；反过来说，没有人口做支撑，如果像过去一样靠重化工业

① 陈宪，殷凤，程大中. 中国服务经济报告2009[M]. 上海：上海大学出版社，2010.

支撑城市,这种发展模式将难以为继。人口城镇化是服务业发展的内在推动力。以前靠一个钢铁厂带动一座钢铁城市发展,是因为过去以工业化带动城镇化为突出特点,靠重化工业拉动城市发展。如今,人口城镇化发展到一定阶段的时候,必然要求城市尽快形成以服务业为主体的产业结构,以适应人在城镇生活的需求。

2. 从工业主导走向服务业主导

(1)“新低”与“新高”。当前,我国的经济转型升级正处在重要的历史拐点:一方面,经济下行压力增大。2014 年第四季度 GDP 同比增速放缓至 7.3%,创 2009 年一季度以来的新低。另一方面,经济结构升级的态势初步形成。2014 年,服务业增加值占 GDP 的比重达到 48.2%,创历史新高。估计 2015 年这一比重有望达到 49% 以上,比“十二五”国家规划的 47% 至少会高出 2 个百分点。

(2)人口城镇化释放生活性服务业发展的巨大空间。从世界范围来看,随着大量人口从农村进入城市或城镇,人口的聚集必然需要生活性服务业的大力发展,餐饮、休闲、交通、商业、家政、养老、教育、健康等需求会日益增大。从现实情况看,我国人口城镇化将推动生活性服务业的快速发展。从以“半城市化”为特征的规模城镇化走向人口城镇化,意味着到 2020 年将有近 4 亿农业转移人口进城,这将为生活性服务业释放巨大的发展空间。从近几年的情况看,城镇化率每提高 1 个百分点,就会带动服务业增加值比重提高 0.77 个百分点。以此估算,到 2020 年,即使人口城镇化率仅提高 10 个百分点左右,也有可能带动服务业比重提高 7 ~ 8 个百分点。

(3)工业转型升级为生产性服务业的发展注入内在动力。“十三五”全面实施创新驱动战略,发展战略性新兴产业和先进制造业,成为推动工业转型升级、增强经济竞争力的主要选择。当前,发展现代生产性服务业,主要是通过信息、研发、设计、物流、销售、大数据等生产性服务业引领传统制造业向高端制造业的升级。也就是说,高端制造业与现代服务业的相互融合是一个大趋势,生产性服务业已成为提升制造业竞争力的主要推动力。没有现代生产性服务业的快速发展,就难以抓住工业转型升级的大趋势,就有可能错失重要的战略机遇。

3. 实现服务业规模倍增

(1)服务业以两位数增长。现代消费的本质需求是服务。我国进入消费新时代,现代服务消费需求逐步超过传统物质消费需求,已成为消费需求释放与升级的大趋势。近年来,服务业增加值都以年均两位数增长。2001—2013 年,扣除价格因素后服务业增加值年均增长 10.6%。预计 2015—2020 年这 6 年服务业增加值仍会以 10%左右的速度增长。这表明,我国经济增长的动力正在发生重大变化,服务业开始成为我国经济增长的主要动力。

(2)服务业规模有望实现倍增。1994—2013 年,我国服务业增加值从 1.6 万亿元增长到26.2 万亿元,年均增长达到10.3%。2008—2013 年,即国际金融危机以来的5年中,服务业增加值从 13.1 万亿元增长到 26.2 万亿元,实现了规模上的倍增[①]。2015—2020年这 6 年,如果服务业增加值年均增长保持在 10%左右,服务业总规模有望扩大到48~53 万亿元。

(3)服务业主导的经济结构新常态将逐步形成。从国际发展经验看,从工业经济向服务业经济的转型与人均 GDP 水平有着内在联系。在人均 GDP 从 6 500 美元到1 万美元的过渡阶段中,服务业的比重至少会提高 10 个百分点。由此推断,到 2020年我国服务业占比达到55%以上是有条件、有可能的。

四、以服务业主导适应、引领经济新常态

"十三五"基本实现由工业主导向服务业主导的转型,意味着我国经济的全面转型升级:它不仅是形成7%左右经济增速的前提条件,而且也是形成质量效率型经济增长方式的决定性因素;它不仅是经济结构调整的重大任务,而且也是经济增长动力转换的现实出路;它不仅是经济新常态的主要标志,而且也是走向经济新常态时代的战略选择。

1. 以转型创新适应、引领经济新常态

(1)传统的以总量扩张为主要特点的增长模式开始成为历史。在内外部发展环境发生深刻变化的大背景下,我国两位数的高增长已经成为历史,经济发展方式正在由总量扩张型向公平可持续型转变。以总量扩张为主导的旧常态不可持续,必须以结构调整、经济发展方式转变为重点向追求高效益和高质量的发展新阶段过渡,"十三五"正是这个过渡的历史新起点。

---

① 国家统计局. 中国统计摘要 2014[M]. 北京:中国统计出版社,2014.

(2)形成创新驱动的发展新动力。当前，全球正面临着以互联网、新材料、新能源相结合的科技革命。这场以新能源为重点的革命，有可能在一个不太长的时期使人类的生产方式、生活方式摆脱对传统化石能源的依赖，摆脱对传统重化工业的依赖。这场科技革命及其引起的产业变革，重要的时间节点是2020年。也就是说，"十三五"转变经济发展方式，必须紧紧抓住新一轮科技革命提供的重大机遇，把创新驱动提升为国家核心战略。根据世界知识产权组织等机构联合发布的《2014年全球创新指数报告》，中国的创新能力正在快速提高，未来几年在榜单中的排名有望从目前的第29位提高到前10位①，加快进入创新型国家行列、人才强国行列。

(3)以转型升级引领经济新常态。适应、引领经济新常态，不仅是"十三五"经济增速的换挡和经济发展方式的转变，更是为了抓住发展大势、形成新的发展格局、走向以公平可持续为主要标志的经济新常态时代。这是国人共同期盼的大目标。这就需要制定和实施以转型升级为主线的"十三五"国家经济社会发展规划，加快推进新型工业化、信息化、城镇化、农业现代化"四化"同步发展，使之成为推动经济转型升级、走向经济新常态时代的持久动力。

2. 以服务业主导适应、引领经济新常态

(1)形成中速增长的新常态。我国仍是一个发展中大国和一个经济转型大国，经济增长新常态取决于保持一定的经济增长速度，取决于尽快形成服务业主导的经济结构。在目前国内工业产能全面过剩的条件下，"十三五"经济增速能否稳定在6%～7%区间，年均增速在6.5%左右，在相当大程度上取决于服务业发展潜力的释放，形成新的经济增长点。近几年，我国服务业每增长一个百分点，可以带动GDP增长约0.4个百分点。2015—2020年这6年服务业增加值年均增长10%，可以带动经济增长4个百分点左右，为中速增长的新常态奠定重要基础。

(2)形成新增就业不断扩大的新常态。当前的经济增速下行并未导致大面积的失业，重要原因在于服务业的较快增长，服务业逐步成为扩大就业的主渠道。目前，发达国家服务业就业比重大多在70%～80%，而2013年我国只有38.5%，服务业发展的潜力很大，服务业吸纳就业的潜力更大。如果城镇化在未来继续保持较快发展速度，到2020年服务业的就业占比有可能达到50%左右，由此将增加约1.2亿个就业岗

① WIPO报告显示中国创新综合表现排名提升[N].中国知识产权报，2014-08-06.

位。从近两年的情况看,服务业增加值每增长 1 个百分点,能创造约 100 万个新的就业岗位。如果 2015—2020 年这 6 年服务业增加值按年均增长 10% 测算,每年新增就业将达到 1 000 万人左右。也就是说,只有形成服务业主导的经济结构,才能形成新增就业不断扩大的新常态。

(3) 形成全社会创新创业的新常态。"十三五"我国能否在"中国制造"向"中国智造"的转型上取得重要突破,主要取决于生产性服务业能否快速发展。进入工业化中后期,生产性服务业直接融入制造业转型升级的全过程。例如,技术升级与服务需求直接融合,技术升级如果不能反映生产性服务需求的变化,就很难产生经济转型升级的内在动力,就很难有好的市场前景;企业竞争力与服务质量直接关联,企业的竞争力主要取决于服务环节是否专业化、精细化。为此,服务业主导的经济转型不仅是形成新一轮创新创业潮的主要推动力,而且将为创新创业开辟巨大的市场空间,由此成为创新驱动的重要条件。

(4) 形成利益结构和社会结构优化的新常态。到 2020 年,我国能否实现中等收入群体倍增,即由目前的 3 亿人左右扩大到 6 亿人,使中等收入群体占比提高到 40% 左右,形成橄榄型社会利益结构的新格局,关系到能否走上公平可持续发展道路和实现国家的长治久安。从国际经验看,服务业快速发展将带来中产阶层规模的不断扩大。以美国为例,随着经济结构由工业主导向服务业主导转型,白领阶层的规模从 20 世纪 40 年代的 1 000 万左右上升到 20 世纪 70 年代的 5 000 万,30 年间扩大了 5 倍,1980 年白领阶层已占全部劳动力的 50% 以上。到 2020 年,随着服务业主导地位的确立,我国在服务业就业的人口将不少于 4 亿,由此将带动中等收入群体的倍增。

(5) 形成绿色发展的新常态。从国际经验看,发达国家在由中等收入阶段迈向高收入阶段的重要历史时期,之所以能够系统地解决生态环境问题,重要的原因在于实现了由工业主导向服务业主导的经济结构变迁,由此大大减轻了资源环境的压力。当前,向雾霾宣战,建设美丽中国,最重要的挑战是经济增长对传统工业尤其是重化工业的严重依赖。通过提高服务业比重,可以有效地摆脱经济增长对重化工业的路径依赖,形成绿色发展的新常态。

五、"十三五":以转型创新为主线的改革攻坚

"十三五"适应经济转型升级大趋势,加快形成服务业主导的经济结构,着力推进

创新驱动，关键在于全面深化改革，通过体制机制创新形成有效的激励机制和利益协调机制，全面激发市场的活力、社会的活力、政府的活力，进一步形成推动转型创新的合力和动力。

1. 放开服务业市场

(1) 服务业领域的行政垄断具有普遍性。过去36年的市场化改革，放开的主要是工业领域。工业部门80%以上是制造业，属于高度市场化部门，而服务业虽然已经放宽市场准入，但某些行政垄断尚未打破。社会资本进入某些服务业领域，不仅面临着某些政策的制约，还需要烦琐的行政审批。尽管国家一再强调社会资本可以进入法律未禁止的服务业领域，但由于行政垄断和行政管制的存在，由于部门、行业利益结构的固化，社会资本事实上很难进入教育、医疗、通信、金融、运输等服务业部门。这就使得某些重要的服务业领域难以通过公平竞争来提高供给能力、供给质量和供给效率。

(2) 使社会资本成为服务业发展的主体力量。发展服务业，主体是中小企业，关键是放开市场，重点是激活社会资本。从国际经验看，服务业大都是从小企业开始成长的，大资本的优势并不明显。比如，亚马逊、谷歌、脸谱等国际服务业巨头，相当一部分是在车库中创业创出来的。从国内实践看，以大企业为主做强服务业并不成功，某些大企业靠做大规模进入世界500强，但缺乏对市场需求变化的灵敏反应，在国际市场的竞争力不强。恰恰是阿里巴巴这样起步规模小的企业，却在市场竞争中成长为市值接近3 000亿美元的大企业。当然，大型企业也面临适应经济转型升级大趋势并尽快转型的问题，国际上也有少数大企业成功转型的案例。从产业发展规律看，服务业门类繁多，个性化、差异化程度高，中小服务企业更能够灵敏地反映市场需求，通过公平竞争激活、做大服务业市场。目前，我国中小企业尽管发展速度比较快，但同国际水平相比，还是比较落后的。以每千人拥有企业数量为例，发达国家为45～55个，发展中国家为20～30个，而我国平均为16个，只有发达国家的三分之一①。除了体制及政策因素外，关键问题是服务业市场到目前为止对中小企业、民营经济开放的程度还很不够。为此，要加快服务业市场对社会资本的开放，在银行、证券、保险、电信、邮政快递等行业进一步放开市场准入，取消某些不合理的经营范围限制，并实现由行政监管为主向法治监管为主的转变；实质性打破对社会资本的限制，鼓励和支持社会资本进

---

① 周天勇. 促进创业和就业的微观动力[N]. 中国经济时报，2013－08－22.

入教育、医疗、健康、文化、体育等领域;要以发展政府购买公共服务为重点,支持公益性社会组织在公共服务领域有所作为,发挥其独特的作用;加快公共资源配置市场化,在城镇公用事业领域特许经营权的出让上全面引入竞争机制,在行政系统服务资源配置方面规范和完善政府采购。

(3)重点是打破服务业领域的垄断。

——推动服务业领域国有资本的战略性调整。将服务业领域的国有资本从一般竞争性领域中退出来,为国内社会资本和外资进入留下更大的空间。与此同时,将服务业领域的一部分国有资本主要配置在公共服务领域,使国有资本能够更多满足全社会日益增长的公共需求,在公共服务领域做出更大贡献。

——垄断行业竞争环节对社会资本全面放开。例如,推进资本市场的国有股减持,在非自然垄断环节退出一部分国有资本,给社会资本进入这些领域腾出空间;全面实现自然垄断和竞争环节切实分开,在自然垄断部分强调国有资本主导,在竞争性环节对社会资本放开;完善基础领域的准入制度,对垄断行业要逐步放松或解除管制,广泛引入市场竞争机制,鼓励社会资本参与基础领域的公平竞争。

——垄断行业中的自然垄断环节吸纳社会资本广泛参与。例如,通过 BOT、TOT 等多种形式鼓励社会资本参与投资;对银行、保险、航空等行业,加快向社会资本放开;对能够完全市场化的自然垄断行业和企业,则能退出的全部退出,暂时不能退出,或退出条件不具备的企业,要进行混合所有制改革。

——城市公用事业健全特许经营制度,积极引导社会资本参与。例如,实现城市公用事业政事分开、政企分开、事企分开,建立完善的市场竞争机制、企业经营机制和政府监管机制;打破垄断经营,引入市场竞争机制,提高城市建设运营效率;充分利用资本市场,彻底改变城市公用事业由政府投资的单一模式,允许社会资本参与投资城市公用事业;利用已有的经营性公用事业资产,以特许经营方式向社会资本、资本市场进行多元化融资,积极引导社会资本参与,有效缓解公用事业建设资金短缺的状况,并有效地提高服务供给能力。

(4)改善研发、物流、销售、信息等生产性服务业发展的市场环境。

——鼓励地方打造生产性服务业集聚的服务平台。从国际经验看,生产性服务业往往需要依托一个地区集群化发展。如硅谷的信息服务业集群、华尔街的金融业集群、印度班加罗尔的软件产业集群,以及北京中关村信息产业集群、北京金融街金融业集群、上海陆家嘴金融业集群等。引导生产性服务业在区域间形成合理的分工协作体系和各具特色的产业集群，促进生产性服务业的区域性集聚式发展。

——多渠道营造生产性服务业发展的市场环境。给予民营企业与国有资本平等的市场经营权，积极吸引民营企业投资生产性服务业，实现生产性服务业的投资主体多元化。放开建筑设计、会计审计、商贸物流等领域内外资准入限制，积极引进内外资发展设计、研发、物流、营销等生产性服务业。积极承接信息管理、数据处理、财会核算、技术研发、工业设计等现代服务业的国际转移。支持有条件的国内企业包括民营企业"走出去"，提升与国外高端生产性服务供应商的合作水平。以现代物流业、信息服务业、科技服务业、商务服务业、金融服务业为重点放开生产性服务业市场，积极改造传统服务业。

——形成一批产业联盟和研发中心，为传统产业高端化和延伸产业链提供技术支撑。从国际经验看，生产性服务业发展好的区域往往能够形成一大批产业联盟和研发中心。把培育产业联盟和研发中心作为发展生产性服务业的重点，加快教育、科研体制创新，使企业成为科技创新的主体；借助高校及科研机构的人力资源优势及研发能力，形成政府支持、产学研一体化的创新体系；培育和发展科技服务中心、创业孵化器、信息服务机构、科技融资机构、科技评估中心、知识产权事务中心、技术产权交易中心、公共科技信息平台等科技创新中介服务机构。

2. 形成服务贸易强国的新优势

(1)服务业市场对外开放滞后。虽然我国已成为全球货物贸易第一大国，但服务贸易规模偏低，"大而不强"。2012 年，我国服务贸易占世界服务贸易总额的比重为 5.6%，美国的服务贸易占比则高达 12%；美国人均服务贸易额为 3 074 美元，我国仅为 477 美元，只有美国的 15.5%。2013 年，我国服务贸易总额首次突破 5 000 亿美元，达到 5 396.4 亿美元，比 2012 年增长 14.7%①。但服务贸易规模仍然偏低的格局并没有改变，服务贸易占全部贸易总额的比重仅为 11.5%。2014 年上半年这一比重上升到 12.3%，但与全球平均水平(20%)，甚至与同为金砖国家的巴西(25%)相比，都有很大的差距。与此同时，我国服务业吸引外商直接投资的潜力远未发挥出来。2001—2004 年，我国服务业吸引外商直接投资的比例徘徊在 12% 左右，2005 年之后开始攀升，到 2011 年这一比例开始超过 50%，服务业首次超过制造业成为我国吸纳外商直

① 石岩. 2013 年中国服务贸易首破 5 000 亿美元[EB/OL]. 中国新闻网，2014－02－12.

接投资的主要产业。2013 年全年实际外商直接投资 1 175.86 亿美元，同比上升 5.25%，服务业在整个外商投资总量中的占比提高到 52.3%，但服务业利用外资总体规模和比重仍然偏小；利用外资的单体规模较小，领域偏窄，结构低端。

(2)把提高服务贸易比重作为“十三五”对外开放的重大任务。过去我国开放的重点是在制造业领域，服务业开放相对滞后。有研究表明，开放对我国制造业增长的贡献约为 28%，而对服务业增长的贡献仅为 7%[①]。由于服务业领域的对外开放严重滞后，以及发达国家对我国某些服务贸易的限制，服务业难以利用国际先进技术和服务管理经验，制约了服务业的有效供给。其结果是国内的教育、医疗等服务消费外流的问题比较突出。在 2014 年 APEC 领导人非正式会议上，我国提出了设立亚太自贸区的设想，其中服务贸易和服务业开放将成为重点。这既是我国对外开放的一个重要趋势，也是我国主导亚太自贸区建设的一张王牌。为此，建议明确提出把服务贸易占对外贸易的比重到 2020 年提高到 20% 作为“十三五”形成对外开放新优势的一个重要目标，以此倒逼服务业的开放进程。

(3)把加快服务业开放作为双边多边自由贸易的重点。积极建立并实施负面清单管理制度和外商投资准入前国民待遇，凡国家法律法规未明令禁入的服务业领域，全部向外资开放，并实行内外资、内外地企业同等待遇；逐步把服务业外商投资审批制改为登记备案制，除国家规定的重大和限制类项目外，对外资企业投资项目的审批，逐步实施备案制度，政府重点把好环境安全评估、事后监管两道关；加快扩大双边和区域服务贸易协定，打破一些国家对我国服务贸易的壁垒，率先在新兴经济体和欧洲等国家和地区取得突破，加快拓展与这些国家和地区在金融、信息、物流业等服务业领域的开放合作，把服务业开放和服务贸易自由化作为双边或区域合作的重点。

(4)把教育、医疗、健康、金融和文化娱乐作为加快服务业开放的重点。建议扩大教育服务市场的开放，允许和支持国外和港澳台地区知名大学、职业教育机构以控股、独资等方式在国内设立分校；支持民办教育综合改革试点，明确对中外资非营利性民办教育机构在管理、税收、财补、土地、招生、人员福利等方面与公办教育机构享受同等政策；扩大医疗健康服务市场开放，允许并支持外商独资办医疗机构，并将审批权下放给地方，将地方引进的先进医疗技术和医疗设备纳入国家颁布的《鼓励进口技术和产品目录》，享受财政、税收等优惠政策，对于经过欧盟、美国、日本和韩国等国家药监部

① 江小涓. 服务业增长：真实含义、多重影响和发展趋势[J]. 经济研究，2011(4).

门依法注册审批的医疗器械和药品，免办进口注册许可，简化通关手续；推进文化体育娱乐服务市场开放，进一步放宽对国际影视盛典、国外奢侈品展览、国际游艇展览等大型国际性文化会展和娱乐节庆活动的限制，在CEPA框架下允许港澳台有实力的企业进入大陆文化体育娱乐服务市场。

(5)通过发展服务外包提升国内服务业发展水平。服务业外包逐步取代制造业外包是全球化的新趋势。从全球分工看，美国和欧洲等发达国家是服务外包产业链的上游端，印度、中国等发展中国家是服务外包的承接主体。2014年1—8月，在全球市场低迷的情况下，我国服务外包合同执行金额达到478.3亿美元，同比增长31.5%，国内示范城市承接国际服务外包执行金额占全国总额的90%以上，成为服务业对外开放的"一枝独秀"。建议尽快出台相关政策，在全国范围内普及推广示范城市品牌、技术、信用方面创建的成功经验，推动服务外包市场的规范和快速发展，充分利用服务外包提升我国服务业的发展水平。

(6)推动服务业企业"走出去"。近年来，以制造业为重点，国内很多企业走出国门。目前，在全球170多个国家和地区已有14 000多个对外直接投资的中国企业，这些企业在海外的员工已经超过100万人。这些企业"走出去"之后，面临着跨国和跨文化管理的许多困难，包括律师服务、管理咨询服务、会计师事务所等专业服务不可能都依靠外国专业机构提供，而且"中国制造"在海外的发展还需要现代服务业如金融、交通运输、物流、商贸等方面的支撑。随着亚太自由贸易区战略以及"一路一带"战略的实施，基础设施互联互通不仅仅是要让制造业"走出去"，更重要的是让服务业"走出去"。为此，建议服务于中国企业"走出去"的大战略，"十三五"将服务业企业"走出去"作为对外开放的重点之一，尽快出台服务业企业境外投资扶持措施，加快服务业的人才培训和各项软硬件设施的建设，努力培养符合国际服务业要求的高素质科技人才、服务人才和经营管理人才。

3.推进结构性改革

(1)加快服务业发展的财税体制改革与财税政策调整。尽快全面完成服务业"营改增"改革，切实降低服务业税负，逐步取消对重化工业的投资税收优惠，加大对服务业的财力支持；尽快修订《消费税暂行条例》，启动消费税立法程序，实现由向企业征收改为向居民征收，由"价内征收"转向"价外征收"。

(2)推进服务业发展的金融体制改革与金融政策调整。"十三五"要减少对民营信贷机构设立和发展过程中的不必要限制,简化进入程序,降低设立门槛和准入标准,从而鼓励更多符合条件的民间资本进入金融机构,促进民间金融业的健康发展。

(3)逐步消除服务业与工业的要素价格差异。降低服务业用地价格,逐步实现工业用地和服务业用地“同地同价”;探索生产性服务业项目实行缩短土地使用年限的供地方式,以降低服务业发展的投入成本;对经营性服务业的水、电、气收费价格,可以考虑不高于工业用途的价格;对列入国家鼓励类服务业的企业,用水、用电、用气价格应当比照工业企业价格标准执行,逐步实现服务业与工业价格大致相当。

(4)教育体制改革。目前,我国的教育改革和教育结构调整滞后。“十三五”能否将幼儿教育纳入义务教育?能否普及高中教育?总的来看,“十三五”应当把幼儿教育纳入义务教育,加快普及高中阶段教育,允许和支持有条件的地方实行12年义务教育。同时,大力发展现代职业教育,推动高等教育转型升级,形成与经济转型升级相适应的教育结构。这里,有几组数字很重要:一是劳动力素质。每万人就业人口中研究人员的比例,美国是91名,日本是100名,德国是79名,我国现在是27名;二是25~65岁成年人中大学生的比例,美国是42%,日本是46%,韩国是40%,我国仅为10%;三是我国每年劳动年龄人口减少200~300万,但每年却有600万大学生就业难。现在看来,不是就业需求问题,而是教育结构与国民经济发展需求不相适应。加快教育体制改革,推进教育结构调整,尤其是发展现代职业教育,要成为教育改革的重大任务。

4. 适应经济新常态的政府角色转变

(1)实现发展理念的深刻转变。由工业大国走向服务业大国,无论是企业、社会,还是政府,都将面临前所未有的考验,尤其是需要改变某些传统的发展理念。发展服务业在推动GDP增长上没有大工业项目来得快,这就要求不能再“以GDP论英雄”,需要改变过去政府主导的经济增长方式,终结GDP为中心的增长主义和以增长代替发展的理念。考虑到服务业的发展对市场化程度的要求比工业发展更高,这就需要政府把握服务业发展的客观规律,创造公平竞争的市场环境,让市场在资源配置中发挥决定性作用。

(2)以服务业为重点加快推进投资转型。投资转型与政府转型直接相联系。与服务需求快速增长的趋势相适应,重点加大教育、医疗、健康、养老、文化、体育等生活性服务领域的投资;从工业转型升级的现实需求出发,重点加大信息、研发、设计、物流等生产性服务业投资；在已经推出一批重大项目的基础上，尽快在电信、教育、医疗、金融等服务业垄断领域再推出一批向社会资本开放的重大项目。

(3)加快政府购买服务的体制机制创新。从发达国家的经验看，政府购买服务不仅能够提高效率，还能够培育和创造服务市场。2013 年，我国政府采购规模占全国财政支出的比重为 11.7%，占 GDP 的比重为 2.9%，但服务类采购只占政府采购总额的 9.4%。而欧美发达国家政府采购规模占财政收入的比重为 30% ~40%，服务类采购占政府采购规模的 50% 以上。从我国的情况看，需要尽快将公共服务正式纳入政府采购法及其实施细则的采购范围，使得政府购买公共服务规范化、制度化。适应全社会公共需求变化的大趋势，2014 年 12 月财政部等部委已印发《政府购买公共服务管理办法(暂行)》的通知，明确将养老服务、残疾人服务、公共教育服务、公共卫生服务、公共文化、体育等服务纳入政府采购范围。在此基础上，应当进一步完善政府向社会组织购买服务的制度安排，通过公共资源配置社会化、市场化的相关制度创新，争取到 2020 年使政府采购规模占财政支出的比重达到 15% ~20%，服务类采购占政府采购的比重达到 40% 左右。

5. 推进法治市场经济进程

(1)用法律界定政府与市场的边界，加快市场主导的经济转型。从实践看，要使市场在资源配置中发挥决定性作用和更好地发挥政府作用，关键在于实现经济增长方式从政府主导向市场主导的转变。这就需要依法划清政府与市场的边界，实现政府与市场、政府与企业关系的定型化、制度化。例如，修改并完善国有资产和国有企业的法律法规、公共资源配置法律法规、市场监管法律法规，形成市场决定资源配置的法治规范，为拓宽社会资本发展空间提供法律保障，使法治成为市场经济公平竞争的制度保障。

(2)完善产权保护制度。近些年营商环境恶化的突出表现在产权保护不到位，社会资本的投资信心不足。打造法治化的营商环境，重要前提是完善产权保护制度。例如，赋予不同所有制企业平等的法律地位，完善产权平等保护制度，为不同所有制的财产权利平等提供法律保障，严格禁止任何机构不经法律程序剥夺私人财产；推动农村土地使用权物权化改革，通过规定农村土地使用权可流转、可抵押、可入股等，形成赋予农民更多财产权利的法律制度；适应由工业经济向服务经济转型的客观趋势，加强知识产权保护的相关立法，用法律促进和保障创业创新。

(3)以法治破题市场治理。从现实需求看,一方面要加快推进以法治为基础的市场监管转型。以行政审批为基础的市场监管不仅抑制了市场活力,而且弱化了市场监管效果,迫切需要用法律提高市场监管的权威性、有效性。推动市场监管由行政监管为主向法治监管为主转变,形成市场监管的法律框架:研究出台综合性的《市场监管法》,强化市场监管机构的权威性;修改《食品安全法》和《药品管理法》,实行最严格的食品药品安全监管制度;把反行政垄断纳入《反垄断法》,对国有垄断行业等相关行业监管内容进行清理、修改。另一方面,发挥市场在资源配置中的决定性作用,客观上要求打造统一开放、公平竞争的市场环境。例如,把负面清单管理纳入《行政许可法》,为企业"法无禁止即可为"提供法律保障;加快统一内外资法律法规,在市场准入、税收支持、政府购买等方面一视同仁,为各类企业创造平等的竞争环境。

与过去36年相比,走向经济新常态时代的转型与改革更具有全面性、深刻性、复杂性。它不仅是一个经济增长新常态的形成过程,还伴随着经济结构新常态、利益结构新常态、绿色发展新常态、制度创新新常态的形成;不仅涉及到经济领域的改革,还涉及到社会、文化、政治、生态等各个领域的改革;不仅涉及到增量改革,还涉及到存量利益关系的调整。在转型升级的时间、空间约束不断加强的背景下,既要客观把握改革的历史定力和历史使命,更要突出改革的历史自觉和历史信念,把全面深化改革和全面推进依法治国落到实处。

第一章 从中国制造走向中国智造

——2020：工业转型升级大趋势

未来5～10年，新一轮科技革命与我国经济转型升级形成了一个历史性的交汇点。能不能到2020年初步完成从“工业革命2.0”向“工业革命3.0”的升级，并奠定“工业革命4.0”的重要基础，成为我国“十三五”工业转型升级的重大挑战。

"十三五"是我国从工业化中后期走向工业化后期的关键5年。我国走向工业化后期,重要的阶段性特征是新一轮科技革命与我国经济转型升级形成历史性交汇:一方面,它对我国的经济转型升级带来重大机遇;另一方面,它对经济转型升级提出严峻挑战。抓住新一轮科技革命的重大机遇,加大科技创新力度,深化产业变革,加快形成从"中国制造"走向"中国智造"为标志的工业转型升级大趋势,我国有望到2020年初步完成从"工业革命2.0"向"工业革命3.0"的升级,并奠定"工业革命4.0"的重要基础。

第一节 把握工业转型升级的大趋势

由于历史的原因,我国曾与"工业革命1.0"、"工业革命2.0"时代的产业革命失之交臂。改革开放后的36年中,我国在"工业革命2.0"的基础上奋起直追,形成了门类齐全的现代工业体系,并成为世界第二大经济体和世界第一制造业大国。当前,由发达国家发轫,全球已进入"工业革命3.0"时代、"工业革命4.0"时代。值得关注的是,与过去两次工业革命有很大的不同,我国作为一个拥有13亿人口的大国和全球最大的新兴经济体,是以一个积极参与者和推动者的姿态出现的。"十二五"以来,以现代信息技术和互联网技术为主要支撑,我国开始呈现工业转型升级的大趋势。这个大趋势突出表现为三大革命:能源互联网革命、制造业数字化革命、制造业服务化革命。

一、能源互联网革命的大趋势

杰里米·里夫金(Jeremy Rifkin)曾经指出,“在化石能源经济时代日渐衰退,第二次工业革命日薄西山,第三次工业革命日渐兴起之际,如果中国选择了第三次工业革命这条道路,那么中国极有可能成为亚洲的龙头,引领亚洲进入下一个伟大的经济时代。”①事实上,与过去“工业革命1.0”、“工业革命2.0”的时代有很大不同,由于我国较早布局新能源的发展,不仅成为“工业革命3.0”时代的重要参与者,还在一些领域赢得了发展的先机。

1. 我国工业化中后期与全球“工业革命3.0”的历史交汇

到2020年我国将进入工业转型升级的新时代,重要的特征是与全球“工业革命3.0”同步推进。自2010年开始进入工业化中后期以来,我国大大加快了新能源的发展进程。同期,全球正在加快步入以能源互联网革命为重要特征的“工业革命3.0”时代。2008年国际金融危机以来,欧美主要发达国家提出了“工业革命3.0”的概念,并将其作为再工业化的基础。如果说“工业革命1.0”(1760—1860年)是蒸汽机时代,“工业革命2.0”(1860—1950年)是电气化时代,“工业革命3.0”的本质则是新能源与互联网的有机结合。“十三五”新能源与互联网的有机结合将为太阳能等新能源的普及并逐步取代传统化石能源创造重要条件,由此将深刻改变我国的生产方式、生活方式,并深刻改变我国的工业版图。

专栏1.1　互联网技术+可再生能源=工业革命3.0

杰里米·里夫金的“工业革命3.0”理论中,互联网技术和可再生能源将成为直接推动者,每个人都将成为可再生能源的制造者,并能够通过互联网技术进行共享。随之而来,传统的、等级森严的经济和政治权力将被节点式组织的扁平化权力取代。互联网技术和可再生能源的融合为“工业革命3.0”创造了新的基础设施,将改变21世纪能源的分布方式。在即将到来的时代,数亿人在家里、办公室和工厂里生产自己的绿色能源,并通过能源互联网实现共享。能源互联网革命具有以下四大特征:①以可再生能源为主要一次能源;②支持超大规模分布式发电系统与分布式储能系统接入;③与互联网技术实现广域能源共享;④支持交通系统的电气化(即由燃油汽车向电动汽车转变)。

---

① (美)杰里米·里夫金.第三次工业革命[M].张体伟,孙豫宁,译.北京:中信出版社,2012.

在杰里米·里夫金看来，英国引领了“工业革命1.0”，推进了煤炭的使用并创造了“日不落帝国”；美国引领了“工业革命2.0”，推进了石油、汽车的使用；中国将有机会通过互联网和可再生能源引领“工业革命3.0”。

资料来源：Jeremy Rifkin . The Third Industrial Revolution：How Lateral Power is Transforming Energy，the Economy，and the World [M]. New York：Palgrave MacMillan，2011.

专栏1.2　能源互联网革命成为欧美国家再工业化的重要特征

1. 能源互联网革命是欧盟再工业化的重点

杰里米·里夫金是欧盟“第三次工业革命”长期经济可持续计划的主要设计者，其计划早在2007年就获得了欧洲议会的肯定，目前相应计划已经在欧盟委员会多个部门以及27个成员国中开始实施。欧盟作为仅次于美国的全球能源消费第二大户，再工业化需要以能源革命为基础。在欧盟委员会能源新政中，明确要求各成员国提高能源利用效率，到2020年使一次性能源消耗量减少20%①。到2030年，欧盟的战略目标是可再生能源将占能源消费的27%以上。欧盟从可再生能源开发、提高能效和温室气体减排三个方面设定了雄心勃勃的目标，并期望由此最终改变世界工业版图。2012年10月，欧盟委员会正式提出，通过“新工业革命”逆转工业比重下降趋势，至2020年将工业增加值占国内生产总值的比重由目前的15.6%提升至20%的“再工业化”总体目标。这一目标的实现将建立在新能源革命的基础上。以欧盟汽车工业为例。2012年11月欧盟就出台了“汽车2020行动计划”，该计划是“新工业革命战略”的第一个成果，其中重要的目标是推动新能源汽车的快速发展，制造全球最节能的汽车。

2. 美国再工业化有赖于新能源革命带来的制造业成本下降

奥巴马政府上台后非常重视新能源产业，并将其列入国家发展战略框架。奥巴马政府提出的“再工业化”战略，包括“出口倍增计划”、“制造业促进法案”、“重振美国制造业政策框架”等一揽子计划，突出的特征是利用“页岩气革命”带来的能源价格下降来大幅降低制造业成本，从而推动美国实体经济和制造业加速复苏。美国能源新政要求集中力量调整美国的能源结构，以美国本土的资源满足国内的能源需求，突出地强调绿色能源，要求加强对核能、风能和太阳能等清洁能源的开发利用，提高能源利用效率，实现节能减排，减少对传统化石能源的依赖。2008年国际油价历史最高曾达每桶147美元，但到2014年12月15日，每桶下降到55.91美元，差不多是最高价时的1/3，这里有多方面的因素，重要的原因在于原来全球第一能源消费大国的美国开始实现能源自给自足。美国的页岩气革命使能源自给率从2008年的76.7%提高到2013年的85%。根据美国咨询公司埃森哲的调查，受访的北美制造业经理人有约61%表示，正在考虑将制造产能迁回美国，以便更好地匹配供应地和需求地。一旦美国实现能源独立，将意味着就业市场增加大约360万个工作机会，足以将失业率降低两个百分点。

① 杨光. 欧盟能源安全战略及其启示[J]. 欧洲研究，2007(5).

美国能源部预测，2020 年起可再生能源电力装机容量将超过火电跃居首位，到 2035 年占世界电力装机容量的比重将从 2008 年的 25% 升至 33%。2035 年发达国家石油需求占全球的比重将从 2008 年的 53.1% 降至 42.4%①。

资料来源：中改院课题组整理。

2. 我国新能源发展的布局

与过去不同，我国是“工业革命 3.0”时代的主动参与者。早在新世纪之初，我国就制定了《2000—2015 新能源和可再生能源产业发展规划要点》，提出新能源和可再生能源发展的战略目标。以太阳能光伏产业被列入国家战略性新兴产业为例。早在 2005 年，第十届全国人民代表大会常务委员会第十四次会议就通过了《中华人民共和国可再生能源法》，对太阳能光伏产业发展提出要求。“十二五”时期，我国进一步加快相关规划的出台步伐。例如，2012 年国务院召开常务会议专门研究确定促进光伏产业健康发展的政策措施。同年，又出台了《节能与新能源汽车产业发展规划（2012—2020 年）》、《太阳能光伏产业“十二五”发展规划》。

3. 我国初步形成能源互联网革命的某些比较优势

（1）我国已成为太阳能光伏第一生产大国。到 2007 年，我国光伏系统的累计装机容量达到 10 万千瓦，太阳能电池生产能力达到 290 万千瓦，已经超过日本和欧洲，初步建立起从原材料生产到光伏系统建设等多个环节组成的完整产业链。“十二五”时期，我国新增太阳能光伏电站装机容量约 1 000 万千瓦，分布式光伏发电系统约 1 000万千瓦，总投资需求约 2 500 亿元。

（2）我国将成为世界最大的新能源汽车市场。据中国汽车工业协会统计，2014 年前 11 个月，国产新能源汽车（包括纯电动汽车和插电式混合动力汽车）销量近 5.3 万辆，预计全年可以达到 6 万辆，销量是 2013 年的 3 倍。预计 2015 年我国新能源汽车销量可望达到 15 ~ 20 万辆，有可能超过美国成为世界最大的新能源汽车市场。由于政府的积极推动，并加快建立新能源汽车的公共服务平台，到 2020 年我国有可能成为全球新能源汽车的最大市场。

---

① 吴润生，李大伟，杨长湧. 第三次工业革命的前景及对国际经济格局的影响[J]，中国发展观察，2013（10）.

(3)我国的新能源产业具备国际竞争力。根据《产业蓝皮书:中国产业竞争力报告(2014)No.4》,从新能源工业的国际市场占有率看,排在前三位的分别为中国、德国和韩国。无论是新能源产品出口规模、新能源发电装机规模,还是入选全球新能源企业500强企业的总营业收入规模,我国都排在世界前列。长期以来,国际上一直以新能源工业贸易竞争指数来衡量一国新能源工业的竞争力。在这项评价中,丹麦以0.83的高分排在第一位,中国(0.3)、德国(0.29)、西班牙(0.28)、瑞典(0.28)和韩国(0.22)依次排在第二至第六位①。

4.2020:我国有望成为全球能源互联网革命的领跑者

(1)绿色转型的巨大压力。2010年,我国一次性能源消费总量达到了35.4亿吨标准煤,占全球的20.3%,已经超过美国的19%,成为全球能源消费的第一大国,并且人均碳排放量超过世界的平均水平。我国要实现2030年减排承诺需要痛下决心,付出巨大的努力。“十三五”是扭转环境变化趋势的决战期,广大人民群众对此有极大期待,在这个特定背景下治理雾霾,全国上下有压力,更有动力。由此,“十三五”在推进绿色转型、加快发展新能源产业方面会有更大的突破。

(2)新能源发展的巨大潜力。我国太阳能资源十分丰富,适宜太阳能发电的国土面积和建筑物受光面积也很大,其中,青藏高原、黄土高原、冀北高原、内蒙古高原等太阳能资源丰富地区占陆地国土面积的2/3,具有大规模开发利用太阳能的资源潜力。据统计,我国可利用的城乡建筑面积接近900亿平方米,按照10%的转化率计算,以东、南、西墙面积的15%、屋顶面积的20%计算,全国约有10万亿千瓦的装机容量,约等于目前火电、水电、核电的总装机规模,相当于建设45个三峡水电站。这将直接拉动10万亿元的市场规模,仅光伏建筑一体化就可以创造30万亿元的市场蛋糕,相当于我国汽车工业市场规模的3~5倍②。

(3)互联网发展的巨大优势。在新一轮科技革命中,我国互联网的发展呈现良好势头,并形成一定的发展优势。未来几年,在新能源与互联网结合的工业革命中,互联网的规模优势将大大降低新能源利用的平均成本,从而会形成独特的市场优势。据英国《金融时报》报道,全球互联网用户预计在2015年将会超越30亿大关,2018年中国网民数量将超过7.5亿人。可以说,我国互联网的发展规模和发展速度独步全球。

---

① 刘欢.我国新能源工业国际市场占有率世界第一[N].北京日报,2014-12-31.

② 李河君.2015年光伏发电有望平价上网[N].中国证券报,2014-11-22.

二、制造业数字化革命的大趋势

“工业革命3.0”与“工业革命4.0”的同步推进，成为全球新一轮工业革命的重要特征。以互联网和大数据为核心支撑，对传统工业进行数字化改造，是“工业革命4.0”的核心内容。近年来，我国在工业化与信息化融合上进行了不懈的努力，制造业数字化革命初露端倪。尽管我国仍远未成为制造业数字化强国，但在拥有全球数量最多的互联网参与者的条件下，“十三五”我国同样具有在“工业革命4.0”时代占领先机的得天独厚的市场优势。

1. 制造业数字化革命新阶段的到来

(1)工业化与信息化深度融合是制造业转型升级的主流方向。早在1993年，我国就出台了《国家信息化“九五”规划和2010年远景目标(纲要)》。2011年4月，又出台了《关于加快推进信息化与工业化深度融合的若干意见》，进一步明确大力推进信息化与工业化深度融合，促进制造业生产链条从加工制造环节向研发、设计、品牌、营销、服务、再制造等环节延伸，推动制造业高附加值化和服务化。

(2)制造业数字化成为工业转型升级的突出特征。2012年，中共十八大明确提出，“建设下一代信息基础设施，发展现代信息技术产业体系，健全信息安全保障体系，推进信息网络技术广泛运用”。2013年4月，德国提出的“工业革命4.0”引发全球的关注，其主要特征是制造业数字化。“十三五”以大数据为基础，充分运用互联网、物联网、云计算等技术推动制造业模式的转型升级，在重点领域培育企业的自主研发能力，提高制造业核心竞争力，成为我国工业转型升级的大方向。

专栏1.3 “工业革命4.0”的本质是制造业数字化

“工业革命4.0”是德国联邦教研部与联邦经济技术部联手推动的《高技术战略2020》十大未来项目之一，其目的在于奠定德国在重要关键技术上的国际顶尖地位，继续加强德国作为技术经济强国的核心竞争力。德国在2011年举行的“汉诺威工业博览会”上提出了“工业革命4.0”的大体概念。在2013年4月举办的“Hannover Messe 2013”上，由产官学专家组成的德国“工业革命4.0工作组”发表的最终报告——《保障德国制造业的未来：关于实施“工业革命4.0”战略的建议》，将18世纪引入机械制造设备定义为“工业革命1.0”，将20世纪初的电气化定义为“工业革命2.0”，将始于20世纪70年代的信息化定义为“工业革命3.0”，而将物联网和制造业服务化定义为“工业革命4.0”。

2014年8月，德国联邦政府通过《2014—2017年数字议程》，突出了“网络普及”、“网络安全”和“数字经济发展”，提出打造具有国际竞争力“数字强国”的战略目标。

资料来源：德国联邦政府的高科技战略举措行动“工业革命4.0”[EB/OL]. 物联网在线，2013-02-21.

(3)推进制造业数字化进程。2008年国际金融危机以来，美国与欧盟相继提出的“再工业化”战略，突出的特点是以制造业数字化为重点，发展以高科技、高附加值、在产业链中居于核心地位的高端制造业。不仅是发达国家，包括印度等新兴经济体也都启动了制造业数字化的进程。各国普遍加大科技创新力度，推动移动互联网与云计算、人工智能、3D打印、合成生物学与生物工程、新能源、新材料等影响深远的产业变革，形成新的生产方式、商业模式和增长空间。据麦肯锡公司预测，到2025年，仅移动互联网、自动化、物联网、先进机器人、新一代基因组等12项重大技术突破，每年就将产生14~33万亿美元的直接经济价值。在这个特定背景下，2014年2月，我国成立了中央网络安全和信息化领导小组，由中共中央总书记习近平亲自担任组长，显示出我国已将应对大数据时代的挑战上升到国家战略。

专栏1.4　部分国家在“工业革命4.0”上的布局

美国：2009年初美国开始调整经济发展战略，同年12月公布《重振美国制造业框架》；2011年6月和2012年2月，美国相继启动《先进制造业伙伴计划》和《先进制造业国家战略计划》，实施“再工业化”。从实际效果看，美国制造业占GDP的比重从2010年的12%回升至2013年的15%。

德国：2013年德国联邦教研部与联邦经济技术部将“工业革命4.0”项目纳入了《高技术战略2020》的十大未来项目中，计划投入2亿欧元资金，支持工业领域新一代革命性技术的研发与创新。

日本：2014年日本经济产业省继续把3D打印机列为优先政策扶持对象，按计划当年投资45亿日元，实施名为“以3D造型技术为核心的产品制造革命”的大规模研究开发项目。

韩国：2009年1月公布《新增长动力规划及发展战略》，将绿色技术、尖端产业等领域共17项新兴产业确定为新增长动力。

印度：2011年印度通讯和信息技术部正式启动“信息物理系统创新中心”，开展包括人形机器人在内的多个领域研究。据Zebra Tech公司的最新调查，即便目前，印度企业使用物联网技术的水平也位于世界前列。

资料来源：罗文. 德国工业4.0战略对我国推进工业转型升级的启示[N]. 中国电子报，2014-08-01.

2. 以制造业数字化促进高端制造业发展

(1)“十二五”时期制造业数字化的布局。2012年我国工业和信息化部制定的

《高端装备制造业“十二五”发展规划》正式发布。按照规划，到2015年，我国高端装备制造业的销售收入超过6万亿元，在装备制造业中的占比达到15%，工业增加值率达到28%。该规划突出了航空装备、卫星及应用、轨道交通装备、海洋工程装备和智能制造装备等具有比较优势的产业发展。

(2)以高铁为代表的高端制造业的发展。以中国南车、中国北车、振华重工、三一重工、中船重工、江南造船、宝钢等为代表的我国企业频频向国际市场提供高端产品，引发了全球的关注。以高铁制造业为例。我国已经成为世界高铁发展最快、系统最全、集成能力最强、运营里程最长、运营速度最快和在建规模最大的国家，并成为国家外交的新名片，成为推动“一带一路”大战略实施的重要亮点。例如，国外建设高铁每公里成本为0.5亿美元，而我国只有0.33亿美元；法国高铁的票价是每公里27美分，西班牙是每公里25美分，日本是每公里30美分，而我国可以做到每公里7美分[①]。在欧亚高铁、中亚高铁、泛亚高铁和中俄加美高铁等建设上，我国将成为主角。预计8~10年内，我国有能力掌握全球高铁40%的市场[②]。

3. 制造业数字化潜力巨大

(1)以互联网为基础的产业优势初步显现。制造业数字化的基础是以互联网为代表的信息产业。“十二五”期间，我国已经成为全球最大的电子信息产品生产基地和全球最具成长性的信息消费市场。阿里巴巴、腾讯、百度、京东4家企业进入全球互联网公司十强。2014年，阿里巴巴在美国上市，成为美国最大的IPO项目之一，并成为全球最大的移动电商公司和全球第二大互联网公司。这表明，“十三五”我国不仅不会缺席“工业革命4.0”，还可能成为最重要的推动者。

(2)大数据引发跨界融合的颠覆与重构。以互联网为纽带的产业跨界融合，成为推动产业革命的重要形式，互联网企业正在颠覆一些传统企业的商业模式。2014年，阿里巴巴兴起的互联网金融，对传统金融业模式提出了新的挑战。小米公司2010年成立之时只是一个薄弱的初创公司，但通过互联网以低廉的价格出售设计得体的手机打败了许多老牌的手机生产商，成为世界第三大手机制造商。我国大数据对传统产业所带来的颠覆与重构，不仅包括制造业，还涉及医疗、教育、文化等领域，成为推进经济

① 张智. 开往东南亚的高铁[N]. 华夏时报，2013-10-11.

② 壹心. “高端制造”才是核心竞争力[EB/OL]. 中电新闻网. 2014-08-07.

转型升级的重要变革力量。

(3)智能制造的前景广阔。2011年，我国成功研制出世界上最大的3D打印机。2013年，我国以3.7万台的工业机器人销售量超过日本，成为全球第一大工业机器人市场。高工机器人产业研究所的数据显示，2014年前三季度，国内工业机器人销量继续高速增长，达到3.36万台，同比增长32.5%，预计全年达到4.5万台。有机构预测，对比发达国家制造业机器人密度，我国在汽车、电子电气、食品饮料、化工、塑料橡胶、金属制品这六大工业领域，未来几年需要108～240万台工业机器人，占工业机器人总需求量的70%。若以每台20万元计算，工业机器人产值空间在3 100～6 880亿元①。

三、制造业服务化革命的大趋势

无论是“工业革命3.0”还是“工业革命4.0”，二者都伴随着制造业与服务业的融合，带来制造业服务化的深刻变革。“十二五”时期，在传统制造业产能过剩的压力下，我国一大批制造业向生产性服务业领域延伸产业链，同时也涌现出一大批生产性服务业的互联网企业。“十三五”加快制造业服务化革命将是制造业占领价值链高端的重要趋势。

1. 迈向高收入国家行列需要加快推进制造业服务化

“十三五”是我国迈向高收入国家行列的关键5年。从国际经验看，工业化中后期，制造业服务化才能占领产业链的高端，才有条件使工业摆脱低附加值的局面。欧美发达国家之所以能够获得制造链上的高额利润，主要在于通过制造业的服务化占领了高附加值环节。例如，全球500强企业所涉及的51个行业中，有28个属于服务业；500强企业有56%在从事服务业。欧美发达国家普遍存在的两个“70%”，即服务业增加值占GDP比重的70%，生产性服务业占整个服务业比重的70%②，主要基于制造业的服务化。

2. 生产性服务业在工业转型升级中的作用凸显

(1)“工业革命3.0”依赖于生产性服务业。以太阳能光伏向家庭的普及为例。

---

① 张瑜，王元元. 中国机器人新浪潮[J]. 瞭望东方周刊，2015(1).

② 胥军. 形成完整产业链 促进装备制造业服务化[N]. 中国工业报，2010-09-28.

最重要的并不是太阳能光伏本身的制造环节，而在于服务环节。能否通过以高新技术服务为重点的现代服务业的发展加强研发和销售，并降低交易成本，使家庭多余的发电能够及时销售出去，是太阳能光伏向家庭普及的核心难题。

(2)"工业革命4.0"依赖于生产性服务业。"工业革命4.0"的实现，最重要的是发展以大数据为重点的信息服务业，在生产制造过程中设计、开发、生产有关的所有数据通过传感器采集并进行分析，形成可自律操作的智能生产系统，使信息技术向生产环节渗透，用智能装备和先进技术改造传统工艺设备，促进生产方式由大规模同质粗放生产向柔性化、智能化、数字化、精细化转变。

(3)制造业数字化的盈利主要在于生产性服务环节。以穿戴式智能设备为例。据预测，到2016年，全球穿戴式智能设备市场的规模将达到60亿美元①。穿戴式智能设备本身可能没有多少价值，只是一个服务的载体，但通过这个载体，最终的目的是通过互联网为客户提供持久性的服务。

3. 以服务化推进制造业的模式创新

(1)生产性服务业成为"十二五"推进工业转型升级的重大任务。2012年12月，我国出台《服务业发展"十二五"规划》，提出"围绕促进工业转型升级和加快农业现代化进程，推动生产性服务业向中、高端发展，深化产业融合，细化专业分工，增强服务功能，提高创新能力，不断提高我国产业综合竞争力"②。2014年，我国又出台了《国务院关于加快发展生产性服务业 促进产业结构调整升级的指导意见》，进一步提出加快生产性服务业的发展，促进产业逐步由生产制造型向生产服务型转变的新思路。

(2)制造业服务化取得重要进展。过去几年，我国制造业服务化有两大进展：一是制造业向服务业领域延伸取得重要成果。以高铁、三一重工等为代表，向高端的研发、设计等生产性服务业领域延伸，在国内外建立研发中心；一是生产性服务业领域企业的崛起。以阿里巴巴、腾讯、百度、京东、华为为代表，一大批企业形成了生产性服务业的新优势。以华为为例，其收入主要在于提供服务，在全球移动宽带、固定宽带等领域，华为几乎提供了1/3的产品和解决方案。

① 敖祥菲.2016年可穿戴计算设备市场规模将达60亿美元[N].重庆商报,2013-05-15.

② 国务院关于印发《服务业发展"十二五"规划》的通知[EB/OL].中国政府网,2012-12-01.

第二节
应对工业转型升级的时代挑战

2010年,我国制造业产出占世界的比重为19.8%,超过美国成为全球制造业第一大国。2013年,我国220余种工业品产量居世界第一位,制造业净出口居世界第一位,制造业增加值的世界占比达到20.8%①。但总体来看,我国工业体系是按照“工业革命2.0”时代的模式建立起来的,在全球新一轮工业革命兴起和国内资源环境压力增大的特定背景下,我国传统工业模式不可持续的矛盾日益凸显。

一、重塑制造业竞争新优势

现阶段,我国工业大而不强、核心技术受制于人、缺乏全球知名品牌、产能过剩和实体经济利润下降等矛盾十分突出。面对新一轮工业革命的浪潮,我国迫切需要重塑制造业的竞争新优势。

1. 全球产业链的调整与高端制造业竞争的加剧

(1)中国制造的外部环境发生深刻变化。我国成为全球第一制造业大国的重要历史背景是发达国家的去工业化。过去10多年,发达国家工业的加工制造环节向成本更低的新兴经济体转移的趋势十分明显。但2008年国际金融危机以来,主要发达国家又开始再工业化进程,由此使得我国工业化中后期面临重大挑战。

(2)主要发达国家再工业化进程不可逆转。当前,主要发达国家试图夺回制造业优势的势头非常明显。奥巴马政府明确提出要让美国经济“基业长青”,必须重振制造业。为此,美国近年来调整税收政策,鼓励企业家把制造业工作岗位重新带回美国,并试图通过出台产业和税收激励措施来鼓励制造业回流。2013年,欧盟明确提出欧洲需进行“再工业化”以重振欧洲经济,并提出将工业占欧盟GDP的比重由15.6%提

① 樊曦.我国工业经济实力大幅提升 经济结构不断优化[EB/OL].新华网,2012-09-04.

升至2020年20%的总体目标①。

2.低成本扩张模式的历史终结

(1)国内条件不再支撑低成本的工业扩张模式。我国进入工业化中后期，伴随着人口老龄化与数量型人口红利的逐步衰减，使得低劳动力成本的增长模式不可持续。同时，由于资源环境条件约束的趋紧，低土地成本、无视资源环境成本的发展模式同样不可持续。

(2)失去相对于新兴经济体的低成本优势。《德勤中国竞争力调查报告2011》数据显示，目前大部分东南亚国家的人力成本约为中国的50%。从制造业从业人员的月平均工资来看，越南大概是1 000元，印度约为600元，而我国东部沿海地区已经达到2 500～3 000元②。例如，我国一度是耐克最大的全球制造基地，生产的耐克鞋占总产量的40%，但2010年越南超过我国成为耐克最大生产基地③。美国、日本等发达国家将低端制造业从我国转移到成本更低的新兴经济体的趋势不容忽视。

(3)相对于发达国家的低成本优势也在减弱。发达国家的再工业化以制造业成本降低为重要条件：第一，新能源革命带来能源成本的大幅度降低；第二，失业问题导致人力资源成本降低；第三，新技术革命导致不少制造业产品回到发达国家生产的成本更低。例如，2003年我国制造业产品的成本平均比美国要低22%，但到2008年底已收窄至5.5%，2008年之后更是逐渐下降④。按照波士顿咨询公司(BCG)的调查，美国的人力与能源成本比欧洲和日本低得多，到2015年美国的制造业成本仅比我国长三角地区高5%左右。

二、推进绿色转型

推进绿色转型，既是解决我国雾霾问题的根本出路，同时也是把握“工业革命3.0”战略机遇的关键所在。问题在于，我国的工业严重依赖于传统重化工业的局面并未根本改变。“十三五”能否通过加快发展新能源产业对工业发展基础进行系统性重构，并调整不合理的工业结构，成为我国工业转型的重大挑战。

---

① 孙彦红.欧盟借“再工业化”找出路[N].人民日报，2013-10-16.

② 路虹.中国引资着力破逆势[N].国际商报，2012-04-19.

③ 金旼旼.中国制造业向外转移机遇与挑战并存[J].瞭望新闻周刊，2012(4).

④ 黄颖川，常仙鹤.七成中小企业预计亏损 中国制造竞争力削弱[N].南方日报，2011-10-13.

1."APEC 蓝"表明雾霾治理的成本巨大

2014 年北京地区出现了多年来罕见的"APEC 蓝",这一方面说明雾霾是可以治理的,但同时也反映了雾霾治理的代价极大。按照京津冀及周边地区大气污染防治协作小组的决定,北京、天津、河北、山东四省市分区域、分时段组织实施应急减排措施:自 11 月 3 日起,北京市及河北省的部分市县实施最高一级重污染应急减排措施;自 11 月 6 日起,除上述城市继续采取应急减排措施外,天津市、河北省的唐山、衡水、沧州,以及山东省的济南、淄博等部分市县,实施最高一级空气重污染应急减排措施,确保达标排放,并尽可能采取限、停产措施①。以北京市为例,11 月 3 日 0 时至 11 日 24 时,对 141 家市级重点排放企业采取停产限产措施,其中 69 家停产,72 家限产;11 月 3 日至 11 日,除抢险抢修工程外,全市所有施工工地应停止土石方、拆除等作业,其中五环路以内和怀柔区停止所有建筑工程施工作业②。

2. 减少对重化工业过度依赖的难度很大

我国中东部地区反复出现雾霾,根本的问题在于经济对重化工业的过度依赖,而这种依赖很难在短期内改变。近年来的大气监测结果表明,京津冀、长三角、珠三角出现雾霾的频次和程度最为严重。这些地区每年出现雾霾的天数在 100 天以上,个别城市甚至超过 200 天。这三个区域虽然国土面积仅占我国国土面积的 8% 左右,却消耗全国 42% 的煤炭、52% 的汽柴油,生产 55% 的钢铁、40% 的水泥,二氧化硫、氮氧化物和烟尘的排放量均占全国的 30%,单位平方公里的污染物排放量是其他地区的 5 倍以上③。从全国来看,改变对重化工业的过度依赖,成为"十三五"工业转型升级的重大课题。

3. 新能源革命任重道远

(1)我国经济对传统化石能源的依赖程度仍然过高。2010 年,我国成为全球第一能源消费大国。我国能源消耗强度一直偏高,是美国的 3 倍、日本的 5 倍④。以中美两国为例。两国都非常依赖传统的化石能源,中国石油、煤炭、天然气的比重高达 92%,美国则是 87%。然而,过去 5 年,美国成为石油生产增长最快的国家,世界石油

① 王硕. 最高级别应急减排范围扩至山东[N]. 京华时报,2014-11-06.

② 吴婷婷. 京津冀鲁启动最高一级减排[N]. 北京晨报,2014-11-05.

③ 孙雪梅. 环保部:不转发展方式难减雾霾[N]. 京华时报,2013-03-16.

④ 安邦咨询. 能源低效利用率推动中国成为世界第一能源消费国[EB/OL]. 中国经营网,2011-02-28.

产量增加的一半来自于美国；美国的页岩气革命使得页岩气产量在10年间增长了30倍，美国一跃成为世界第一大天然气生产国，即将实现从天然气进口国向出口国的转变；煤炭发电比例首次降至50%以下，石油进口依存度也下降到了50%以下；2013年二氧化碳排放减少了7.6亿吨，为世界减排之最。而我国能源结构仍停留在世界百年前的水平，煤炭在一次能源中的比重高达67%。我国消费了全球近20%的能源，生产了约12%的GDP，却排放了近27%的二氧化碳①。

（2）能源革命对国内绿色增长的推动作用明显不足。尽管我国是太阳能产品制造大国，但80%以上的太阳能产品主要用于出口，其中近70%左右出口到欧美市场，国外市场依存度过高，对国内绿色增长的推动作用明显不足②。

（3）新能源汽车发展缓慢。按照“十二五”规划的目标，到2015年我国电动车销量为50万辆，但2013年只销售了2万辆，2014年只能达到5万辆左右。也就是说，“十二五”规划的指标只能完成20%左右。

三、实施创新驱动战略

把握“工业革命3.0”与“工业革命4.0”时代的历史机遇，发展高端制造业，关键是提升自主创新能力。然而，随着低成本竞争优势的逐步失去，我国的自主创新优势尚未形成。

1.核心技术受制于人

虽然我国已进入工业化中后期，但知识产权的对外依存度却高达60%。在核心技术方面，我国的国外知识产权依存度至少达到90%。发达国家对国外知识产权的依赖程度一般低于30%。我国大多数装备制造工艺的核心设备、高级医疗设备、互联网芯片，对外技术依赖度大。例如，我国生产全球90%的圆珠笔，但98%出口圆珠笔的笔尖珠依靠进口。再以汽车工业为例。我国自主品牌的汽车企业的核心技术高度依赖国外，自主研发的核心技术不足10%③。数控系统代表着制造业的水平。目前我国高档数控系统和功能部件的95%仍然主要依靠进口，国内高档系统的自给率不到5%。我国国产

---

① 陈卫东.中美能源合作的百年回顾与前瞻[EB/OL].财经网，2014-11-28.

② 张森.光伏业亟须打造内生驱动[N].国际商报，2014-03-11.

③ 杨秋波.中央政研室：中国知识产权对外依存度高达60%[N].21世纪经济报道，2012-01-06.

机床目前只有30%的数控化率,与发达国家60% ~70%的水平存在很大差距[①]。

2. 缺乏全球知名品牌

没有自主创造研发的全球知名品牌就只能做代理工厂,这已成为我国工业转型升级的突出矛盾。改革开放以来,我国经济的“赶超战略”重视了工业总量的扩张,但对内涵和质量的关注远远不够。在出口导向模式下,所谓“中国制造”,在很大程度上是“中国加工”。以苹果公司产品 iPhone 的价值构成为例。尽管其主要是在我国组装,但事实上我国工厂所获得的价值微乎其微,仅占成本的1.8%,而拥有核心技术和知识产权的苹果公司却获得巨额利润,据估算每部 iPhone 对美国 GDP 的贡献达400美元[②]。2012年10月,新华社对我国最大宗电器出口产品手机进行的调查表明,2012年我国约出口10亿部手机,但90%的利润被苹果、三星赚去,我国靠廉价劳动力只能赚得1%[③]。在全球最大的品牌咨询机构 Interbrand 发布的2013全球最佳百大品牌排行榜中,苹果、谷歌、可口可乐、IBM 及微软均榜上有名,分列该榜前五,百大品牌排行榜中没有我国企业的身影。2014年10月9日,Interbrand 又发布了2014年全球百大品牌排行榜。排名前五的企业仍然是美国品牌,但华为技术升至第94名,成为首次闯入百强的中国企业。

3. 产学研脱节现象未得到根本解决

(1)科技成果转化率低下。根据中国科学技术发展战略研究院发布的《国家创新指数报告2013》,我国研发经费长期快速增长,2012年达到10 298.4亿元,居世界第3位,占全球份额由2000年的1.7%迅速提高到11.7%,与美国、日本的差距进一步缩小;研发人员全时当量[④]达到324.7万人年,居世界首位,占到全球总量的29.2%;国际科学论文(SCI)产出实现量质齐升,我国论文数量居世界第2位,高被引论文数量居世界第4位[⑤]。但由于产学研用脱节,我国科技成果转化率仅为10%左右,远低于发达国家40%的水平。

(2)基础研究经费支出比例偏低。2012年,我国的基础研究经费占全社会研发总

---

① 罗兵.中国机床行业蓄势待发[N].中国质量报,2012-02-16.

② 唐小涛.中国制造缺乏核心技术 核心竞争力不强[EB/OL].人民网,2012-12-04.

③ 《科技管理研究》编辑部.新工业革命与我国科技经济自主科学发展——关于杰里米·里夫金《第三次工业革命》的讨论[J].科技管理研究,2012(22).

④ 全时当量即全时人员数加非全时人员按工作量折算为全时人员数的总和。

⑤ 赵竹青.中国研发经费长期处于快速增长 稳居世界第三[EB/OL].人民网,2014-03-31.

投入的比重仅为4.8%，总经费为498.8亿元。10多年来，这一比重一直徘徊在5%左右[①]，而国际主要创新型国家大多在15%～30%左右。

(3)企业创新动力和创新投入不足。2012年，全国规模以上工业企业R&D经费占主营业务收入的比重为0.77%，仅比2000年提高了0.2个百分点；新产品销售收入占主营业务收入比重为11.9%，仅比2000年提高0.8个百分点[②]。

四、改造提升传统产业

多年来工业的快速扩张，使得我国的产能过剩呈现全面性、长期性的突出特点，产能过剩的结果是工业利润的持续下降。如何有效化解产能过剩，是"十三五"工业转型升级的重大挑战。

1. 工业产能过剩的矛盾突出

2008年国际金融危机以来，我国工业产能过剩在各个行业蔓延。虽然经过6年多的努力化解，但产能利用率仍然较低。2014年三季度，我国产能利用率仅为78.7%，与上季度持平，同比下降0.9个百分点，处于近4年来的较低水平。在欧美国家，产能利用率在79%～83%区间属于产需合理配比。虽然我国目前78.7%的平均产能利用率水平看似与合理区间差距不大，但不少行业的产能利用状况其实堪忧。中国企业家调查系统组织实施的"2013中国企业经营者问卷跟踪调查"显示，我国有19个制造业产能利用率都在79%以下，有7个产业产能利用率还在70%以下，只有2个接近79%。需要引起高度重视的是，产能过剩的范围已经从钢铁、水泥、电解铝、平板玻璃、造船等传统产业扩散到战略性新兴产业。例如，根据国家《汽车产业"十二五"规划》，到2015年新能源汽车的产销将达100万辆，但据不完全统计，到2015年底，全国新能源汽车产能规划达到550万辆，远远超出现有的产销水平[③]。

2. 工业利润持续下降

根据国家统计局数据，截至2014年12月，我国工业生产者出厂价格(PPI)已连续

① 彭科峰. 基础研究经费：学界一片"涨声"[N]. 中国科学报，2014-04-02.

② 赵竹春. 企业为国内"社会研发投入"提供四分之三经费[EB/OL]. 人民网，2014-03-31.

③ 林火灿. 建立长效机制 化解产能过剩[N]. 经济日报，2014-11-18.

34 个月下降，是我国改革开放以来 PPI 负增长最长的时期。在产能过剩的条件下，工业企业盈利非常微薄。例如，2014 年 9 月，规模以上工业企业产成品库存同比增长 15.1%，比主营业务收入增速高 7.2 个百分点。其中，煤炭开采和洗选业、黑色金属冶炼和压延工业出厂价格同比下降 10.6% 和 7.9%。整个钢铁行业依然处于盈亏边缘，2014 年前三季度，重点统计钢铁企业累计亏损面 25%，亏损额 80.86 亿元，销售利润率仅为 0.71%。根据中经产业景气指数监测，经初步季节调整，2014 年三季度煤炭产业实现利润同比下降 51.0%，全行业销售利润率为 2.7%，比 2013 年同期低 2.6 个百分点，比全部工业平均水平低 2.9 个百分点，煤炭企业亏损面已达 70% 以上①。目前，我国煤炭产能已达到 40 亿吨左右，在建产能 11 亿吨左右，这些产能若陆续释放，将使煤炭市场供需失衡状况进一步加剧。

第三节

实现工业与服务业的深度融合

“十三五”是“中国制造”向“中国智造”转型升级的关键时期，迫切需要把握工业转型升级的大趋势，确立推进工业与服务业融合的基本目标，实质性提高生产性服务业的发展水平，推动制造业信息化、服务化、全球化。

一、实质性提升生产性服务业水平

工业化中期之后，制造业转型升级的重要特征是信息、研发、设计、物流、销售等生产性服务业从传统工业中分离出来做精、做专，从而引领传统制造业向高端制造业的转型。

1. 工业转型升级对生产性服务业的依赖性增强

从世界经济的发展经验看，工业转型升级伴随着制造业与生产性服务业的互动发

① 林火灿. 建立长效机制 化解产能过剩[N]. 经济日报，2014－11－18.

展，一般经历三个阶段（见表1.1）：第一阶段是工业化前期，生产性服务业如信息、研发、设计、销售、物流等从制造业中剥离出来并独立发展，此时制造业仍为主导产业；第二阶段是工业化中后期，生产性服务业又开始嵌入制造业，从而对制造业进行改造，此时制造业主导开始向服务业主导转型，使得生产性服务业的重要性逐步凸显；第三阶段是后工业化时期，生产性服务业与制造业深度融合互动，使得生产性服务业在整个制造业中获得了主导地位。

表1.1　工业化过程中生产性服务业与制造业互动的三个阶段

经济发展阶段	互动阶段	互动地位	主要形式		主要内容		
			产业视角	价值链视角	纵向分类	横向分类	专业程度分类
工业化前期	剥离、独立阶段	制造业主导	生产性服务业从制造业中剥离并独立发展	生产性服务业服务制造业价值链的上游和下游的某个非核心环节	非嵌入	物流服务、人力服务	标准性、普适性服务
工业化中后期	交叉互动阶段	制造业主导向生产性服务业主导转化	生产性服务业嵌入制造业	生产性服务业服务制造业价值链的某个或多个核心环节	嵌入	资本服务	专业性、特殊性服务
后工业化时期	融合互动阶段	生产性服务业主导	二者融合	服务经济为主体，制造业企业仅控制价值链核心环节	嵌入	信息服务、知识技术服务	定制性、创新性服务

资料来源：周静.生产性服务业与制造业互动的阶段性特征及其效应[J].改革，2014(11).

2.走向“中国智造”关键是发展生产性服务业

在“工业革命3.0”和“工业革命4.0”的进程中，突出的特点是生产性服务业引领转型。数据显示，2010年发达国家生产性服务业占服务业的比重普遍在60%～70%[①]。高端制造业发展比较好的国家，如美国和德国，信息、设计、研发、物流、销售

① 周洲.中国服务业占比或超工业[N].国际商报，2012-12-13.

等生产性服务业占服务业的比重已经高达70%以上，占GDP的比重大多在43%左右。由于我国生产性服务业发展水平低，在全球制造业产业链布局中，微笑曲线两端的设计和研发，以及物流与销售，主要为欧美等发达国家控制，我国只能做低端的加工制造环节，这是制约我国制造业转型升级的主要矛盾。

3. 把提高生产性服务业占比作为“十三五”规划的约束性目标

2014年出台的《国务院关于加快发展生产性服务业 促进产业结构调整升级的指导意见》，对研发设计、第三方物流、融资租赁、信息技术服务、节能环保服务、检验检测认证、电子商务、商务咨询、服务外包、售后服务、人力资源服务和品牌建设等多个领域的生产性服务业发展进行了重点布局。

考虑到工业转型升级的客观需求，建议国家“十三五”规划明确把生产性服务业占服务业的比重从35%提高到55%、占GDP的比重从15%提高到30%～40%作为主要的约束性目标，并以此作为衡量结构调整优化的主要标准。为有效落实生产性服务业发展目标，建议尽快制定“十三五”现代生产性服务业的专项规划，并提出优化生产性服务业结构，以及提升生产性服务业发展水平的重大任务。

二、实现制造业信息化、服务化

推进信息化和工业化的深度融合，以发展生产性服务业引领“中国智造”，争取到2020年初步形成制造业信息化、服务化的新格局。

1. 实现制造业信息化

形成信息技术改造传统工业、提升战略性新兴产业和先进制造业的战略规划，制定信息化与工业化融合的国家管理和技术体系标准，推动物联网、大数据、云计算技术在工业领域的广泛应用，鼓励企业充分开展科技创新、产品创新、管理创新、市场创新和商业模式创新。到2020年，我国制造业基本普及数字化技术，实现机械产品全面应用数控技术，总体升级为“数控一代”，初步实现战略性新兴产业和先进制造业智能化。

2. 实现制造业服务化

优化生产性服务业结构，运用大数据提升信息、研发、设计、物流、销售等生产性服务业发展水平，引导企业进一步打破“大而全”、“小而全”的格局；分离和外包非核心业务，向价值链高端延伸，推动电子商务与制造业的有机结合；把发展生产性服务业作为工业园区建设的重点。到2020年，在京津冀、长江经济带、长三角、珠三角形成一批引导生产性服务业集聚的产业园区，形成一批高水平的生产性服务业旗舰企业，在以生产性服务业为重点改造传统产业上取得明显突破，初步完成工业由生产制造型向生产服务型的转变。

三、推动制造业的全球化布局

把中国制造“走出去”作为推动亚太自贸区、中国—东盟自贸区升级版、中欧自贸区、中美自贸区发展的重大任务，以高端制造业为重点，形成中国制造业的全球产业链。

1. 推动制造业向新兴经济体“走出去”

充分利用新兴经济体国家的低成本优势拓展我国制造业的发展空间，把握21世纪海上丝绸之路和丝绸之路经济带建设的重要契机，加快推动以高铁为代表的高端制造业向东盟、中亚地区“走出去”，使中国制造业在中国与东盟、中亚基础设施互联互通中发挥重大作用；加快中国制造业向金砖国家“走出去”，向非洲地区“走出去”，强化基础设施领域的投资与合作。

2. 推动制造业向发达国家“走出去”

支持国内先进制造业到欧美发达国家实施高水平的并购重组，通过并购获得重要品牌和技术专利，实现经营管理人才国际化，获得本土化营销网络，实质性提升我国产业技术水平和在全球价值链中的地位。

3. 建立中国制造业的全球产业链

实施跨国公司战略，建立跨国生产和营销网络，形成我国企业在全球范围内进行市场整合和配置资源要素的能力，提升我国企业的国际化经营能力。到2020年，显著提升我国企业在全球价值链中的地位，使进入世界500强的中国大陆企业由2014年的100家增加到150家左右。

四、“十三五”：完成从“工业革命2.0”向“工业革命3.0”的升级

以国内市场需求为导向，强化新能源基础设施建设，提高自主创新能力，缩小以太阳能光伏为重点的战略性新兴产业与发达国家的差距，到2020年初步完成从“工业革命2.0”向“工业革命3.0”的升级。

1. 把推动“工业革命3.0”作为治理雾霾的根本举措

“十三五”我国治理雾霾的关键是推动制造业从“工业革命2.0”向“工业革命3.0”的升级。在建立、推广、普及循环经济体系、加快建立环保产业体系的同时，实质性改变能源结构。到2020年，初步形成绿色制造的新格局，实现单位国内生产总值二氧化碳排放比2005年下降40%～45%的发展目标，非化石能源占一次能源消费的比重达到15%左右，清洁能源发电占比提高到35%①。

2. 形成新能源领域的高端产业链

强化新型制造技术的自主创新能力，形成国际品牌，围绕新型能源供给体系与现代网络通信技术相结合延伸高端产业链，在智能电网、新能源汽车等领域形成新的国际竞争优势，达到国际领先水平。到2020年，新能源汽车配套服务设施基本完备，形成新能源汽车在交通运输行业的规模效应，新能源汽车在城市公交、出租汽车和城市物流配送等领域的总量达到30万辆，对城市交通运输节能减排的贡献率达到20%。

3. 形成新能源与互联网融合的技术体系和服务体系

在可再生能源转型技术、可再生能源采集和传输技术、分布式能源储存技术、信息

① 国务院新闻办公室. 中国的能源政策(2012)白皮书[EB/OL]. 新华网,2012-10-24.

以及能源的共享技术和能源热插拔技术等技术上取得重要突破；加快智能电网和新能源汽车充电桩等基础设施建设，通过能源互联网将可再生能源、可发电建筑、储能技术和可插电交通体系联系起来，使风能、太阳能、生物质能等能够顺利接入国家电网。到2020年，实现新能源汽车、节能建筑和产品的广泛应用，在以新能源技术改造传统产业上取得新突破，在重要的新能源产业和技术领域达到国际领先水平。

五、"十三五"：奠定"工业革命4.0"的重要基础

把发展战略性新兴产业和先进制造业作为实施创新驱动战略的重点，提升、改造传统工业，发展高端制造业，到2020年使相当一部分产业达到"工业革命4.0"的国际领先水平。

1. 实施创新驱动发展战略

促进科技、金融、创新要素的有机结合，健全技术创新的市场导向机制，建立以企业为主的科技创新体系，促进科技成果资本化、产业化，发挥市场对创新、技术研发方向、路线选择、要素价格、各类要素配置的导向作用，强化知识产权的运用和保护，推动"产学研"一体化，围绕战略性新兴产业搭建产业技术创新战略联盟。到2020年，基本形成与"工业革命3.0"相适应的自主创新体系，使创新成为推动经济发展的内生动力。

2. 缩小战略性新兴产业和先进制造业与发达国家的差距

突出自身优势，发展高端生产性服务业，推动战略性新兴产业向高附加值的研发与设计、销售与物流延伸，形成高端产业集群，集中攻克一批核心关键技术，实现大规模"走出去"与高水平"引进来"相结合。到2020年，形成一批具有核心技术、自主知识产权和知名品牌的战略性新兴产业和先进制造业，明显缩小与发达国家的差距。

专栏 1.5　战略性新兴产业与先进制造业的发展趋势

战略性新兴产业是指建立在重大前沿科技突破基础上，代表未来科技和产业发展新方向，体现当今世界知识经济、循环经济、低碳经济发展潮流，目前尚处于成长初期，未来发展潜力巨大，对经济社会具有全局带动和重大引领作用的产业。根据战略性新兴产业的特征，立足我国国情和科技、产业基础，现阶段重点培育和发展节能环保、新一代信息技术、生物、高端装备制造、新能源、新材料、新能源汽车等产业。

先进制造业是相对于传统制造业而言的，指制造业不断吸收电子信息、计算机、机械、材料以及现代管理技术等方面的高新技术成果，并将这些先进制造技术综合应用于制造业产品的研发设计、生产制造、在线检测、营销服务和管理的全过程，实现优质、高效、低耗、清洁、灵活生产，即实现信息化、自动化、智能化、柔性化、生态化生产，取得良好经济收益和市场效果的制造业总称。主要发展趋势是：

（1）微电子、计算机、信息、生物、新材料、航空航天、环保等高新技术产业广泛应用先进制造工艺，包括先进常规工艺与装备、精密与超精密加工技术、纳米加工技术、特种加工技术、成形工艺和材料改性等先进制造技术和工艺。

（2）机械装备工业、汽车工业、造船工业、化工、轻纺等传统产业广泛采用先进制造技术，特别是用信息技术进行改造，给传统制造业带来了重大变革，生产技术不断更新，设计方法、加工工艺、加工装备、测量监控、质量保证和企业经营管理等生产全过程都渗透着高新技术，CAD、NC 和柔性制造技术在制造业中已得到了广泛的应用，使其发生质的飞跃，产生了一批新的制造技术和制造生产模式。

（3）在高新技术的带动与冲击下，装备工业走向机电一体化、人机一体化、一机多能、检测集成一体化，出现机器人化机床、虚拟轴车床、高速模块化机床等新型加工机床，数控机床走向智能化、智能化加工单元。

（4）制造技术不断向高加工化和高技术化方向发展，给制造业带来深刻的变革，未来的制造业将进入融柔性化、智能化、敏捷化、精益化、全球化和人性化于一体的崭新时代。

资料来源：战略性新兴产业[N]. 济南日报，2014－07－03.

3. 部分产业达到“工业革命 4.0”的国际先进水平

充分利用拥有世界上最大规模互联网用户的优势，以大数据与制造业有机结合为重点打造我国制造业升级版，提升具有比较优势的移动通信、发电设备、电子商务、机床制造、家用电器、工程机械、航空航天、高速铁路等产业的发展水平。到 2020 年，传统制造业信息化、智能化初见成效，部分产业达到“工业革命 4.0”的国际先进水平，在 3D 打印、新材料、新能源领域形成一批具有国际领先水平的创新型企业，奠定“工业革命 4.0”的重要基础。

第四节
推进工业转型升级的重大任务

把握好"十三五",布局"中国智造",不仅能够走出一条化解产能过剩的有效路径,还能够在新一轮工业革命中赢得先机,从而为迈向高收入国家奠定坚实基础。

一、以大数据、云计算、物联网、移动互联网等改造传统产业

在淘汰落后产能的同时,结合大数据、云计算、物联网、移动互联网等带来的巨大市场机遇,用互联网思维改造传统产业,寻求新的经济增长点,走出一条化解产能过剩的新路子。

1. 把握大数据、云计算、物联网、移动互联网带来的巨大商机

"十三五"我国改造传统产业,并非是在"工业革命 2.0"的基础上修修补补,而是要按照"工业革命 3.0"和"工业革命 4.0"的标准对整个工业系统进行重构。在新一轮工业革命中,大数据、云计算、物联网、移动互联网是巨大的产业,而它们在对传统产业的颠覆与重构的过程中会产生更大的价值。以大数据为例。加拿大 InteraXon 公司研发读心术、感应大脑,利用意念直接操作电脑,公司创始人 Garten 预测,"大脑电波市场的发展空间巨大,全世界有超过 20 亿的人口需要这类产品,整个市场的规模可达 2 万亿美元"。[①] 包括云计算、物联网、移动互联网的爆炸性增长,对人类生产生活方式的冲击已经达到了临界点。

建议以大数据、云计算、物联网、移动互联网等改造传统工业模式作为"十三五"工业转型升级的重点,并出台相关专项规划具体落实。

① 朱丽娜. 一个掘金 2 万亿美元大脑电波市场的设想[N]. 21 世纪经济报道,2014 - 10 - 10.

专栏 1.6 大数据、云计算、物联网、移动互联网的市场潜力巨大

1. 大数据市场。 大数据在全球的 IT 开支，将从 2012 年的 960 亿美元增长到 2016 年的 2 320 亿美元；在我国，大数据的潜在市场规模将达到 2 万亿元。MarketsandMarkets 的研究报告显示，到 2018 年全球大数据市场的年均复合增长率将达到 26%。

2. 云计算市场。 研究机构 IDC 的最新报告预计，公共 IT 云服务收入（包括 Laas、PaaS、SaaS）在 2014—2018年期间的年复合增速将达到 22.8%，是整体 IT 市场平均增速的 6 倍以上。到 2018 年公共 IT 云服务收入将超过 1 270 亿美元，2013 年该市场收入规模为 450 亿美元。中国预计到 2015 年国内云计算市场规模将达到 136.69 亿美元，是 2011 年的 5 倍，年复合增长率为 50%。

3. 物联网市场。 据 IDC 预测，2016 年物联网产品及解决方案创造的市场价值将达到 1.9 万亿美元；麦肯锡则把物联网视为改变生活、商业和全球经济的 12 大颠覆性技术之一，2025 年的市场规模预计达 6.2 万亿美元。

4. 移动互联网。 艾瑞咨询数据显示，2013 年中国移动互联网市场规模达到 1 059.8 亿元，同比增速 81.2%；预计到 2017 年，市场规模将增长约 4.5 倍，接近 6 000 亿元。

资料来源：桑雪骐. 大数据潜在市场规模将达到 2 万亿元[EB/OL]. 中国消费网，2014-01-20；杨博. IT 巨头价格战愈演愈烈[N]. 中国证券报，2014-11-06；物联网发展对传统行业的改变及日后发展方向[EB/OL]. 中国安防展览网，2014-06-27；艾瑞咨询：2013 年移动互联网市场规模 1 059.8亿元，进入高速发展通道[EB/OL]. 艾瑞咨询集团网站，2014-01-14.

2. 以智慧城市建设引领传统产业改造

目前，全球已掀起智慧城市建设的浪潮。大数据、云计算、物联网、移动互联网改造人类生产生活方式，智慧城市是最重要的一个载体。未来 5～10 年，我国仍处于城镇化快速发展阶段，而在实现智慧城市上，无论是发达国家还是新兴经济体，基本上处于同一个起跑线上。同时，智慧城市建设内容涵盖城市管理、医疗、交通、能源、公用设施、水资源、安全、教育和食品等领域，涉及的领域包括物联网、云计算、移动互联网、大数据等各个方面的内容，是带动工业转型升级最重要的引擎，为打造制造业升级版提供了巨大的市场。

建议把智慧城市建设作为“十三五”城镇化转型升级的重点任务，并出台国家层面的智慧城市发展规划，开启以智慧城市建设引领工业转型升级的新局面。

专栏 1.7 未来 10 年中国智慧城市建设投资将超过 2 万亿元

根据市场研究机构 IDC 公司的研究，未来 10 年我国的智慧城市建设投资将超过 2 万亿元人民币，具体涉及产业载体建设、商业配套建设、服务平台建设、交通设施建设、医疗服务建设、智能电网建设、水利设施建设、生态环保建设、城市管理建设等。其中，与专属智慧城市载体相关的市场约占 20% ~30%，智慧城市传感器、仪器、自动控制设备和相关服务占比约 20% ~30%，ICT 硬件、软件、服务相关的部分占 40% ~50%。

随着城市地理空间数字化的加快推进，智慧城市建设的基础设施条件将逐步完备。我国数字城市地理空间框架建设自 2006 年启动，目前已有 220 余个地级市、100 余个县级市完成了数字城市建设并投入使用，累计开发应用系统 3 600 多个，涉及国土、规划、公安、环保、卫生等多个领域。

资料来源：未来 10 年智慧城市建设投资将超 2 万亿元[EB/OL]. 新浪网，2013 - 07 - 23；崔逾瑜. 我国加快推进数字城市向智慧城市转型升级[N]. 湖北日报，2014 - 12 - 22.

3. 支持大数据、云计算、物联网、移动互联网与传统产业的相互渗透

大数据、云计算、物联网、移动互联网是新一轮工业革命最能动的因素，不仅在颠覆传统制造业模式，同时也在颠覆其自身原有的发展模式。以阿里巴巴为代表，互联网企业加快了向传统产业渗透的步伐。2014 年，在小米、360、百度、腾讯等众多互联网厂商的全力“冲刺”下，智能手环、儿童定位手表、智能路由器、空气监控设备等众多细分市场的智能硬件也层出不穷，而且市场价格也不断“摸低”①。未来 5 ~10 年，大数据、云计算、物联网、移动互联网与传统制造业之间的相互渗透将成为我国制造业转型升级的主要实现形式。“十三五”我国更需要做大做强工业互联网，推动国内互联网企业与制造业企业的联合与互动；加强信息资源整合，打破传统工业企业“信息碎片化”、“信息孤岛”的局面；形成大数据、云计算、物联网、移动互联网与制造业结合的新优势。

二、以新能源与互联网融合发展为重点提升战略性新兴产业

从发达国家“工业革命 3.0”发展的态势看，牵动全局的关键是智能电网。谁先掌握了智能电网，谁就能够占领“工业革命 3.0”的制高点。如果我国“十三五”能够把智能电网发展起来，就会带动一大批战略性新兴产业的快速发展，并由此迅速确立自己在“工业革命 3.0”中的领先地位。

① 程鹏，叶丹，钱玮珏. 智能互联，还只是开始[N]. 南方日报，2014 - 12 - 25.

1. 智能电网对“工业革命 3.0”的先导作用

(1)智能电网是“工业革命 3.0”的基础平台。无论是风电还是太阳能发电等新能源的发展,都需要智能电网的支撑。有了智能电网的支撑,以及新能源发电技术和大规模储能技术的进一步发展,风电、光伏发电、分布式电源才能大规模接入,适应供用电关系灵活转换,才能解决间歇式、不稳定电源大规模利用的问题,从而使千家万户开发利用的风能、太阳能进入市场。

专栏 1.8　全球电网发展进入智能电网时代

1886 年,美国西屋公司建成了世界上第一个交流输电系统,从此世界电网遵循电压等级由低到高、联网规模由小到大、配置能力由弱到强、自动化程度越来越高的客观规律快速发展,可划分为三个阶段:一是初级电网阶段(从 19 世纪后期到 20 世纪中期)。主要是基于早期控制技术、小机组发电技术,以低电压、弱联系为特征,以城市或局部区域电力配置为主的小型孤立电网。二是互联电网阶段(从 20 世纪中期到 20 世纪末)。主要是基于现代控制技术、大机组稳定发电技术、大规模远距离输电技术,以高电压、强互联为特征,具有全国或跨国电力配置能力的大型同步电网。三是智能电网阶段(从本世纪初开始)。基于新能源技术、分布式发电技术、大规模储能技术、超远距离超大规模输电技术、信息网络技术和智能控制技术的快速发展,世界电网进入智能电网发展阶段。

资料来源:刘振亚. 智能电网与第三次工业革命[N]. 科技日报,2013 - 12 - 05.

(2)智能电网对“工业革命 3.0”具有全局性的推动作用。智能电网是“工业革命 3.0”最重要的引擎,将推动未来社会形态的革命性变化。智能电网与物联网、互联网等深度融合后,将构成价值无法估量的社会公共平台,支撑能源供应、信息通讯、家政医疗、物流交通、远程教育、电子商务等各方面的变革,支撑智能家庭、智能楼宇、智能小区、智慧城市建设,推动生产生活智慧化①。

专栏 1.9　智能电网深刻变革能源生产、消费方式

1. 推动能源配置方式变革。经过上百年开发,世界许多国家的能源基地与负荷中心的距离越来越远,风能、太阳能资源也主要集中在远离负荷中心的严寒、酷热及沙漠、戈壁等地区。智能电网基于超远距离、超大规模输电技术,能源配置范围更广、能力更强,只有通过智能电网才能实现这些能源基地的大规模开发,实现能源从就地平衡向大范围优化配置、更大范围统筹平衡转变。

---

① 李将辉. 加快发展智能电网 承载和推动第三次工业革命[N]. 人民政协报,2014 - 03 - 06.

2. 推动能源消费方式变革。随着分布式电源加快发展，越来越多的用户拥有能源供应商与消费者的双重身份，发用电关系灵活转换。智能家电广泛普及后，用户的智能用电和互动服务需求越来越高。传统电网的电力流只能从供应侧向需求侧单向传输，难以适应新的需求。只有基于信息网络技术和智能控制技术的智能电网，才能适应能源消费的新变化，推动能源消费从单向接收、模式单一的用电方式，向互动、灵活的智能化用电方式转变。

3. 推动生产生活方式改变。智能电网对未来社会影响的范围之广、程度之深，将远远超出我们的想象。基于智能电网的清洁能源大规模开发利用，将推动生产生活的低碳化、智慧化。

资料来源：刘振亚. 智能电网与第三次工业革命[N]. 科技日报，2013－12－05.

(3) 发展智能电网抢占"工业革命 3.0"的制高点。正是因为智能电网在"工业革命 3.0"中的核心地位，欧美发达国家已将发展智能电网纳入国家战略，并将发展智能电网作为发展新兴经济最重要的支柱。未来 20 年，欧盟将投入 5 000 亿欧元的建设资金，美国在此方面的投资规模将达到 1.5 万亿美元①。

2. 把智能电网作为发展战略性新兴产业的重点

按照《"十二五"国家战略性新兴产业发展规划》的要求，到 2020 年力争使战略性新兴产业成为国民经济和社会发展的重要推动力量，增加值占国内生产总值的比重达到 15%，部分产业和关键技术跻身国际先进水平，节能环保、新一代信息技术、生物、高端装备制造产业成为国民经济支柱产业，新能源、新材料、新能源汽车产业成为国民经济先导产业。在所规划的战略性新兴产业中，绝大多数与智能电网有着直接或间接的关系。例如，新能源、新材料、智能装备、电动汽车、新一代信息产业、电子商务，几乎无一能够离开智能电网的发展支撑。总的来看，未来 5～10 年，在国家层面突出智能电网的带动作用，可以使各类战略性新兴产业进一步明确未来的发展方向和目标，将产生纲举目张的效果。

3. 出台国家层面发展智能电网的规划

建议在《"十二五"国家战略性新兴产业发展规划》的基础上，将智能电网纳入"十三五"经济社会发展总体规划，制定国家智能电网发展专项规划。

——统筹智能电网与风光发电等新能源发展，为大型水电、大型核电、大型可再生

① 刘振亚. 智能电网与第三次工业革命[N]. 科技日报，2013－12－05.

能源发电基地建设和发展创造条件。

——统筹智能电网与战略性新兴产业发展,在“工业革命3.0”的基础上指导战略性新兴产业健康发展。

——统筹智能电网与互联网、物联网建设,重点攻克微电网技术,为促成风光发电进入千家万户提供公共服务平台。

三、以国内市场需求为导向布局智能制造业

发展智能制造业是我国把握“工业革命4.0”历史机遇的主要领域。一方面,我国是全球第一制造业大国,因而,装备制造业最大的需求市场在我国;另一方面,我国是世界第一人口大国,所以,我国新阶段向服务消费升级也给制造业服务化提供了最大的市场。“十三五”立足于国内市场需求布局智能制造业,我国就有可能形成制造业上的某些优势。

1. 以机器人产业为重点布局智能装备制造业

(1)发展智能装备制造业需要把机器人产业摆在突出位置。国家《“十二五”智能制造装备产业发展规划》提出,到2015年,智能制造装备产业销售收入将超过1万亿元;到2020年将超过3万亿元,成为具有国际竞争力的先导产业,国内市场占有率超过60%。未来5~10年,智能装备制造行业要实现增长率年均25%的目标,重头戏是机器人产业。“十二五”我国年新增工业机器人供给量将超过1.5万台,年增长速度在50%以上。随着低端劳动力的短缺开始出现,2013年我国已成为全球最大的工业机器人市场,并且机器人产业需求将呈现爆发式增长,预计2015年国内工业机器人年供应量将超过2万台,保有量将会在13万台以上①。

(2)尽快确立机器人产业的国产品牌。尽管我国是全球机器人最大的市场,但主要的供应商在欧美发达国家。欧洲和日本目前是工业机器人的主要供应商,ABB、KUKA、FANUC、YASKAWA 4家公司占据了我国60%~80%的市场份额②。而我国企业多为系统集成商,单元产品和核心部件都要从欧美日进口。不仅如此,产业配套能

① 黄莹颖.工业机器人产业年产值向3 000亿元迈进[N].中国证券报,2013-03-05.

② 2014年全球工业机器人市场四大家族竞争分析[EB/OL].中国产业信息网,2014-06-24.

力也严重制约了我国智能制造产业的发展。调查显示，智能设备应用企业普遍对国内的设备供应商评价不高，近80%的智能应用企业认为国内品牌智能设备技术水平与国际品牌存在明显差距，过半的企业认为国际品牌更加可靠。

（3）打造机器人的全产业链。把打造机器人全产业链作为“十三五”产业发展的重点，尽快组建和形成完善的机器人产业联盟，制定机器人产业发展的国家标准，加强基础研究，形成核心技术，推动机器人产业链的上下游一体化。

2. 推动智能可穿戴设备在健康产业的广泛应用

（1）智能可穿戴设备有可能迎来爆发式的增长。大数据与制造业的融合，突出表现在智能可穿戴设备的出现。有数据显示，2014年全球可穿戴智能终端的出货量将超过1亿部，到2018年可能超过3亿部。瑞信集团的预测报告认为，未来2～3年全球可穿戴设备的市场规模有望达到300～500亿美元[①]。由于我国正在成为全球最大的健康产业市场，因而我国可穿戴设备主打健康牌也将获得巨大的生命力。

（2）以智能可穿戴设备为重点发展高端健康制造业。2014年以来，很多社区已经开始探索健康手环推介，居民佩戴一款健康手环，就可以获知自己的血压、血氧等基本健康数据，并随时得到一个简单的“健康检测报告”。由于老龄化的加速以及人们对健康重视程度的提高，以医疗设备为重点，我国完全有可能在智能可穿戴设备上抢占行业制高点。

（3）建立智能可穿戴设备的独立第三方检验、检测和认证机构。未来智能可穿戴设备将通过不同载体渗入到人类的衣、食、住、行、工作等各方面，但其普及应用需要获得消费者的认可。建议尽快组建智能可穿戴设备的独立第三方检验、检测和认证机构，推出可穿戴设备认证标准，协助制造商为消费者提供安全优质的产品，推动可穿戴设备行业的健康可持续发展。

3. 布局以3D打印机为重点的智能制造业发展

（1）3D打印机是“工业革命4.0”的前沿产业。3D打印技术是21世纪最具有颠覆性的高科技技术。当前，3D打印技术的应用局限于利基市场（高度专门化的需求市场）或细分市场，如医疗或模具。但3D打印机打印的产品远远优于传统制造业生产

---

① 万宇. 可穿戴设备着眼后手机时代[N]. 人民日报，2014－02－26.

的产品，不仅能够适应定制化的生产，还具有高度的灵活性，是未来产业发展的重要方向。

（2）以健康产业为重点形成3D打印产业的技术和品牌优势。根据Gartner报告的预测，3D打印要实现在产品模型中的普遍应用将经历2年的预热期。目前，该技术在医学中的应用进展迅速，如器官和假肢生产，但要成为医学领域的主流技术则需要2～5年。我国可以依托自身巨大的健康服务需求市场，布局和引导企业发展3D打印技术。

（3）制定3D打印技术产业化中长期发展规划。根据我国国情，借鉴美国等国家的经验，形成3D打印产业的发展目标和技术路线，设立3D打印产业发展基金，开展3D打印相关软件、工艺、材料、装备、应用、标准及产业化的系统性、整体性攻关，推进建设3D打印制造技术与其他先进制造技术融合的新型数字化制造体系。

专栏1.10　3D打印的应用领域

3D打印（3D Printing）是制造业领域正在迅速发展的一项新兴技术，被称为“具有工业革命意义的制造技术”。运用该技术进行生产的主要流程是：应用计算机软件，设计出立体的加工样式，然后通过特定的成型设备（俗称“3D打印机”），用液化、粉末化、丝化的固体材料逐层“打印”出产品。3D打印的应用领域主要有：

1. 工业制造。产品概念设计、原型制作、产品评审、功能验证；制作模具原型或直接打印模具，直接打印产品。3D打印的小型无人飞机、小型汽车等概念产品已问世；3D打印的家用器具模型，也被用于企业的宣传、营销活动中。

2. 文化创意和数码娱乐。形状和结构复杂、材料特殊的艺术表达载体。科幻类电影《阿凡达》运用3D打印塑造了部分角色和道具；3D打印的小提琴接近了手工艺的水平。

3. 航空航天、国防军工。复杂形状、尺寸微细、特殊性能的零部件、机构的直接制造。

4. 生物医疗。人造骨骼、牙齿、助听器、假肢等。

5. 消费品。珠宝、服饰、鞋类、玩具、创意DIY作品的设计和制造。

6. 建筑工程。建筑模型风动试验和效果展示，建筑工程和施工（AEC）模拟。

7. 教育。模型验证科学假设，用于不同学科的实验、教学。在北美的一些中学、普通高校和军事院校，3D打印机已经被用于教学和科研。

8. 个性化定制。基于网络的数据下载、电子商务的个性化打印定制服务。

资料来源：王忠宏，李扬帆．我国3D打印产业现状及发展建议[EB/OL]．中国经济新闻网，2012-10-19．

四、支持先进制造业“走出去”

先进制造业“走出去”，既有利于为国内过剩产能找到出路，又能够提升中国制造的国际竞争力，同时也是打造国际知名品牌的重要途径。为此，建议把支持先进制造业“走出去”作为“十三五”打造制造业升级版的重大举措。

1. 制造业“走出去”将成为新常态

目前，我国制造业对外投资占比较低，与制造业世界第一大国的地位不相称。根据《2013 年度中国对外直接投资统计公报》，2013 年，我国对外直接投资流量达到 1 078.4亿美元，连续两年位列全球第三大对外投资国，其中制造业 86.8 亿美元，仅占 9.6%，对外投资主要集中在纺织服装、通信设备、电器机械、交通运输设备等领域。总的来看，制造业对外投资的巨大潜力远未释放出来。2014 年，国务院总理李克强推销制造业大项目“走出去”，引发媒体的广泛关注。李克强总理年度五次出访，多次带回来制造业项目合同大单，其中最引人注目的是能源、基建、金融和民生领域，尤其是铁路方面，中土集团获得的尼日利亚 131 亿美元铁路大单，刷新了我国对外承包工程单体合同额的最高纪录。蒙内铁路、中俄高铁、中泰铁路的合作协议成为高铁“走出去”的亮点。

2. 把创造全球知名品牌作为制造业“走出去”的重要目标

“十三五”我国企业无论是向新兴经济体“走出去”，还是向发达国家“走出去”，都应当把创造全球知名品牌、提升中国制造业国际形象作为战略目标。以海尔为例。海尔将创造全球知名品牌作为战略目标，2011 年在大型家电市场的品牌占有率提升为7.8%，第三次蝉联全球第一。目前，海尔在中国、亚洲、美洲、欧洲、澳洲拥有全球 5 大研发中心，实现本土化的研发；在美国、欧洲、中东等地设立了 24 个工业园，实现了本土化制造；在全球建立了 66 个贸易公司、143 330 个销售网点，实现了本土化营销。再以三一重工为例。三一重工在全球 200 多个国家和地区设有 300 多个办事处，建有 30 家海外子公司，业务覆盖 150 多个国家，获评为福布斯“中国顶尖企业”。

3. 制定制造业“走出去”的行动路线

由“中国制造”走向“中国智造”，需要在全球范围内配置资源。

——向新兴经济体“走出去”，不仅可以解决国内资源环境和劳动力成本上升的问题，还可以为过剩的产能寻求出路。

——向发达国家“走出去”，在海外设立研发机构，充分吸引海外高端人才，利用发达国家的技术和管理手段提升制造业的整体素质，有利于实现制造业的整体转型升级。

——以高铁为代表，我国在特高压和智能电网设备、家电制造、发电装备等多项制造业技术已经进入全球领先行列，并初步具备与国际巨头在全球市场竞争的能力，需要建立全球分销网络，确立全球品牌。

——建立全球采购渠道，有利于企业减少对国内资源的消耗，降低企业外销产品的成本。

“十三五”需要采取综合性措施助推制造业大规模“走出去”。这就需要进一步简化审批，如简化境外上市、并购、设立银行分支机构等核准手续，为“走出去”的企业提供高质量的金融服务，加强对重大装备设计、制造等产业链的金融支持，探索境外项目提供贷款新机制，加快完善人民币跨境支付和清算体系，放开短期出口信用保险市场，创造制造业“走出去”良好的政策与体制环境。

五、以创新驱动为目标打造产业园区升级版

以1984年大连经济技术开发区挂牌建园为标志，我国发展产业园区已有31年的历史。在过去31年中，产业园区肩负着快速推进工业化的历史责任和历史使命。适应工业转型升级的大趋势，“十三五”我国更需要以创新驱动为目标打造产业园区升级版，使产业园区在走向“中国智造”中扮演重要角色。

1. 产业园区是实施创新驱动最重要的载体

到2013年底，全国已有482家国家级产业园区。产业园区成为推动“中国智造”的重要力量。2013年，国家经济开发区和高新区这两大类园区的GDP合计达到

132 127亿元，占全国GDP的近1/4；合计工业总产值为351 959亿元，超过全国工业总产值的1/3；合计上缴税收为21 975亿元，占全国上缴税收的近1/5；合计出口创汇为8 197亿美元，超过全国出口创汇的1/3。其中，百强榜中经济开发区生产总值为37 718.78亿元，占全国经济开发区比重的56.2%；百强榜中高新区工业总产值为111 810.94亿元，占全国高新区比重的73.9%①。

2. 以生产性服务业聚集区为重点推进产业园区提质升级

从国际经验看，产业园区的提质升级离不开生产性服务业的集聚，无论是美国的硅谷还是我国的中关村，之所以能够成为引领工业创新的"火车头"，重要的原因在于它们形成了研发设计等生产性服务业聚集区。从我国产业园区的发展看，多数园区以上大工业项目为主要目标，以工业总量扩张为突出特征，在引领产业转型升级上的作用远未充分发挥出来。为此，"十三五"打造产业园区升级版最重要的举措在于调整发展思路，重点发展研发设计、第三方物流、融资租赁、信息技术服务、节能环保服务、检验检测认证、电子商务、商务咨询、服务外包等生产性服务业。

3. 推广中关村模式，使产业园区成为产业创新的孵化器

按照上海同济大学发展研究院发布的《2014中国产业园区持续发展蓝皮书》及2013年中国国家级产业园区持续发展竞争力综合排名榜，中关村国家自主创新示范区名列榜首。2014年12月3日，国务院常务会议明确提出将中关村园区试点的6项优惠政策推向全国；在现有的5个国家自主创新示范区（中关村、东湖、张江、深圳、苏南城市群）、合芜蚌自主创新综合试验区、绵阳科技城将推广4项先行先试政策，鼓励创投、股权激励和技术转让；会议同时提出继续在中关村推动新的政策试点，并将在天津、长株潭及其他地方设立更多的国家自主创新示范区②。

---

① 任浩. 中国产业园区发展须跨向2.0[N]. 国际金融报，2014-12-15.

② 李克强主持召开国务院常务会议[EB/OL]. 人民网，2014-12-03.

专栏 1.11　中关村成为中国产业创新的孵化器

中关村的发展目标是到 2020 年建成具有全球影响力的科技创新中心。2014 年,中关村创业投资金额和案例约占全国的 40%,新创办科技型企业超过 1.3 万家,是 2010 年的 3.6 倍。2014 年前 10 个月,中关村规模以上企业利润、税收指标保持 30% 左右的高速增长,预计全年实现企业总收入超过 3.5 万亿元人民币。创新创业造就优质 GDP、绿色 GDP。中关村万元增加值能耗 0.079 吨标煤,约是同期北京市水平的 1/5,全国水平的 1/10。2014 年,拥有“移动互联基因”的中关村新一代创新型企业代表——小米公司宣布新一轮融资 11 亿美元,公司估值达 450 亿美元。值得关注的是,创新工场、车库咖啡等“孵化 + 投资”的新型创业服务业在中关村蓬勃兴起,“90 后”创业者、“创业系”、“连续创业者”成为中关村创业大军的新生力量。截至 2014 年 11 月,中关村企业 2014 年累计创制国际标准 144 项,大批重大创新成果在中关村涌现,战略性新兴产业策源地作用凸显。

资料来源:余晓洁,田颖. 2014 年中关村诞生科技企业 1.3 万余家[EB/OL]. 新华网,2014 - 12 - 30.

应当看到,产业园区是我国实施创新驱动战略最重要的载体,以创新驱动为目标打造产业园区升级版,不仅需要从政策层面进行调整,还涉及到体制机制等软环境的塑造,更重要的是要站在“工业革命 3.0”、“工业革命 4.0”的战略高度对原有产业园区进行顶层设计和重新定位。为此,建议尽快出台国家层面的产业园区转型升级发展规划,以引导各类产业园区提质升级。

六、推动企业组织方式变革

在新一轮工业革命的进程中,生产的小型化、智能化、专业化、精细化成为大趋势,这对过去大批量同质化生产时代的科层制企业组织形式将带来颠覆性的改变。走向“中国智造”,需要在企业层面进行组织方式变革。

1. 大规模定制时代颠覆传统制造业的组织模式

互联网时代,制造业需要满足差异化的用户需求,由传统大规模制造阶段向大规模定制阶段转型。日趋多元化、个性化、精细化的消费需求催促生产模式变革,使得原来大规模生产同质化产品的大工业时代逐步走向终结,由此将直接颠覆企业原有的组织模式。相对差异化的用户需求使得企业仅仅依靠几款产品便可开拓市场的模式逐步失效。即使某个企业一时能够生产出高质量的产品,但消费者的偏好也会很快变化,企业可能为更加能够满足消费者偏好的新产品所颠覆。

2. 推进企业组织模式由封闭型向开放型变革

在传统大工业时代，企业提供的产品形式比较单一，所以可以保持一种相对封闭的组织形态。进入互联网时代，生产者和消费者的界限逐步被打破，让客户参与和丰富产品设计成为提升企业竞争力的重要手段。小米作为一个手机厂商的新进入者很快打败在手机领域内努力多年的巨头，很大的原因在于它能够构建一种全新的开放式体系，将用户需求等资源接入企业，打破了生产者和用户之间的界限。因此，在互联网时代，任何企业都不能再闭门造车，而是需要采用微博、微信、论坛、线下等多种渠道与用户沟通。

3. 推进企业组织模式由科层制向网络化转变

互联网时代的颠覆与创新更加贴近客户，所以往往是自下而上的，这使得过去自上而下“由领导说了算”的管理模式的有效性大打折扣，由此使得传统的科层制企业组织模式逐步失效。以小米为例。小米在管理上的一个突出特点就是扁平化，管理层很少，七八个合伙人下面分别有一个主管，管理着七八个小组，然后就是普通员工。每个人都是小米的工程师，级别都一样，表现出色的员工可以加薪，但没有晋升，这样使得小米能够更加灵活地应对和满足客户的需求，不必经过烦琐的官僚科层上传下达。

4. 推动企业的跨界融合

企业的跨界融合成为互联网时代创新的重要表现形式。例如，阿里巴巴是一个互联网企业，但是它可以依托巨大的客户资源进入健康医疗业乃至金融业。在互联网时代，一个企业的发展创新常常是出乎意料的。对于制造业企业来说，最好的应对办法是把企业做成互联网企业，形成自己的网络客户资源，或者是与大型的互联网企业联手进行创新。

第二章

从规模城镇化走向人口城镇化

——2020：城镇化转型升级大趋势

在扩大内需成为拉动我国经济增长主要驱动力的背景下，到2020年城镇化还有多大的发展空间？如何估计城镇化对扩大内需、拉动经济增长的重大作用？未来城镇化将何去何从？客观分析和解决好这些问题，不仅事关城镇化的成败，而且将牵动和影响经济转型升级的全局。

"十三五"我国城镇化正处在转型升级的历史关节点。由于城镇化仍处于较快发展阶段,蕴藏着巨大的内需潜力,城镇化仍是我国发展的最大红利。问题在于,要推进规模城镇化向人口城镇化的转型,争取到2020年基本形成人口城镇化的新格局。

第一节 城镇化仍是我国发展的最大红利

"十二五"以来,城镇化在拉动经济增长中扮演了重要的角色。未来5~10年,我国城镇化有着其他国家难以比拟的发展优势,并将在推动经济社会转型升级中扮演重要的历史性角色。

一、我国城镇化处于较快发展阶段

"十三五"我国城镇化仍将处于快速发展阶段,城镇化面临转型升级的机遇与挑战。京津冀协同发展、长江经济带、"一带一路"的提出,为城镇化的转型升级提供了重要的历史机遇。

1. 城镇化仍处在较快发展区间

(1)城镇化正处于快速推进阶段。从国际经验看,城镇化率处于30%~70%的水平区间是城镇化快速发展的阶段。2013 年，我国的名义城镇化率为 53.73%，正处于快速发展区间。未来 5～10 年，我国城镇化不仅有很大的发展空间，并将拥有较快的发展速度。

（2）大部分省区市正处于城镇化快速推进阶段的“加速期”。从 2013 年全国 31 个省区市的名义城镇化率看，除上海（89.6%）、北京（86.3%）、天津（82.01%）等 19 个省区市名义城镇化率超过 50%外，其他 12 个省市名义城镇化率大都在 50%以下，处于城镇化快速推进阶段的“加速期”。而名义城镇化率超过 50%的省区市，剔除外来人口等因素，实际的人口城镇化率大都在 50%以下。因此，无论是名义城镇化率，还是实际人口城镇化率，我国大部分省区市都处于城镇化快速推进阶段的“加速期”。

（3）人口城镇化的发展空间巨大。2013 年，我国人口城镇化率只有 36%。考虑 2020 年的发展前景，人口城镇化率的合理区间应不低于 50%～55%。也就是说，2015—2020年这 6 年人口城镇化率的年均增长应为 2.3 个百分点左右，到 2020 年达到 2011 年世界人口城镇化率 52%的平均水平。从现实情况看，只要以农民工市民化为重点的相关改革到位，到 2020 年达到 50%以上的人口城镇化率是有条件、有可能的①。

（4）中小城镇发展前景看好。2013 年，全国中小城市及受其影响和辐射区域的经济总量高达48.07 万亿元，占全国经济总量的 84.6%；总人口达 11.56 亿，占全国总人口的 85.4%。但中小城市的平均城镇化率仅为 35.1%。中小城市和小城镇生活成本低，有利于劳动力及其家属实现“离土不离乡”的就近城镇化。未来 5～10 年，中小城市将成为提升城市化质量、推进人口城镇化的主要载体。

2.区域协同发展将引领城镇化合理布局

（1）京津冀协同发展将破题区域城镇化的合理布局。2013 年，北京、天津的城镇化率分别达到 86.3%和 82.01%，比河北分别高出 38 个百分点和 34 个百分点，并且三地在产业结构上也存在很大的不同。2014 年中央经济工作会议提出，“推进城镇化健康发展是优化经济发展空间格局的重要内容”，“打破地区封锁和利益藩篱”，为京津冀城镇化优化布局指明了方向。2014 年 12 月，京津冀三地机场签署协同发展协议，在推进京津冀机场、高铁、地铁等交通基础设施的有效衔接、一体化建设上迈出了

① 迟福林.城镇化要走公平可持续新路[N].人民日报，2013－01－23.

重要的一步。下一步,“京津冀协同发展总体规划”的出台,将全面破除三地协同发展的体制机制障碍,加快实现三地互补格局的形成。

(2)长江经济带城镇化面临转型升级的新机遇。与沿海经济带的城镇化水平相比,长江经济带城镇化进程滞后。2012 年,沿海经济带的城镇化率已达到 61.67%,而沿江经济带的城镇化率只有 51.65%,比沿海经济带低了 10 个百分点。从上中下游比较来看,长江经济带 9 省 2 市城镇化水平差距大,城镇化率最高的上海市比最低的贵州省高出 52 个百分点。同时,沿江各省市经济社会发展差距大,也迫切要求城镇化转型升级。2014 年《国务院关于依托黄金水道推动长江经济带发展的指导意见》提出,长江经济带将全面推进新型城镇化发展,培育发展长江中游城市群,促进渝蓉城市群一体化发展,推动黔中和滇中区域性城市群发展,优化沿江城镇化格局,科学引导沿江城市发展,强化城市群交通网络建设,创新城镇化发展的体制机制,鼓励和支持城市群内各大都市的产业结构向高端化迈进,使其尽快成为我国经济持续健康发展的支撑带。

3.“一带一路”大战略将推动中西部城镇化发展

(1)中西部将成为引导 1 亿人就地城镇化的主要区域。据统计,2013 年东、中、西部地区常住人口城镇化率分别为 62.80%、48.49%、45.98%,最低的西藏仅为 23.71%。从近些年的增长趋势看,中西部城镇化的发展速度呈现加快趋势,东部地区的增幅明显放缓。

(2)“一带一路”将成为中西部地区城镇化的重要推动力。

——“一带一路”将为中西部地区产业集聚提供机遇。中西部地区能源、资源丰富,为加快发展战略性新兴产业、增强城镇化产业支撑提供了发展空间。

——“一带一路”战略的实施将加大对铁路、公路、港口等基础设施的投资力度,有利于改善中西部地区基础设施落后状况,提高城镇承载力。

——“一带一路”战略为做优做强兰州、西安等西部中心城市提供发展机遇。未来一段时间,在中西部地区一些资源环境承载能力较强的区域,新的城市群将呈现加快发展趋势,经济增长和市场空间将由东向西、由南向北梯次拓展,中西部地区将成为我国城镇化进程的重要推动力量和重点区域。“十三五”中西部地区名义城镇化率有望保持年均提高 1.2~1.5 个百分点的增长速度。

二、城镇化是扩大内需的最大优势

从发展的大趋势看，我国新型城镇化将释放巨大的投资需求和消费需求。扩大内需、拉动消费，主要的潜力在于新型城镇化。就是说，"十三五"新型城镇化承担着扩大内需的重大历史使命。

1. 城镇化是扩大投资的最大载体

据预测，如果名义城镇化率从2013年的53.73%提高到2020年的60%，由此带来的投资需求将达到42万亿元人民币①。以城镇基础设施为例，历史经验数据表明，伴随着城镇化进程，新增基础设施建设投资不断提升(见表2.1)。1995—2011年间二者的相关系数达到0.9。如果2015—2020这6年二者继续保持稳定关系，名义城镇化率年均提高1个百分点，那么到2020年名义城镇化率达到60%时，将产生30万亿元左右的基础设施建设投资需求。据预测，"十三五"至少有20亿平方米的城市道路、14.2万标台的城市公交车辆需要投资，城镇化带来的城市轨道交通设施投资需求，不考虑价格因素，至少需要13 736亿元②。

表2.1　1995—2013年城镇化率和城镇固定资产投资额变动

年　份	城镇化率(%)	城镇固定资产投资额(亿元)
1995	29.04	15 643.7
1996	29.37	17 567.2
1997	29.92	19 194.2
1998	30.40	22 491.4
1999	30.89	23 732.0
2000	36.22	26 221.8
2001	37.66	30 001.2
2002	39.09	35 488.8
2003	40.53	45 811.7
2004	41.76	59 028.2
2005	42.99	75 095.1

① 财政部力推PPP模式助力城镇化：投资需求达42万亿[N]. 21世纪经济报道，2014-09-26.

② 巴曙松. 新阶段城镇化带来投资需求[N]. 中国经济时报，2013-02-28.

续表

年　份	城镇化率(%)	城镇固定资产投资额(亿元)
2006	43.90	93 368.7
2007	44.94	117 464.5
2008	45.68	148 738.3
2009	46.59	193 920.4
2010	47.50	243 797.8
2011	51.27	302 396.1
2012	52.57	364 854.1
2013	53.37	436 527.7

数据来源:历年《中国统计年鉴》

2. 城镇化将拉动 13 亿人的消费需求

城镇化与消费增长存在着紧密的互动关系,尤其是农业转移人口向城镇迁移,将带来巨大的消费“累计效应”。2013 年我国城乡居民人均消费差距为 3.1∶1,以此推算,城镇化率每提高 1 个百分点,意味着近 900 万人将从农民变为市民,这将直接带来近 1 400 亿元的新增消费规模。到 2020 年,名义城镇化率提高 6.3 个百分点,将累计带来 8 800 亿元左右的新增消费规模。

3. 城镇化将释放农村内需大市场潜力

(1)以城镇化带动 6 亿多农村人口消费潜力的释放。目前,农村居民消费结构正处在转型升级的关键时期,生存型消费比重降低,“发展型”、“享受型”、“服务型”消费快速增长。但总体上看,农村消费水平仅相当于城镇居民 10 ~ 12 年前的消费水平。随着城镇化进程加快,农民工工资的增加和农民人均收入水平的提高,未来 10 年,我国农村将会重现过去 10 年城市发生的消费升级、消费扩张,消费潜力巨大。以家电行业为例。到 2020 年,如果我国城镇化率达到 60%,农村市场将累计新增家电销售额 4.5 万亿元,累计销售额将突破 9 万亿元①。

(2)以城镇化支持农村巨大的投资需求。2014 年中央农村工作会议提出,“农业农村基础设施和公共服务落后,有巨大的新增投资需求”。根据测算,如果农村基础

① 田力.家电城镇化引擎 渠道是短板[EB/OL].人民网,2013-06-06.

设施搞好了,农民用上自来水,推广沼气,道路硬化,全国都搞起来,大概需要4~5万亿元。目前,农民消费层次与现有的工业产品档次和产业水平比较契合,农村投资需求将为缓解过剩产能提供空间,为产业结构调整升级提供时间和余地。例如,我国钢铁、水泥产量过剩,水泥的产量占世界的50%,但生产能力还有30%~40%没有发挥出来。建议借鉴韩国新村运动的经验,采取政府采购的办法,招标采购钢铁、水泥等工业产品用于农村水利、粮食仓储、农产品物流、交通运输、信息通信等农业农村基础设施和公共服务,既能带来巨大的新增投资需求,也有利于缓解钢铁、水泥等的产能过剩。

三、以转型升级破解城镇化“雾霾”

面对城镇化进程中环境、交通、房价等问题,需要客观分析哪些是城镇化进程中面临的共性问题,哪些是由于体制机制弊端和传统经济发展方式造成的。由此,才能形成“历史耐心”,做到“不急于求成”,按照客观规律推进城镇化健康发展。

1. 城镇化进程中需要解决“城市病”的共性问题

以欧洲为例,欧洲各国最早实现城镇化。在欧洲城镇化的历史进程中,也曾出现环境污染、交通拥堵、失业激增、住房短缺等“城市病”。20世纪最为著名的由环境污染造成的八大公害事件,其中有两件就与欧洲有关。汲取其他国家的教训,城镇化不能急于求成,要通过不断完善公共政策、创新城市治理模式、借鉴城镇管理新技术来避免“城市病”。

2. “城市病”与传统经济发展方式转型滞后直接相关

(1)城镇化的“雾霾”与规模城镇化。改革开放以来,城镇化在拉动经济快速增长中扮演着重要角色。问题在于,以往的城镇化与传统的经济发展方式直接相关,其规模城镇化的特点比较突出。例如,以工业化为主导、以做大经济总量和承载投资为主要目标、以土地批租为重要手段、以劳动力红利为支撑,这种城镇化模式在推动经济增长的同时也积累了产能过剩、资源浪费、环境破坏等突出问题。对此,有学者认为,我国目前的“大城市病”纯属人为,是由于规划失误、产业失误、管理失误造成的[①]。

---

① 左正.中国城市化要以大城市发展为主[N].中国社会科学报,2011-08-10.

(2)注重解决城镇化进程中的体制机制性问题。在政府主导的"经营城市"的理念下,房地产和城市扩张成为政府政绩"看得见、摸得着"的领域,并且与"土地财政"紧密结合在一起,造成"兴城不兴业"、"建房不见人"的"空城"、"鬼城"、"房价高涨"等问题。据统计,2000—2013 年政府土地出让收入从 596 亿元增加到 4.2 万亿元,年均增长 38.7%;土地出让收入占地方财政收入的比重从 2000 年的 9.3% 提高到 2013 年的 60.9%,政府出让收益高达 20 万亿元。2013 年,北京市土地出让金 1 800 亿元,同比增长 2.77 倍,土地的高溢价是房价上涨的重要因素之一。这种由体制机制弊端和传统发展方式引发的"城市病",板子不能错打在城镇化身上上。

四、2020:城镇化转型升级的关节点

"推进以人为核心的新型城镇化是最大的结构调整"①。当前,我国城镇化的主要问题是人口城镇化水平低。到 2020 年,能否形成人口城镇化的新格局,不仅事关城镇化成败,也牵动经济社会转型发展全局。

1. 城镇化的转型升级是一个大趋势

(1)城镇化约束条件发生深刻变化,低成本扩张模式难以为继。规模城镇化依赖于低成本的资源要素、环境等主要条件。以土地为例。1990—2000 年,土地城镇化的速度是人口城镇化速度的 1.71 倍;2000—2010 年,这一指标上升到 1.85 倍。再以资源环境为例。我国已成为世界最大的能源消费国,碳排放总量世界第一。2012 年,单位国内生产总值能耗是世界平均水平的 2.5 倍,人均碳排放量超过世界平均水平的 40%。目前,大部分城市的地下水不同程度地被污染,城市的空气质量问题十分突出。总的来说,随着资源要素与环境约束条件的深刻变化,规模城镇化的代价和风险逐步增大。

(2)全社会对城镇化的需求和期望发生深刻变化,低质量的城镇化难以为继。进入发展型新阶段,人们对城镇化的就业、安居、生活品质等需求全面快速增长。能否适应全社会需求变化,决定着城镇化的质量。从就业需求的变化看,以往人们能够忍受"候鸟式"、"两地分居"的就业,但现在人们更加追求在城镇稳定的就业以及享受到完整的家庭生活;从居住需求的变化看,80 后、90 后的农民工已经成为农民工的主体,他们中的大多数回不了农村,也不想回农村,更希望在城镇安家。无论从哪方面看,全社

① 李克强.推进以人为核心的新型城镇化是最大的结构调整[EB/OL].新华网,2014-09-10.

会对城镇化的需求开始发生质的变化。

(3)城镇的角色和功能发生深刻变化,规模城镇化难以担当。从国际经验看,进入工业化中后期,城市的角色和功能逐步发生变化。一是从生产主导转向生活(消费)主导。规模城镇化与生产主导的城镇化正相关,工业化中后期,生活(消费)型的城市兴起是一个客观趋势。二是由工业主导转向服务业主导。工业化中后期,工业项目容纳就业人数呈减少的趋势,而服务业成为就业的主要渠道。三是由城乡分割转向城乡融合。工业化中后期,城镇空间的拓展成为农业文明走向工商文明的重要条件,新型城镇化承担着统筹城乡发展、实现城乡一体化的重大使命。

2.2020:城镇化转型升级的成败牵动全局

(1)城镇化牵动投资结构转型。从现实情况看,投资结构远不适应人口城镇化转型的需求。为此,建议不断加大公益性项目投资和消费供给能力的投资,推动投资结构的转型,以实现投资消费的动态平衡。

(2)城镇化牵动经济结构转型升级。从国际经验看,城镇化进入快速发展阶段,满足人们日益增长的发展型消费需求越来越依赖于教育、健康、医疗等生活性服务业的发展。

(3)城镇化牵动橄榄型社会格局的形成。推进人口城镇化的目的之一是扩大中等收入群体,人口城镇化的快速发展阶段也是中等收入群体快速形成的过程。发达国家历史上中等收入群体的形成,主要源于人口城镇化及其经济结构的转型升级。从我国城镇化的历史来看,城市扩张和城镇人口增长为中等收入群体的扩大创造了良好的基础条件。例如,“十三五”如果以农民工市民化为重点的相关改革能够取得突破,新增城镇人口将达4亿人左右,成为新增中等收入群体的“后备军”。

3.规模城镇化不可持续

城镇化为经济社会发展带来巨大的红利,但只能通过城镇化转型升级与体制改革来实现。若继续走以做大GDP总量为主要目标、以土地批租为主要特点的传统规模城镇化发展道路,不仅难以走下去,而且也难以支撑公平可持续的经济增长。“唯GDP是从”的城镇化将是一场灾难[①]。

① 姚冬琴.专访新加坡国立大学东亚研究所所长郑永年:“唯GDP是从”的城镇化将是场灾难[J].中国经济周刊,2013(22).

第二节
2020：形成人口城镇化的新格局

推进规模城镇化向人口城镇化的转型，以人口城镇化为主要载体，以政策和体制创新为重点，有效释放城镇化的内需潜力，争取到2020年基本形成人口城镇化的新格局，是全面建成小康社会的战略抉择。

一、由人口城镇化走向人的城镇化

《国家新型城镇化规划（2014—2020年）》提出，“以人的城镇化为核心，有序推进农业转移人口市民化”。实现这一目标任务，关键是加快推进人口城镇化进程。

1. 人口城镇化是“人的城镇化”的首要任务

多年来中改院一直呼吁人口城镇化。所谓人口城镇化，是指农民流入城市就业并长期生活，成为城市新市民和逐步融入城镇的过程。“人的城镇化”是城镇化的最高目标，人口城镇化是“人的城镇化”的重要组成部分。实现“人的城镇化”，首要的是要加快推进“人口城镇化”进程：一方面是实现“量”的改变，推进农业转移人口由农村向城市的空间迁移；另一方面是实现“质”的提升，使农业转移人口在经济、社会、文化、价值观等各方面从传统农业社会向现代城市社会转型。

专栏2.1　中改院关于人口城镇化的研究观点摘要

人口城镇化与城乡一体化是中改院重点研究课题之一。2010年以来，中改院先后提出“让农民工成为历史”、“推进规模城镇化向人口城镇化的转型”、“让传统户籍制度退出历史舞台”、“从法律上赋予农民长期而有保障的土地财产权”等学术主张和政策建议。

1. 让农民工成为历史

2010年9月，中改院提出，“十二五”期间，无论是城市化还是城乡一体化，都绕不过“农民工”这个坎。“让农民工成为历史”，实现农民工市民化，既是推进城市化进程的重头戏，也是推进城乡一体化的突破口。“让农民工成为历史”应当成为“十二五”经济社会发展的目标之一。

2. 推进规模城镇化向人口城镇化的转型

2012年12月,中改院提出,由于城镇化尤其是人口城镇化发展的空间巨大,未来10年我国经济仍将处于上升通道。以人口城镇化为支撑,加快消费主导的经济转型,充分释放国内巨大的需求潜力,尤其是消费需求潜力,将形成我国未来5~10年转型发展的突出优势和主要动力。由此,我国将走出一条公平可持续发展的新路。

在这个研判下,2013年中改院提出,规模城镇化难以为继,推进规模城镇化向人口城镇化的转型,以人口城镇化为主要载体,以政策和体制创新为重点,有效释放城镇化的内需潜力,争取到2020年基本形成人口城镇化的新格局。

3. 推进人口城镇化的转型与改革

新型城镇化是转型发展的最大潜力。如何理解这个"最大潜力",2013年8月中改院提出:①城镇化是未来10年发展的最大潜力。未来10年我国城镇化率还有10~15个百分点的提升空间。这一方面说明我国城镇化发展的相对滞后,另一方面也说明我国城镇化的发展具有后发优势。②城镇化是推动工业转型升级及产业结构调整的最大潜力。③人口城镇化是经济社会转型的最大潜力。新型城镇化的关键是实现规模城镇化向人口城镇化的转型和发展,并在人口城镇化的基础上逐步走向人的城镇化。这一过程,必将引起经济社会转型的深刻变化。

4. 创造条件,让户籍制度退出历史舞台

2012年12月,中改院提出,我国城乡二元分割的户籍制度成为横亘在城乡居民之间一道难以逾越的制度"鸿沟",并由此形成城乡居民之间权利的不平等、享有公共资源和社会福利的不平等。对户籍制度,不是一般的改革创新问题,而是要明确提出取消的目标,并且要有时间表。中改院提出,到2020年全面实行以身份证代码为唯一标识的人口登记制度。

5. 尽快从法律上赋予农民长期而有保障的土地财产权

从上世纪90年代,中改院就提出加快推进农地使用权的物权化改革。1998年中改院提出"赋予农民长期而有保障的土地使用权(18条建议)"。中共十五届三中全会做出的《中共中央关于农业和农村工作若干重大问题的决定》,直接采纳了这一提法。新时期,面对城镇化中暴露出来的农地问题,2012年中改院提出,这些问题与法律尚未赋予农地使用权完整的物权性质直接相关,农民难以通过承包地和宅基地流转,带着资本进城,由此导致人口城镇化严重滞后。2014年初,中改院提出:①从法律上把农民土地使用权纳入财产保护范畴。②实现农村建设用地平等入市。③进一步完善征地程序,保障被征地农民的知情权、参与权、申诉权、监督权。

6. 以公共资源配置均等化为重点的中小城镇发展

2013年,中改院提出,相比大中城市,县域特别是中西部县域城镇化严重不足,提升空间巨大。未来10年,推动大中小城市和小城镇协调发展,关键在于解决大中城市和中小城镇在公共资源配置上的严重失衡。

2. 新型城镇化的核心是人口城镇化

我国规模城镇化的突出问题是名义城镇化率明显高于人口城镇化率。2013

年,我国的名义城镇化率为53.73%,人口城镇化率仅为36%,低于2012年世界人口城镇化52%的平均水平。在这种情况下,实现“人的城镇化”,首先要使人口城镇化率达到一定水平。如果没有较高的人口城镇化率和发展质量,就很难实现“人的城镇化”。

3. 人口城镇化的“重头戏”是农民工市民化

人口城镇化不是一部分人的城镇化,而是所有人的城镇化。既包括城市户籍人口,也包括流动人口;既包括“城里人”,也包括“乡下人”。从我国的现实情况看,农民工市民化是推进人口城镇化的核心。城镇化要实现包容性增长,“重头戏”是解决好农民工市民化的问题。到2020年着力解决好“三个1亿人”问题,前两个“1亿人”的主体是农民工,后一个“1亿人”中也有不少是农民工。如果到2020年2.6亿农民工群体仅仅实现了“劳动力城镇化”,而没有实现本人和其家属的“人口城镇化”,那就是不成功的城镇化。“十三五”“让农民工成为历史”应成为城镇化转型升级的重中之重。

4. 形成服务业主导的经济新格局高度依赖人口城镇化

城镇化转型的过程既是人口迁移和转换的过程,也是产业结构不断优化升级的过程。在工业化、城镇化的过程中,人口集聚、生产方式变革、生活水平提高,都会带来生活性服务业的需求;城市发展要素的重新配置、社会分工的细化、产业升级与产业链条延伸,也会带来生产性服务业的需求。人口城镇化发展到一定阶段的时候,必然要求城市尽快形成以服务业为主体的产业结构,以适应人在城市生活的需求。从国际经验看,城镇化率达到50%以后是服务业大发展的时期。我国服务业的比重长期徘徊在40%左右,原因之一就在于长期以来只注重生产性消费而忽视了人的消费需求,服务业的发展滞后于人口城镇化发展的需求,进而也导致了人口城镇化的严重滞后。到2020年形成服务业主导的经济结构,重在加快推进人口城镇化进程。

二、“十三五”:形成人口城镇化新格局的重大任务

到2020年,形成人口城镇化新格局,重在实现人口城镇化率达到50%以上;建立

全国统一的居住证制度；总体实现城乡基本公共服务均等化；让农民工成为历史。

1. 把人口城镇化率达到50%作为约束性目标

通过制度创新，以人口城镇化率不低于2.3%的增长速度，实现人口城镇化率达到50%左右，常住人口城镇化率达到60%，户籍人口城镇化率与常住人口城镇化率差距控制在10个百分点左右，并初步形成人口城镇化的新格局，接近2012年52%的世界平均城镇化水平。

2. 建立全国统一的居住证制度

（1）1～2年内，剥离户籍制度的福利分配功能，在中小城镇全面取消户籍制度，建立人口登记制度。除大城市外，中小城市和建制镇全面放宽户籍政策，有合法稳定住所，包括租房的人员，本人以及同居生活的配偶、未成年子女、父母等，都可以在当地申请登记常住户口。

（2）3～4年内，除某些特大型城市外，其他大中型城市的户籍制度基本放开，全面实施居住证制度。以居住证为载体，建立健全与居住年限等条件相挂钩的基本公共服务提供机制；居住证持有人享有与当地户籍人口同等的劳动就业、基本公共教育、基本医疗卫生服务、计划生育服务、公共文化服务、证照办理服务等权利；结合随迁子女在当地连续就学年限等情况，逐步享有随迁子女在当地参加中考和高考的资格；不得以退出土地承包经营权、宅基地使用权、集体收益分配权作为农民进城落户的条件。

（3）到2020年，全面实行以身份证代码为唯一标识的人口登记制度，让户籍制度退出历史舞台。完全剥离所有附着在居住证上的福利分配功能，居住证持有人享有与当地常住人口同等的基本公共服务；城乡居民实现在常住居住地依照当地标准，行使公民的各项基本权利，包括选举权、被选举权等。

3. 总体实现城乡基本公共服务均等化

提高基本公共服务统筹层次，实现城乡基本公共服务制度的对接融合。以农民工整体融入城市基本公共服务体系为核心，推动农民工“个人融入企业、子女融入学校、家庭融入社区、群体融入社会”。综合考虑城乡经济发展、生活水平上的差距，城乡基本公共服务的底线水平大致相当，到2020年总体实现城乡基本公共服务均等化。

4. 让农民工成为历史

（1）农民工市民化到了临界点。一方面，农民工在城镇居住呈长期化趋势。即使不放开户籍，80%左右的农民工也要留在城镇。也就是说，实现农民工市民化有很强的现实需求。另一方面，农民工长期融不进城市社会，长期享受不到应有的权利，累积了大量的社会矛盾和风险。面对利益关系的失衡、社会矛盾的凸显，解决农民工市民化的时间空间约束明显增强。推进农民工市民化，让农民工在城镇安家，享受与城镇居民同等的权利和义务，不仅有利于我国经济社会稳定，也为转型与发展赢得主动权。

（2）创新流动人口管理办法，实现流动人口"同城人、同待遇"。人口在城乡、区域流动是经济社会发展的一个自然现象。人口流动可以有效带动资源、资本、机会和信息的流动，增强市场活力。推进国家人口基础信息库建设，分类完善劳动就业、教育、收入、社会保障、房产、信用、卫生计生、税务、婚姻、民族等信息系统，逐步实现跨部门、跨地区的信息整合和共享，为制定人口发展战略和政策提供信息支持，为人口服务和管理提供支撑。

5. 形成大中小城市和小城镇协调发展的新格局

把加快发展中小城市作为优化城镇规模结构和空间结构的重点任务和突破口。加强产业和公共服务资源的布局和引导，增加中小城市的数量，增强小城镇的服务功能，明显提高人口吸纳能力和生态承载能力。根据资源环境承载能力，构建科学合理的城镇化宏观布局，以综合交通网络和信息网络为依托，科学规划建设城市群，增强中心城市辐射带动功能。基本形成"两横三纵"为主体的城镇化战略格局，城市群集聚经济、人口能力明显增强，东部地区城市群一体化水平和国际竞争力明显提高，中西部地区城市群成为推动区域协调发展的新的重要增长极。

第三节
推进大中小城市公共资源配置均等化

推进城镇化健康发展是优化经济发展空间格局的重要内容。实现这一目标，关键在于通过改革创新打破地区封锁和利益藩篱，以公共资源配置均等化为重点，推动形成大中小城市和小城镇协调发展的新格局。

一、以公共资源配置均等化促进大中小城市协调发展

尽管我国一再强调大中小城市和小城镇协调发展，但现实情况是，不但没有实现城镇化的合理布局，反而出现了大城市迅速膨胀、中小城市和小城镇相对萎缩的“两极化”倾向。核心因素集中在大中小城市和小城镇公共资源配置的不均衡，并由此造成中小城镇产业发展滞后、人口集聚功能弱化等多方面的问题。“十三五”发挥中小城市和小城镇的重要作用，关键在于推进公共资源配置均等化。

1. 以县域为重点的中小城镇发展潜力巨大

(1) 中小城镇将成为吸纳农业转移人口的主要载体。

——相比大城市，中小城镇吸纳农业转移人口的能力在增强。从现实情况看，大城市接纳大量农业转移人口的能力逐步减弱，而中小城镇在吸纳就业、促进城乡基本公共服务均等化方面的作用逐步显现。在我国已转移的农村劳动力中，乡镇企业等县域中小企业吸纳50%以上，东部经济发达地区农村劳动力在小城镇就地转移的高达90%以上。

——农业转移人口融入中小城镇的成本较低。以房价为例。我国一线城市房价基本都突破万元以上每平方米，二线城市房价也在快速增长，而县域为主的中小城镇基本保持在2 000～3 000元/平方米。

——中小城镇与农村的制度差别更小。相对于大中城市而言，中小城镇，特别是中西部县域内，城镇与乡村发展差距相对较小，联系更加紧密，尤其是城镇户籍捆绑的

社会福利相对较少，绝大多数县域内农民转市民基本上消除了户籍限制。未来2~3年，在县域范围内打破城乡二元制度结构，建立城乡一体化的体制机制，更具备条件，现实性也更强。

——从生态宜居的角度看，要想“让居民望得见山、看得见水、记得住乡愁”，未来提高中小城镇人口吸纳能力的潜力更大。

(2)中小城镇化将成为支撑可持续增长的重要推动力。

——中小城镇蕴藏着巨大的消费潜力。县域人口城镇化将带动中小城镇整体消费水平的提升。2013年，农村居民消费水平仅相当于城镇居民消费水平的32.4%。当农村居民的消费大体接近城市平均消费的60%~80%时，我国消费大市场将成倍增加。初步测算，到2015年若有20%~30%的农村人口转化为城镇人口，新增加的城镇居民将使县域消费总需求增加近20%~30%。

——中小城镇蕴含着巨大的投资潜力。以基础设施为例。据统计，目前小城镇基础设施的投入水平仅相当于大城市的13%①，解决县域人口城镇化的基础设施建设将释放出巨大的投资潜力。根据相关规划，“十三五”仅县级市与县城的污水处理厂、配套管网及改建污水处理厂的投资就将超过千亿元。

(3)中小城镇发展成本相对较低。相对于发达地区劳动力供给趋紧、工资水平不断上升的情况，中小城镇更具有劳动力价格优势。根据国家统计局调查，2012年在直辖市、省会城市、地级市和县级市务工的农民工人均月收入分别为2 561元、2 277元、2 240元和2 204元。

2.公共资源配置不均成为大中小城镇发展失衡的突出因素

(1)基本公共产品供给不均衡。以医疗资源的配置为例。根据《中国卫生和计划生育统计年鉴2013》，2012年每千人口医疗卫生机构床位数城市为6.88张，农村为3.11张，相差2.21倍；每千人口卫生技术人员数城市为8.54人，农村为3.41人，相差2.5倍；每千人口卫生技术人员数最高省份为北京9.48人，最低为西藏3.03人，相差3.12倍。大城市集中了我国80%的优质医疗资源，其中的80%又集中在大医院。全国排名前50的医院主要分布在“北上广”。出现这种情况主要是两个原因：一是医疗、教育等服务业发展滞后于人口城镇化带来的消费需求变化进程；二是公共资源配

① 毛万熙.新型城镇化应推进中小城镇建设[N].中国证券报，2013-09-17.

置的严重不均衡，尤其是中小城镇的公共资源配置严重滞后(见表2.2)。

表2.2 2012年部分大中小城市市辖区公共资源配置情况

城市类型	城　市	每千人口医疗机构床位数(张)	每千人口医生数(人)	普通高等学校数(所)
特大城市	北　京	7.4	6.5	91
大城市	石家庄	8.4	5.4	48
中等城市	安　庆	6.9	3.1	5
小城市	吕　梁	5.6	3.7	1

数据来源：国家统计局城市社会经济调查司.2013中国城市统计年鉴[M].北京：中国统计出版社，2014.

(2)中小城镇基础设施发展滞后。2012年底，全国还有20%的小城镇没有集中供水，有80%的小城镇没有污水和垃圾处理设施；县域城镇建成区平均人口只有7 000人左右，相当多的建制镇居民不足5 000人。

3.根源在于行政等级化的城镇管理体制

(1)公共服务资源按行政级别配置，形成公共福利的"洼地效应"。我国城镇化模式的显著特点是政府主导型，大量资源被政府控制，资源分配是按照等级制，最多的是省级，然后是副省级、地级、市、县级市，小城镇得到的公共资源最少。行政等级化的公共资源配置机制，不仅造成中小城镇公共资源配置严重不足，缺乏吸引力，也是造成大城市快速扩大、盲目扩张的重要体制性因素。目前，两亿多外出农民工在县级城市居住就业的只有20%左右，在小城镇就业的不到10%。绝大部分建制镇的镇区面积规模都在两平方公里以下，超过五平方公里的小城镇数量微乎其微。与20年前相比，目前全国建制镇的人口占全国人口的比重甚至还有所下降。

(2)土地指标集中于行政级别高的城市，中小城镇用地指标紧缺。目前，土地建设用地指标绝大部分集中在大中城市，县和县以下分到的非常少。以河南省为例。到2020年用地96%为县级以上及省级产业集聚区用地，小城镇用地指标只占4%。再如重庆。占据市内半数人口和土地面积的900多座小城镇，每年获得国家新增建设用地指标不足1成，而重庆主城、31个区县城则获得了9成以上的新增用地①。中小城镇由于缺乏新增建设用地指标，不少乡镇居民住房、学校、医院等基建和公共服务设施建设多年无法改善。有的中心城镇人口密度在每平方公里万人左右，导致房价高企、

① 李松.调查称小城镇"抢地"冲动强烈 违规违法问题凸显[J].半月谈，2013(13).

学校大班制、基层医院看病难等一系列问题。

(3)公共财政资源不断向行政级别高的城市集中。一方面,行政级别高的城市,可以利用行政手段集中辖区内其他城镇的财政资源。根据《中国城市统计年鉴 2013》计算,2012 年县和县级市、地级市市辖区、省会城市市辖区、直辖市市辖区的人均一般预算内财政收入比为 1∶3.2∶5.0∶9.4,人均财政支出比为 1∶1.9∶2.7∶4.6,差距较大(见表 2.3)。另一方面,中小城镇财政留成比例偏低。现行的增值税分成比例县级财政仅占 17%,而且经济越发达的镇,财政收入留成比例越低,真正留在镇里能够支配的财力并不多,远不能满足城镇建设和城镇公共服务的基本需求。

表 2.3 2012 年不同层级城市人均财政收支及比较

	县和县级市	地级市市辖区	省会城市市辖区	直辖市市辖区
人均财政支出(元)	4 567.7	8 672.8	12 317.5	21 160.3
人均财政收入(元)	1 952.0	6 245.3	9 795.7	18 276.0
人均财政支出比(%)	1	1.9	2.7	4.6
人均财政收入比(%)	1	3.2	5.0	9.4

数据来源:根据《中国城市统计年鉴 2013》计算得出。

4. 公共资源配置的“行政等级制”导致城镇空间失衡

(1)公共资源配置的“双重偏向”导致城镇规模结构失衡。在行政等级化的城镇管理体制下,公共资源配置的行政中心偏向和大城市偏向的“双重偏向”特点突出。由于城市间行政地位的不平等,使得城市优质公共资源的流向更多地集中在行政等级较高的城市。等级化的城镇管理体制带来的直接后果就是有利于规模城镇化,而不利于人口城镇化;有利于行政等级高的特大城市、大城市发展,而不利于中小城市和小城镇发展,由此导致城镇化布局不合理。一方面,造成“摊大饼”式的城市扩张,直接推高了城市的维护成本。在目前的体制下,倒逼政府不得不依赖土地出让金和发行债券来维护城市公共服务水平,城市发展带来的地方债务风险增大。有分析表明,地方债保守估算将达 15 万亿元,甚至有可能高达 25 万亿元①。一些城市的发展超出了资源环境承载能力,“旧账未还、又欠新账”,人口、土地、资源、环境的矛盾日益突出。另一方面,由于中小城市和小城镇行政等级较低、规模小、基础设施落后、公共服务缺失,城镇人口承载等综合功能较弱,一些中小城市和小城镇产业发展和集聚缺乏支持,造成

① 潘彧. 地方债余额上报截止 城投债不会出现大幅违约[N]. 广州日报,2015-01-05.

产业发展吸纳就业的能力不高，对城镇化发展的支撑能力低下。

例如，2001 年以来，尽管小城镇和小城市户籍限制已逐步放宽，但农民仍然持续流向大中城市，原因之一就是小城镇吸引力不足。近 20 年来，我国小城镇的人口占城镇总人口比重减少了 10%，主要原因是政府的注意力和公共财力没有投向小城镇，大部分的支农补贴和扶持政策绕过了小城镇。与此形成极大反差的是，2006—2013 年的 8 年间，尽管北京实施了最严格的限制外来人口的户籍政策，但北京人口增长总数接近前 11 年城市人口增长总数的 2 倍；2013 年，全市常住外来人口达到 802.7 万人，占常住人口的 38%。北京人口快速膨胀与北京拥有全国最好的公共资源和公共服务水平直接相关。北京的人均财政支出分别是河北、山东和河南的 3.3 倍、3.1 倍和 3.6 倍；北京集中了全国最好的大学、最好的医院等优质资源，全国排名前 50 位的大学中，有 9 所在北京；北京有 51 所三级医院，约占华北地区三级医院总数的 24%。优质公共资源的集中分布和较高的公共服务水准，直接影响外地高收入群体到北京集中，也带动了就业机会的增多。

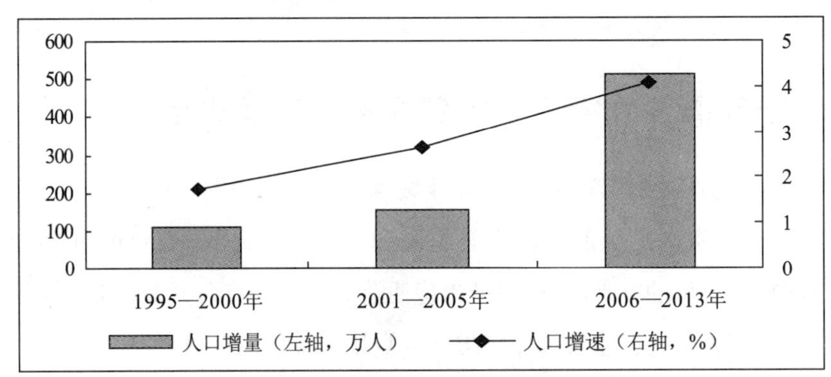

图 2.1　北京市人口增长变动趋势

数据来源：国家发改委城市和小城镇改革发展中心课题组. 北京人口调控该往哪走[N]. 光明日报，2014－05－27.

（2）公共资源配置与享用的地区壁垒和行政控制导致地区间城镇化空间格局失衡。尽管多年来一直强调区域协调发展，但各行政区划仍没有摆脱各自为政、相互竞争的格局。这种横向相对封闭的区域化格局和竞争性地方政府增长模式，以及纵向上的行政等级化的城镇管理体制，大大强化了城镇空间格局的失衡和区域发展差距的扩大。

二、以公共资源配置均等化促进人口城镇化

推进公共资源配置向中小城市和小城镇倾斜，关键在于推进公共资源配置的市场化改革，改变公共资源按照行政级别配置的方式，以公共资源配置均等化实现人口的合理流动和城镇化的科学布局。

1. 按照“七个统一”推动区域协同发展

以资源利用效益最大化为目标，按照统一规划体制、统一重要资源利用、统一基础设施建设、统一产业布局、统一生态环境治理、统一要素市场、统一社会保障制度，以大中小城市和小城镇的互联互通推动区域一体化，以地区间城镇的互联互通优化经济发展的空间格局。

2. 公共福利、资源配置重点向中小城市和小城镇倾斜

提高我国中小城市和小城镇的“人气”，关键在于增强就业的吸纳能力、生活的便利程度和优质公共服务的可获得性。这取决于大中小城市公共资源配置均等化，重要路径是既要填平户籍制度形成的公共福利“洼地”，也要填平非户籍制度形成的公共福利“洼地”。我国大量农民工即使无法获得城市户籍人口的公共福利也争相涌向大城市，而不愿意在中小城市和小城镇落户，主要原因在于不同规模、不同等级城市之间的公共资源配置严重失衡。例如，特大城市、大城市的人均道路面积、每万人拥有的公交车数量、每万人拥有的图书馆和影剧院、三甲医院、重点高校数量等公共设施指标，都远远高于中小城市和小城镇。在欧美国家，之所以形成城镇化的合理布局，重要原因在于中小城市拥有与大城市均等的公共服务。例如，美国哈佛这样的高校设在马萨诸塞州剑桥镇；德国无论是大城市还是在几千人口的小镇，都拥有均等的区域交通、通讯、供电、供水等基础设施网络，这为城市均衡发展创造了良好的条件，加之方便的购物餐饮等生活配套条件，使小城镇拥有大城市无法比拟的优越性。“十三五”形成大中小城市和小城镇合理布局，有序引导农业转移人口向中小城市集聚，重要的是减少行政等级对资源分配的干预，使政府公共服务资源的配置与行政级别相脱钩，把更多的发展权下放到基层中小城市和小城镇，加大对中小城市公共资源的投入，实现大中

小城镇公共资源配置均等化，让农业转移人口真正愿意到小城镇落户。

3.把公共资源配置均等化作为中央地方财税体制改革的重点

提高县级政府增值税分成比例，同时实施消费税共享政策；加大各级政府对中小城镇的转移支付力度，实现新增财政城市建设资金主要用于中小城镇，实质性地提高中小城镇的人口集聚功能。

4.改革用地制度

城镇建设用地指标向吸纳人口较多的中小城镇倾斜，引导产业布局向中小城镇转移；用地计划指标要向保障性住房、医疗卫生、教育、社会保障等领域倾斜，提高中小城镇人口承载能力；尽快实施服务业用地与工业用地“同地同价”政策，推动中小城镇服务业发展和乡镇工业转型升级，提高中小城镇吸纳就业的能力。

5.重点改善中小城镇的公共基础设施

特大型城市将交通、供水等基础设施向周边中小城市和小城镇延伸，推进特大型城市中心城区公共服务功能向周边中小城市和小城镇扩散，用综合交通网络和信息化网络把大中小城市和小城镇连接起来；设立专项资金，加强中小城市和小城镇基础设施建设，完善公共服务设施；发挥政策性金融的优势，加大对小城镇公共设施、公共服务、城镇民生等具有公益性领域的金融支持。

第四节

从人口城镇化走向城乡一体化

“十三五”是打破城乡二元结构、走向城乡一体化的关键时期。实现这一目标，重在拆除“城乡二元体制藩篱”，加快推进城乡综合配套改革，以人口城镇化带动城乡一体化，全面提高城镇化质量，为城乡关系走向新常态奠定制度基础。

一、以人口城镇化带动城乡一体化

在推进新型城镇化的背景下，农村与城市、农业与工业之间的关联程度提高，相互影响加深。前些年新农村建设投入不少，但总体看成效不明显，并且难以持久，重要的原因在于没有把城镇化的因素综合考虑在内。也就是说，新农村建设不能脱离城镇化、工业化进程“单项突进”，通过人口城镇化拉动城乡一体化，应当成为统筹城乡发展的重大任务。

1. 以新型城镇化辐射带动农业现代化

（1）新型城镇化是打造现代农业“升级版”的重要途径。新型城镇化与农业现代化是手拉手的关系，谁也离不开谁。实现传统农业向现代农业转型升级，就是要通过新型城镇化建设发展涉农产业，带动农业生产力水平提高，用现代工业技术装备农业，用现代生物科学技术改造传统农业，用现代信息技术促进现代农业，用现代农业组织增强农业抗风险性能力，提高农业的综合生产能力和市场竞争力。

（2）人口城镇化将带动农业规模化经营。我国农业土地生产率很高，但劳动生产率较低，主要原因是农村长期存在富余劳动力，农民就业不充分。2012 年，农村人均耕地面积为 2.83 亩，经营 10 亩以下的农户占家庭承包户的 85%。按照目前的种粮收益水平，一个农户全家种粮 1 年的纯收益只相当于 1 个劳动力在外打工 1 个月的工资收入。据估计，目前从事粮食生产的劳动力在 1.5 亿人左右，全国粮食生产实现规模化经营，尚需转移 1 亿左右的农业剩余劳动力①。人口城镇化进程中农村剩余劳动力向城镇转移，为农业现代化、规模化、集约化、高效化经营提供了广阔的空间。

（3）人口城镇化有利于促进农业结构由“生产导向”向“消费导向”转变。我国农业资源禀赋不足，人均耕地和水资源分别只占世界平均数的 1/3 和 1/4，为收获同样的单位粮食产量，使用的化肥数量是世界均数的 4 倍，使用农药的利用率不足世界平均数的 50%②，造成地力持续下降，农业生态环境破坏。全国耕地土壤污染物点位超标率达 19.4%，化肥利用率、农药利用率、畜禽粪污有效处理率分别仅为 33%、35% 和

① 乔金亮. 引导适度规模经营健康发展[N]. 经济日报，2014-11-29.
② 农业现代化如何破解“紧箍咒”[N]. 北京青年报，2014-12-25.

42%①。而且，还造成农产品安全问题突出。城镇化所带动的城乡居民消费结构升级，农业发展在保障粮食安全的基础上，不能再停留在“温饱型农业”，全社会对农产品的品种、品质、安全、营养提出了更高的要求，迫切要求农业结构由“生产导向”向“消费导向”转型。既要适应消费者的选择，增加市场紧缺和适销对路产品的生产，大力发展绿色农业、特色农业和品牌农业，更要从源头上把住农产品生产这道安全关，确保群众“舌尖上的安全”。

2. 以人口城镇化促进城乡消费一体化的大趋势

(1)释放农业转移人口的消费潜力。如果农民只进城务工，人均消费支出将提高171%；但如果农民进城务工并且成为市民，人均消费支出将提高214%。初步测算表明，1.3～1.5亿新增农业转移人口如果能顺利实现市民化，到2020年有望释放至少5万亿元的潜在消费需求。

(2)现代信息技术的应用将推动城乡消费市场的对接。随着电子商务、云计算和大数据、跨境电子商务、物联网等技术的应用，城乡“数字鸿沟”逐步缩小，互联网经济逐渐向三四线城市和农村拓展，由此将带动农村消费市场环境发生天翻地覆的改变，城乡消费市场一体化将是大势所趋。一方面，农民消费将告别品种少、质量差、价格高、更新慢的市场现状，农村消费者足不出户就可以享受到来自全国、全球的商品，城乡的消费结构差距将会逐步缩小。根据阿里研究院发布的《2013年中国县域电子商务发展指数报告》，2013年县域网购消费额同比增长比城市高13.6个百分点；淘宝农村网购的占比虽然较低，2013年占比只有8.6%，但呈现增长趋势。2014年农村网购市场会达到1 800亿元以上，2016年将突破4 600亿元，继续缩小与城市网购规模之间的差距②。

另一方面，农业信息化、电商可以把身处大山无人知晓的优质资源转化为经济竞争的优势，推进农民工返乡就业和就地城镇化，提高农民的经营性收入，缩小城乡消费能力的差距。根据商务部数据，2013年，全国农产品的交易总额在4万亿元左右，其中80%是通过传统市场实现的，通过电子商务流通的总量并不大，这也预示着万亿元级潜在市场的金矿待挖。

① 林刚华. 农业现代化将创造新的经济增长点[N]. 经济参考报，2014-12-25.

② 李彬. 农村市场成为电商巨头的新蓝海[N]. 人民政协报，2015-01-06.

专栏2.2 农村市场已成为各大电商平台极力拓展的新蓝海

随着全球化和大数据的发展，发展农村电商是必然的趋势。电商在让农村的消费者足不出户享受到来自全球商品的同时，也使农民用一根网线、一台电脑，就可以把身处大山无人知晓的优质资源转化为经济竞争的优势。

从2014年下半年开始，几大电商相继发布农村电商的具体规划。2014年10月，阿里巴巴宣布启动“千县万村”计划，在3~5年内投资100亿元，建立1 000个县级运营中心和10万个村级服务站；苏宁云商表示将在5年内，建设1万家苏宁易购服务站，覆盖全国1/4的乡镇；京东宣布下乡进村的“星火试点”、“千县燎原计划”，在全国的55个试点县进行探索，寻求适合我国县域电商发展的路径。按照京东董事长刘强东的规划，2015年京东将发展10万个农村村民代理，来解决最后一公里订单收发、配送、代购等问题，并可能负责京东消费、金融信贷业务的推广。2014年11月20日，京东全国首家大家电“京东帮服务店”在河北赵县开业。按照京东的规划，面对四至六线城市类似线下店三年内要开出1 000家，且会以加盟的形式开设，家电价格则是签约直供价，这些线下店承担代客下单、“最后一公里”配送等四线以下城市购买大家电过程中遇到的现实问题。

此外，近两年，顺丰、中通、圆通等民营快递公司进一步将网点布局从县城延伸到部分乡镇。

资料来源：李彬.农村市场成为电商巨头的新蓝海[N].人民政协报，2015-01-06；李晓玉.电商挖一带一路潜力 农村与海外市场成新增长极[N].通信信息报，2014-12-04.

3. 以人口城镇化带动城乡社区一体化

（1）加快城乡社区一体化是推动“物的新农村”与“人的新农村”建设齐头并进的重要举措。“小康不小康，关键看老乡”。农民与市民有职业上的不同，农村和城市有空间、自然风貌的不同，但城乡居民应该享有均等的公共资源，使得农村社区内的公共服务与城区的公共服务基本上相同，农村居民不出社区也同样享受到教育、医疗、文化、养老等公共服务以及交通、通信、安全饮水、污水处理、垃圾处理等公共设施，使城乡居民共享城镇化、现代化成果。这不仅可以缓解农村人口大量涌入城市带来的压力，防止农村凋零，也可以避免农村居民“被上楼”、“被城镇化”的弊端。

（2）重在解决农村社区公共资源配置严重不足问题。中共十八届三中全会《决定》提出，“推进城乡要素平等交换和公共资源均衡配置”。从现实看，农村公共资源配置不足、城乡差距大成为农村社区发展滞后的重要原因。以城乡卫生资源配置为例，根据《2013年中国卫生统计年鉴》，2012年占全国人口60%以上的农村居民，其医疗卫生费用仅占全国卫生总费用的24.3%，而占全国总人口少于40%的城市居民却花费了75.6%的卫生费用；我国人均卫生费用2 056.6元，其中城市2 969元，农村1 055.9元，城市是农村的2.8倍（见表2.4）。

表 2.4　2012 年城乡卫生费用比较

年　份	城乡卫生费用(亿元)		人均卫生费用(元)	
	城　市	农　村	城　市	农　村
2008	11 251.90	3 283.50	1 861.8	455.2
2009	13 535.61	4 006.31	2 176.6	562.0
2010	15 508.62	4 471.77	2 315.5	666.3
2011	18 571.87	5 774.04	2 697.5	879.4
2012	21 065.69	6 781.15	2 969.0	1 055.9

数据来源:国家卫生和计划生育委员会. 2013 年中国卫生统计年鉴[M]. 北京:中国协和医科大学出版社,2013.

(3)加快推进农村社区管理体制改革。

——加快城乡社区公共服务和管理设施一体化建设。在农村社区引入城市社区管理和服务的理念和做法,进行社区化管理和服务;建立村级社区服务设施和项目,如建设卫生院、托儿所、幼儿园、小学、养老院、公共交通、自来水、通信、文化室、安全保卫等相应设施,使得农村新社区内的公共服务与城区基本上相同。

——加快推进城乡社区信息化服务体系建设。建立覆盖城乡社区的综合服务管理信息平台,推进社区管理和服务电子化;整合社区现有信息网络资源,建立社区内部办公系统和业务综合服务系统,实现社区信息“集中采集、多方使用”;构建以社区管理、社区服务、社区互动应用和社区综合信息平台为重点的“3 +1”信息化体系,全力打造信息化、便利化社区。

——保障城乡社区建设经费。建立政府投入和社会投入相结合的经费保障机制;各级财政要加大对社区建设的投入力度,将城乡社区党组织、居(村)委会和社区管理服务站(综合服务中心)、综治办的工作经费、培训经费、人员报酬、服务设施以及社区信息化建设等经费纳入同级财政预算;引入民间资本,利用社会力量,发展社区社会化服务,逐步形成城乡社区建设的多元化投入格局;要加强社区经费管理,实行专款专用,并定期向居民公开使用情况,接受居民监督。

二、城乡建设用地“平等入市、同权同价”

在制约城乡经济社会发展一体化的体制中,城乡二元土地制度是最重要的制度安排之一。在这一制度下,城镇化进程容易成为土地国有化和农民失去土地的过程。城乡二元土地制度不破，新型城乡关系就很难建立起来。“十三五”按照中共十八届三中全会《决定》提出的“建立城乡统一的建设用地市场”的部署，重点从土地登记确权、完善土地市场、土地征用制度等方面，积极稳妥地推进城乡土地制度并轨。

1. 改变城乡二元土地制度

(1)农地产权残缺。在宪法规制下，城乡土地分属于不同的法律约束，由此形成城乡土地完全不同的权利结构，城市土地所享有的权利比农村土地要多且更充分，农民土地受侵害的几率与损失也要比城市居民大很多。例如，对城乡建设用地不同的赋权，城市国有建设用地允许机构和个人拥有使用权，而农村集体建设用地不允许出租，农民宅基地使用权人对集体所有的土地享有占有和使用的权利，但没有收益权和实质的转让权。

(2)土地价格扭曲。在城乡土地市场分割下，农地流转主要处于无价格的非正规交易，不同类型的农村土地按不同的准入规则进入市场。城市土地由地方政府独家供应、转让和回收，土地交易处于卖方垄断下的买方竞争，由此导致土地价格扭曲、房价高涨和资源配置的低效率，而土地出让金分配主要用于城市。2008—2010 年，城市建设、国有土地收益基金、保障性安居工程三项支出占土地出让金收益，平均为69.56%，土地出让收益用于农村的部分合计 3 年平均为 9.52%①。

(3)土地不能变为财富。农地转为非农地过程中，主要实行政府征收。征收时按被征收土地的原用途补偿，征收耕地的土地补偿费、安置补助费最高不得超过被征收前 3 年平均年产值的 30 倍。随着城镇化进程加快，土地价值大幅增加，而在城乡二元的土地增值收益分配制度下，地方政府、房地产开发商等土地占有者获得土地增值收益的大头，被征地农民不仅补偿标准低，更重要是丧失了未来土地增值收益分享权。根据《2014 中国统计年鉴》，2013 年农村居民家庭人均财产性收入只有 293 元(见图 2.2)，仅为城镇居民家庭的 36.2%，实际的城乡财产性收入差距更大。土地不能变为财富，是户籍制度改革与城乡一体化的阻碍之一。

---

① 刘守英. 中国城乡二元土地制度的特征、问题与改革[J]. 国际经济评论，2014(3).

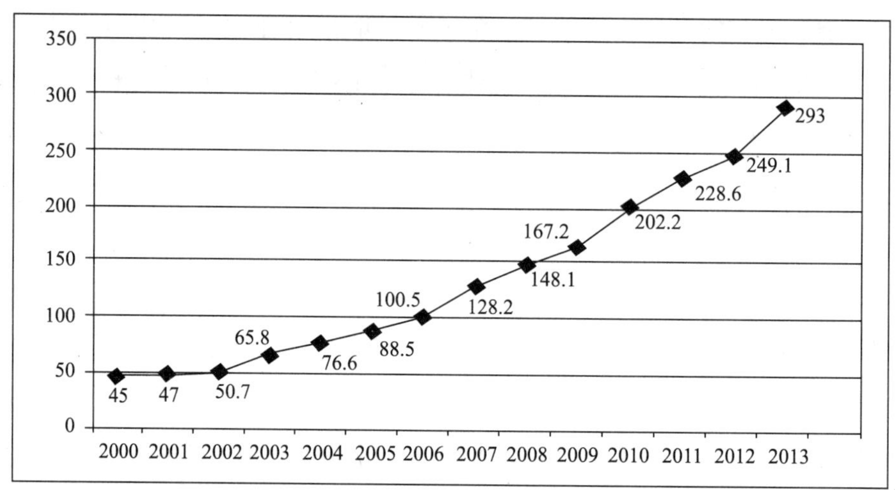

图 2.2　2000—2013 年农村居民家庭人均财产性收入（单位：元）

数据来源：历年《中国统计年鉴》

2. 统一城乡建设用地市场

（1）建立城乡统一的登记制度。实行统一的土地权属登记，以法定形式明确土地使用权的归属和土地使用用途，是建立城乡统一的土地管理制度的基础。建议成立专门的国家土地登记机关，以土地为核心，统一土地登记标准，把现在分散在各个部门的土地、房屋、林地、草地、农地的登记工作集中起来，实行统一的不动产登记制度。

（2）实现城乡建设用地"同地同权"。赋予集体所有土地与国有土地同等的占有、使用、收益和处分权，对两种所有制土地所享有的权利予以平等保护，实现宪法和相关法律保障下的"同地同权"，集体经营性建设用地可以和国有建设用地一样出让、租赁、入股。

（3）实现城乡建设用地平等入市。以用途管制为唯一的市场准入制度，打破目前因城市和农村的边界分割对圈内圈外土地按不同所有制准入的政策，除圈外土地可以用于非公益的非农建设外，圈内农民集体所有土地在符合用途管制的前提下，也可不改变所有制性质进行非农建设。明确限定城市土地国有为建成区存量土地属于国有，新增建设用地用于非农经济建设的，除为了公共利益目的征用外，可以保留集体所有。对于建成区内的现有集体所有土地，可以采取"保权分利"或"转权保利"方式，保障农民的土地财产权益①。建立统一的城乡土地交易平台、不同主体平等供地的新格局，

① 刘守英. 现行制度存在利弊 或应建立新型土地不动产税制[N]. 华夏时报，2013-10-12.

活跃土地二级市场，促进土地抵押、租赁、出让市场的发展和完善。建议在《土地管理法》第九条中增加一款"县级以上地方人民政府应当建立城乡统一的土地市场，主要通过市场配置土地资源"，为农民土地使用权的流转提供法律依据和制度保障。

（4）在严格用途管制和规划约束下，发挥市场在土地资源配置中的决定性作用。从现实情况看，珠三角、长三角、环渤海等沿海地区已有很大比例的存量建设用地用于发展产业，但大都处于灰色状态。一旦发生纠纷，将产生严重的社会问题。建议改变政府垄断土地供应的现状，在严格用途管制和规划约束下，多个集体经济组织以集体经营性建设用地主体的身份入市，真正形成由供求决定价格的机制。

（5）建立征地拆迁的"负面清单"。完善征地补偿机制，征收土地应当依照合法、公正、公开的原则制定严格的程序，按照市场价格给予公平补偿；建立和完善论证和听证制度，听证论证的范畴从补偿标准扩大到是否具有公益性。论证或听证结果认为不符合公共利益的，则不允许征地；尽快叫停"土地换社保"、"双放弃换市民"等做法，将被征地农民纳入城镇社保体系；探索留地安置、土地入股等多种模式，确保农民的长远收益。

（6）建立统一的承包经营权抵押交易市场。建议以县为单位建立土地产权交易中心，一些乡镇和较大的行政村可以独立设交易所，为农民就近、就地实现土地承包经营权抵押提供信息共享、规范操作、资产评估、处置变现的市场平台，促进农村土地承包经营权抵押的有效运作和价值实现。

（7）逐步打通城乡住宅市场。

——发放统一的、具有法律效力的宅基地证书，修改相关法律，做实农民对宅基地使用权这个用益物权，并赋予其占有、使用、收益、转让、抵押的完整权利，让农民感到证书有用、有价值。

——改革宅基地使用制度。打通城乡资本、土地和住宅市场之间的屏障，确保双向流通，研究乡村房地产与城市国有房地产两个市场接轨的政策和法律问题；改变目前以成员资格无偿分配的制度，明确使用期限，使宅基地真正成为商品；尽快结束现行法律限定农民宅基地"一户一宅"、转让限于本村的半商品化状况，赋予农民宅基地及其房屋所有人以完整的物权。

——积极稳妥解决"小产权房"。采取"过去从宽、今后从严"政策，对于多年来在法律和行政管理的盲区下已经建成并出售给城乡居民的农村住宅，可以暂时登记占有事实，在适当的时候出台细则，允许购房人补缴税费办理产权登记，同时规定在一定时期内限制转让以遏制投机。

三、城乡社会保障制度并轨

"十二五"时期，城乡社会保障体系在政策衔接和制度融合方面取得重要进展。随着城镇化进程的加快，城乡之间、城镇内部企业与机关事业单位之间"双二元结构"、"碎片化"社保制度的矛盾和问题充分暴露出来，已到了非改革不可的时候。到2020年，建立更加公平可持续的社会保障制度，重在破除"双二元体制藩篱"，实现城乡社保制度并轨。

1. 人口城镇化迫切要求城乡社会保障制度融合统一

(1)农业转移人口市民化迫切要求城乡社保制度融合统一。在规模城镇化和劳动力城镇化的发展阶段，城乡二元的社会保障制度将2.6亿农民工中的绝大多数排斥在城市社保体系之外。随着劳动力无限供给的结束，人口城镇化要求无论是城市人口还是农村人口，无论是常住人口还是流动人口，都能在城镇化中获得平等的生存和发展权利。"十二五"时期，农民工的收入提高较快，但农民工在社会保障方面的基本权益等还远远低于城镇居民的水平。据统计，农民工的平均工作时间为9.8个月，如果农民工在城市定居落户，则每年在城市工作的时间将会延长至11.5个月①。"十三五"如果90%以上的农民工能彻底落户城市，享有与城镇居民平等的社会保障和公共服务权益，将会从多方面缓解劳动力供求矛盾，促进人力资本积累。

(2)劳动力自由流动需要转续无障碍的社会保障体系。一是劳动力自由流动对社会保障无障碍的转移接续提出迫切需求。"十三五"随着中西部地区产业发展和就业需求扩大，一部分劳动力将回流中西部地区；城市群、城市圈的兴起将加速人口在城市之间的流动；各级政府加快实施就地城镇化政策，会引导一部分劳动力进入中小城镇。这对实现不同地区、城市之间"无缝连接"的社会保障的需求更为迫切。二是城乡、区域协调发展对社会保障更高层次的统筹提出迫切需求。高层次的统筹意味着在更大范围内实现缴费标准、待遇水平的统一，有利于社会公平。未来随着劳动力的进一步流动，使原属各省市各部门内部事务的问题成为不同地区间的共同事务，对更高层面的统筹协调提出了现实需求。

---

① 邵宇. 户籍改革释放二次人口红利[N]. 上海证券报，2014-08-05.

2. 改变"碎片化"的社会保障体制安排

(1)改变社会保障的地区分割体制。目前,社会保障各区域之间的转移接续已在部分省市间展开,但由于社会保障待遇在各个省市之间存在明显差距,各个险种的统筹层次参差不齐,跨地区转移接续总体尚未破题。以养老保险为例,各地区城镇职工养老金待遇水平呈现明显的地区性差异。2011 年,城镇职工养老金替代率排名前五的分别是山东(70.5%)、新疆(64.8%)、海南(64.2%)、山西(61.8%)、陕西(61.6%),而替代率后五位的分别是重庆(43.2%)、江苏(45.9%)、四川(46%)、湖北(47%)和吉林(47.4%),替代率最高省份与最低省份之间相差 27 个百分点[①]。巨大的差距必然导致待遇水平的不公平,也不利于劳动力跨区域、跨城乡流动。

(2)改变不同制度间的不衔接机制。目前,参保人员特别是农民工在城乡居民类保险和城镇职工类保险之间的待遇衔接问题尚未得到解决。一是现有政策在制度衔接规定上将部分农民工排斥在外。那些已经有较长缴费年限,但是因为政策或者用人单位的原因导致总缴费年限少于 15 年的农民工,不能通过类比当年下岗职工的方式,通过补缴费用实现在城镇退休。二是尚未解决农民工基本医疗保险双重参保问题。农民工中已经在城镇稳定就业的人员已经按规定参加了城镇职工医保并享受待遇,从而产生了双重参保问题。双重参保既加重了个人和家庭的负担,也造成了国家新农合补贴资金的浪费。

3. 打破城乡二元的社会保障体制

(1)2020 年实现"实际全覆盖、保障基本需求、城乡制度统一、转移接续无障碍"。到 2017 年,将符合条件的各类人群纳入制度体系,重点做好农民工、非公有制经济组织从业人员、灵活就业人员的参保工作;提高保障水平,缩小待遇差距,实现对重点人群"保基本"的目标。到 2020 年,整合城乡居民基本养老保险制度、基本医疗保险制度、城乡最低生活保障制度,实现制度统一、转移接续无障碍,构建起公平可持续的社会保障制度,基本实现基本公共服务均等化。

(2)推动城乡社会保障制度并轨。打破以身份为基础的社会保险制度设计架构,以建立更加公平的社会保障制度为目标,推进城乡社会保障制度统筹发展。适时推动

---

① 李唐宁. 养老金替代率地区差异巨大 退休后生活水平下降[N]. 经济参考报,2013-09-25.

制度结构相同、筹资机制相似、待遇水平相差不大的城镇居民医疗保险和新农合并轨运行。同时，通过统一筹资渠道、统一基金管理、统一机构管理、明晰权益办法，使各类城乡社会保险制度统筹发展。

(3)提高统筹层次，逐步缩小地区间社保待遇差距。

——对于已经实现省级统筹的企业养老保险制度，可逐步提高统筹层次的质量；对于其他各类基本社会保险制度，应在逐步实现从县市级统筹向省级统筹过渡，在全省范围内实现社保基金的统一管理、业务经办统一管理。

——在省级范围内，统一各类社会保险待遇计算方式，缩小因地区经济社会发展水平差距而产生的社会保险待遇差距，强化社会保险制度的互助共济作用。

——明确政府责任主体的调整，做好各项配套改革工作。根据统筹层次改革情况，逐步调整各级政府对社会保险制度的主体责任，做好机构设置、制度完善、基金征集和管理等配套工作的改革。

(4)完善社会保障的转移接续和异地就医机制，更好地适应人口城镇化进程。进一步完善各类社会保险制度的转移接续机制，理顺不同基本保险制度之间的待遇衔接关系，使既得的社会保险权益清晰、透明化。参考欧盟跨国养老保险权益计算办法，建立职工基本养老保险待遇“分段计算，归并发放”的新机制，使劳动者的养老金权益不会因跨地区流动产生损耗。进一步完善《城乡养老保险制度衔接办法》，保障农民工等流动人群的合理权益。探索建立失业、生育保险的转移接续办法。

(5)重点解决异地就医难问题。加快完善医保待遇转移接续办法，允许已经加入城镇职工医保的农民工等流动人口退出新农合制度。在全国范围内建立居民医疗保险异地就医结算平台，尽快实现各类基本医疗保险跨省就医报销。

四、城乡统一的“二孩”政策

当前，我国人口结构发生重大变化，正进入“生育长期走低、老龄化日趋严重、城镇化进程加快、流动性趋于频繁”的新常态①。在这种情况下，再延续城乡二元的人口政策，不仅造成城乡居民生育权利的不平等，也加大了人口结构失衡的矛盾。“十三五”应加快人口政策转型，尽快建立城乡统一的“二孩”政策，促进人口长期均衡发展。

---

① 殷呈悦. 社科院呼吁尽快过渡到“放开二孩”政策[N]. 北京晚报，2014－12－16.

1. 老龄化与低生育率的叠加

(1)老龄化阶段的到来。国际社会将60岁以上人口占总人口的10%,或65岁以上人口占总人口的7%,视为迈入老龄化社会的标志。无论按哪个标准,我国都进入到快速老龄化阶段。2013年,我国60岁以上人口已超过2亿人,占比为14.91%。根据联合国人口数据测算,到2020年我国60岁以上人口规模将达到2.42亿人,占比达到16.9%;到2030年,60岁以上人口规模将达到3.46亿人,占比达到23.8%①。

(2)“低生育陷阱”的风险。我国目前的总和生育率只有1.4,远低于更替水平2.1,已经非常接近国际公认的1.3的“低生育陷阱”。如果低生育率不改变,到本世纪中叶,我国一半人口在45岁以上,年轻劳动力将持续下降一半,只有一孩的60岁老年夫妇将超过50%,由此带来的是老龄人口抚养比的上升。国际经验表明,所有落入这一“陷阱”的国家,都难以重新达到人口更替水平。例如,韩国于1996年废除了长达36年的人口控制政策,鼓励国民生育,但是低生育情况并未发生根本好转,2005年韩国的生育率甚至下降至1.08。

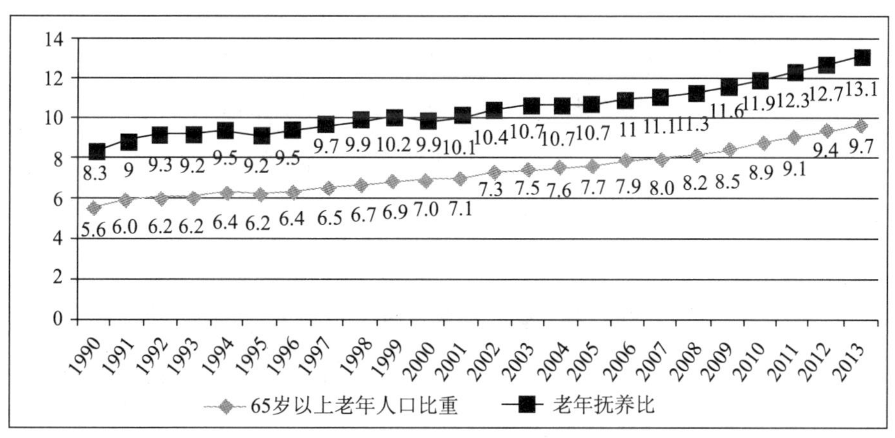

图2.3　1990—2013年我国65岁以上老年人口比重与老年人口抚养比(%)

数据来源:根据国家统计局数据库数据计算。

(3)独生子女家庭的风险性、脆弱性加大。独生子女家庭属于高风险家庭。有研究发现,2010年全国独生子女总量1.45亿左右,累计死亡独生子女总量超过100万。在现行的生育政策下,预计2050年全国独生子女总量达到3亿左右,累计死亡独生子

① 魏铭言,郭少峰. 中国失独家庭超过100万个 民主党派建议立法补助[N]. 新京报,2013-03-02.

女将超过 1 184 万[①]。随着人口老龄化的加速和家庭养老能力的弱化，大量独生子女家庭将导致社会性养老困境。更为严重的是，由于“失独”家庭规模不断扩大，积累的问题越来越突出。

表 2.5　现行生育政策下每年死亡独生子女总量估计　　单位：万人

年　份	2010	2015	2020	2025	2030	2040	2050
全　部	17.29	19.88	21.61	25.06	27.66	38.03	58.77
5 岁及以下	9.51	11.24	14.69	19.88	23.34	35.44	56.18
10 岁及以上	7.78	10.37	13.83	18.15	22.47	34.57	55.28

数据来源：王广州. 独生子女死亡总量及变化趋势研究[J]. 中国人口科学，2013(1).

2.“十三五”实行城乡统一的“二孩”政策

(1)“单独二孩”对改善人口结构是“杯水车薪”。一方面，“单独二孩”政策实施后，并未出现大量申请现象。从 2014 年 1 月 17 日开始，各省市陆续实行“单独二孩”政策。截至 2014 年 9 月 30 日，全国只批准“单独二孩”申请 70 多万例，并且申请人数在逐月递减，职能部门所担心的“单独二孩”政策所带来的补偿性生育的人口反弹并没有出现。另一方面，“单独二孩”政策适用家庭比例不高。全国符合“单独二孩”政策的家庭有 1 100 万。更为重要的是，在城市，家庭生育意愿已经非常低。《中国经济生活大调查 2013—2014》显示，52.9% 的独生子女家庭仍然坚持“只生一个好”。在北京，“单独二孩”政策实施后，原来预测增量为 5.3 万，实际只有 3.3 万。这并非个案，全国都存在这个问题。

(2) 实行城乡“全面放开二孩”政策不会产生人口堆积。对于“全面放开二孩”政策能否引发人口堆积、人口爆炸，各方面有着不同的预测。根据国家卫计委预测，如果全面放开二孩，将多生 9 000 万人，对经济社会的发展会造成很大影响[②]。但根据近年来一些学者的预测，2015 年即使城乡“全面放开二孩”政策，每年新增出生人口也不会超过 2 000—2 200 万，出生人口堆积与现行生育政策不变相比只增加 600 万左右，超过 1 000 万的可能性很小[③]；峰值总和生育率不会超过 2% 。考虑到 2014 年实行的“单独二孩”政策已经释放了一些补偿性出生，那么 2015 年全面二孩的额外新增出生

① 王广州. 独生子女死亡总量及变化趋势研究[J]. 中国人口科学，2013(1).
② 吴婷婷. 国家卫计委：普遍放开二孩尚无时间表[N]. 北京晨报，2014－07－11.
③ 王广州，张丽萍. 到底能生多少孩子？——中国人的政策生育潜力估计[J]. 社会学研究，2012(5).

规模将低于原有的估计。也有学者认为，我国的人口承载能力远远超过卫计委的预测，即使中国停止计划生育并千方百计鼓励生育，峰值人口也不可能达到15亿[①]。

(3)实行城乡统一的“二孩”政策有利于缓解人口老龄化。在人口红利减少、老龄化加速的背景下，人口政策的放开将在一定程度上延长人口红利期。中国社科院预测，如果从目前的“单独二孩”政策过渡到“全面放开二孩”政策，甚至更大幅度的政策调整，对经济潜在的增长率产生的短期负效应最多达0.2个百分点，但产生的长期正效应却能达到0.4~0.5个百分点[②]。

3.“十三五”人口政策的转型

(1)实施“全面放开二孩”政策。考虑到目前提交申请二孩的家庭较少，放开全面二孩的时间不能太迟。

——第一步，“十三五”初期，可以考虑分区域放开二孩政策。例如，在城市地区和严格执行一孩政策的农村地区即刻放开二孩。分区域分步放开二孩，可以避免同时全部放开二孩带来的人口大起大落式的剧烈变动，也可避免放开“单独二孩”后带来的花费时间较长等问题。

——第二步，到2020年，建立城乡统一的人口政策，实施“全面放开二孩”政策；少数民族地区仍执行现行的“三孩政策”和不限制生育等特殊政策。

(2)人口政策的重心由计生工作转向人力资源管理与公共服务。

——由侧重控制人口数量向促进人口均衡发展转变。全面规划人口计生网络的发展，使其在人口城镇化与城乡一体化中发挥新的作用。

——由单一计生工作向统筹解决人口素质问题转变。新时期人口发展政策的重点应该转变到统筹规划和解决人口素质上来，并引导人口合理分布，这无疑比单一的计生工作更贴近城乡居民的需求，更能取得实效。

——实现从控制管理型向公共服务型转变。计生部门的职责更多是为人口提供健康管理和服务，减少社会出生缺陷；为失能人口、失独家庭、空巢家庭提供各种社会服务，减少社会矛盾发生的风险，提高社会和谐程度。

---

① 易富贤，苏剑．从单独二孩实践看生育意愿和人口政策——2015—2080年中国人口形势展望[J]．中国发展观察，2014(12)．

② 李杨．经济蓝皮书：2015年中国经济形势分析与预测[M]．北京：社会科学文献出版社，2014．

第五节
推动人口城镇化与智慧城市协同发展

智慧城市建设，实质上是一场以技术创新引导的城市经济社会发展、生产生活方式的变革，是经济发展模式创新在特定空间上的具体体现。截至2014年5月，我国已有222个城市（区）实际开展了智慧城市建设。“十三五”应把推动智慧城市建设作为提高人口城镇化质量、优化城镇布局、提高城市治理能力的重大战略。

一、以智慧城市提高城镇综合承载力

城市服务容量和智慧程度决定城市人口承载能力的高低。由于城镇人口聚集、产业集聚，势必给交通、医疗和建筑等带来一定的压力，因此需要通过建设“智慧城市综合体”，增强城市集聚能力和辐射带动作用。

1. 以智慧城市“颠覆性改进”城市公共服务能力

智慧城市在改善人们生活的同时，也在颠覆着传统的城市公共服务功能，提高着城市的服务效率。以城市医疗为例。截至2014年12月1日，全国三级医院中有387家开通了微信公众号，其中超过6成可预约挂号。2014年5月，阿里的支付宝对外公布了一项名为“未来医院”的计划，对医疗机构开放账户体系、移动平台、支付及金融解决方案、云计算能力、大数据平台等，帮助医院建立移动医疗的服务体系，高峰时期通过支付宝钱包挂号缴费的患者，看病时间能节省一半以上。“十三五”应着重在与城乡居民生活息息相关、社会关注度高的领域实现率先突破，改进公众生活方式，提高民众幸福指数。为此，需要积极开展智慧社区、智慧楼宇、智慧校园、智慧医院、智慧乡村等的建设示范，推广智能技术在城市交通、公共安全、社会民生、家庭生活等领域的应用，让广大居民都能体验到城市智慧化带来的便民、利民、惠民，享受智慧城市带来的美好生活。

2. 以智慧城市打造低碳城市,提高生态承载力

《国家新型城镇化规划(2014—2020 年)》明确提出,“推动形成绿色低碳的生产生活方式和城市建设运营模式”。世界银行数据显示,75% 的能源正在被不那么“智慧”的城市消耗①。打造低碳城市,首先要从智能化管理入手。通过低碳建筑、低碳生活方式,不断降低城市能耗,提高城市生态承载力。低碳智慧城市建设也为电力、交通、建筑、化工、汽车等相关产业带来商机。例如,《国家新型城镇化规划(2014—2020 年)》提出,到 2020 年“城镇绿色建筑占新建筑比重达到 50% 以上”。我国绿色建筑产业链较长,将有效带动新型建材、新能源、节能服务等产业的发展,其潜在的市场规模将超过万亿元②。再以新能源汽车为例。有专家预测,到 2020 年我国汽车市场的年销量可能达到 3 200 ~ 3 500 万辆,由此产生加剧城市交通拥挤、环境污染及能源问题。我国汽车行业要可持续发展,就必须走绿色低碳的发展之路。

二、以智慧城市推动大中小城市合理布局

建设智慧城市,促进城市规划、基础建设、管理和服务智慧化。由此,对形成城市的合理布局将产生重大影响。

1. 增强城市群互联互通,缩短空间距离

统计数据显示,到 2020 年,我国高速铁路营业里程将达到 12 万公里,客运专线及城际铁路建设目标由 1.2 万公里调整为 1.6 万公里以上③。这一快速客运网,连接所有省会及 50 万人口以上的大城市,覆盖全国 90% 以上人口。届时,北京、上海、郑州、武汉、广州、西安、重庆、成都等中心城市,与邻近省会城市将形成 1 ~ 2 小时交通圈,与周边城市形成 0.5 ~ 1 小时交通圈。高铁大发展最直接的结果是缩短了区域及城市之间地理空间上的时间距离,将对我国的产业地理格局及大城市圈的形成产生巨大影响。

---

① 屈一平. 智慧城市:中国式融合之难[J]. 小康,2014(8).

② 张敏. 绿色建筑产业链市场规模或超万亿[N]. 中国证券报,2013 - 01 - 08.

③ 客运专线及城际铁路到 2020 年将达 1.6 万公里以上[EB/OL]. 中国经济网,2008 - 11 - 27.

2. 提升中小城市和小城镇的“人气”吸引力和聚集力

破解大中小城市和小城镇发展失衡的矛盾，一方面需要提升大城市、城市群的人口承载力，另一方面需要加快提升中小城市和小城镇的吸引力，弱化人们对大城市的依赖，特别是对大城市优质公共资源的依赖。“十三五”重点是将智慧医疗、智慧教育、智慧交通、智慧物流、智慧环保、智慧规划、智慧城管向中小城市和小城镇延伸，通过物联网、云计算、大数据、空间地理信息等技术缩短大中小城市的空间距离，增强小城镇居民对优质公共资源和公共服务的可及性，由此弱化城乡居民对大城市公共资源的依赖性。这不仅能缓解大城市的人口压力，也有利于推动公共资源配置的均等化，大大增强中小城市和小城镇的“人气”集聚力。

三、以智慧城市推动城市治理现代化

通过提供优质的公共服务来营造良好的社会环境与氛围，提高民众生活的品质与幸福指数，改善民生、保障民权、畅通民意、维护民安，建设和谐社会，实现日常的城市管理从管控到数字化与智能化的服务转变。

1. 打造高效的公共安全保障与应急工作系统

发挥城市智慧化的先导作用，通过网络化信息系统提供的数据共享、信息处理与决策辅助功能，提高应对生产安全事故、自然灾害、群体性事件、恐怖事件等突发事件的监测、预警、预案及应急管理与处置能力，提升城市管理能力①；进一步优化和整合政府服务资源，提高对公众、企业、社区、家庭、学校、医院的信息服务能力，实现城市管理的主动化、智能化、便捷化、时效化、安全化，全面提升城市管理的质量和效益。

2. 以填平城乡“数字鸿沟”推动城乡一体化

城乡差距不仅表现在基本公共服务和基础设施上，也突出表现为城乡间的“数字鸿沟”，即城乡居民在拥有和使用现代信息技术方面存在的差距。根据《中国数字鸿沟报告 2013》，2012 年城市网民普及率是农村网民普及率的 2.36 倍，城市居民家庭计

---

① 曲真儒. 着力发挥城市智慧化先导作用[N]. 大连日报，2013-05-20.

算机拥有量是农村的4.1倍，城乡数字鸿沟指数为0.44。也就是说，农村信息技术应用水平比城市落后44%。加强将智慧城市治理模式和技术向农村推广的力度，推进农村信息化建设，不断缩小城乡间的“数字鸿沟”，不仅有利于推进农业现代化、农村信息化、农民职业化，实现农业结构由生产主导向消费主导转型，更有利于在推进城乡一体化、基本公共服务均等化、“人的新农村”建设中发挥重要作用。“十三五”需要加大城乡信息技术的互联互通，以智慧城市建设整合碎片化的公共管理和公共服务，为城乡居民提供一体化的社会管理和服务。

第三章 从物质型消费走向服务型消费

——2020：消费结构升级大趋势

我国进入到以大众消费为主的消费新时代，消费领域正在发生一场从物质型消费向服务型消费升级的深刻革命。适应这一大趋势，“十三五”能否在消费结构升级中释放巨大的消费需求潜力，由此形成经济转型升级的强大动力，成为消费驱动经济转型的重大现实问题。

我国正在经历一场消费结构升级的“大革命”。城乡居民的物质型消费需求基本得到满足，服务型消费需求不断增长。这场深刻的消费革命及其蕴含的巨大消费潜力，不仅成为经济增长的突出优势，而且成为经济转型升级的强大动力。“十三五”要抓住消费结构升级的大趋势，加快推进消费驱动的经济转型。

第一节 消费结构升级的时代特征

我国已进入到大众消费的新时代，大众需求、平民消费成为这个时代最为突出的特点。与过去的消费结构相比，我国城乡居民的消费结构正在由生存型消费向发展型消费升级、由物质型消费向服务型消费升级、由传统消费向新型消费升级，并且这一升级的趋势越来越明显，速度越来越快。我国新阶段消费结构升级的时代特征，既反映了经济增长的一般规律，更反映了我国自身转型升级的突出特点。把握消费结构升级的时代特征，成为我国加快经济转型升级的基本出发点。

一、从生存型消费向发展型消费的升级

在我国进入到发展型新阶段后，随着温饱问题的基本解决，满足人的自身发展的

需求开始全面快速增长，由此使城乡居民支出结构中的生存型消费比重持续下降，发展型消费比重持续上升。这个消费结构的变动具有深刻性，不仅反映了消费者个体消费偏好的改变，更反映了经济增长动力的转变。

1. 生存型消费的比重不断降低

我国进入发展型新阶段，虽然城乡居民用于食品、衣着的消费支出规模不断上升，但在整个消费中的比重却不断下降。从城乡居民消费结构看，1990—2013 年，城镇居民消费支出中食品和衣着的人均消费规模从 864.7 元提高到 8 213.9 元，支出占比从 67.61% 下降到 45.58%；农村居民消费支出中食品和衣着的人均消费规模从 389.2 元提高到 2 933.8 元，支出占比从 66.58% 下降到 44.28%。

生存型消费支出占比的下降还表现为恩格尔系数的明显下降。1978 年，我国城乡居民恩格尔系数分别为 57.5% 和 67.7%；到 2000 年下降至 39.4% 和 49.1%，城镇居民恩格尔系数首次低于 40%；到 2012 年城乡居民恩格尔系数分别下降到 36.2% 和 39.3%，首次均降到 40% 以内；2013 年，城乡恩格尔系数进一步下降到 35% 和 37.7%（见图 3.1）。

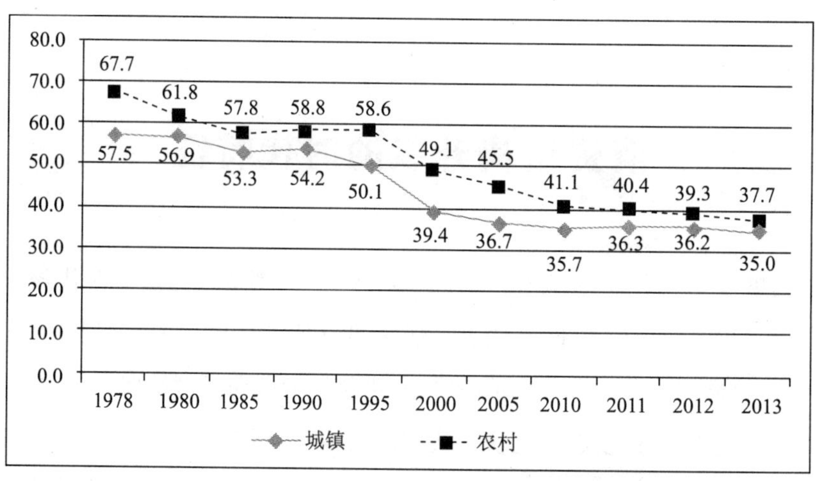

图 3.1　1978—2013 年我国城乡居民恩格尔系数变化趋势（%）

数据来源：国家统计局. 中国统计年鉴 2014[M]. 北京：中国统计出版社，2014.

2. 发展型消费持续增长

发展型消费需求主要包括居住、家庭设备及用品、交通通信、文教娱乐、医疗保健等。我国城乡居民的发展型消费需求不仅在规模上持续提升，而且在消费总支出中的比重不断上升。据统计,1990—2013 年,城镇居民现金消费支出中发展型消费需求的支出比重从 32.39% 提高到 54.42%(见表 3.1);农村居民现金消费支出中发展型消费需求的支出比重从 33.43% 提高到 55.72%(见表 3.2)。

表 3.1　1990—2013 年城镇居民人均消费性支出构成(%)

指　标	1990	1995	2000	2010	2011	2012	2013
人均现金消费支出	100	100	100	100	100	100	100
食　品	54.25	50.09	39.44	35.67	36.32	36.23	35.02
衣　着	13.36	13.55	10.01	10.72	11.05	10.94	10.55
居　住	6.98	8.02	11.31	9.89	9.27	8.90	9.68
家庭设备及用品	10.14	7.44	7.49	6.74	6.75	6.69	6.74
交通通信	1.20	5.18	8.54	14.73	14.18	14.73	15.19
文教娱乐	11.12	9.36	13.40	12.08	12.21	12.20	12.73
医疗保健	2.01	3.11	6.36	6.47	6.39	6.38	6.20
其　他	0.94	3.25	3.44	3.71	3.83	3.94	3.88
生存型消费	67.61	63.64	49.46	46.39	47.37	47.17	45.58
发展型消费	32.39	36.36	50.54	53.61	52.63	52.83	54.42

数据来源:国家统计局. 中国统计年鉴 2014[M]. 北京:中国统计出版社,2014.

表 3.2　1990—2013 年农村居民人均消费性支出构成(%)

指　标	1990	1995	2000	2010	2011	2012	2013
人均现金消费支出	100	100	100	100	100	100	100
食　品	58.80	58.62	49.13	41.09	40.40	39.33	37.67
衣　着	7.77	6.85	5.75	6.03	6.50	6.71	6.62
居　住	17.34	13.91	15.47	19.06	18.40	18.39	18.62
家庭设备及用品	5.29	5.23	4.52	5.34	5.90	5.78	5.84
交通通信	1.44	2.58	5.58	10.52	10.50	11.05	12.01
文教娱乐	5.37	7.81	11.18	8.37	7.60	7.54	7.34
医疗保健	3.25	3.24	5.24	7.44	8.40	8.70	9.27
其　他	0.74	1.76	3.14	2.15	2.30	2.50	2.64
生存型消费	66.57	65.48	54.87	47.12	46.90	46.04	44.28
发展型消费	33.43	34.52	45.13	52.88	53.10	53.96	55.72

数据来源:国家统计局. 中国统计年鉴 2014[M]. 北京:中国统计出版社,2014.

以医疗保健、交通通信和文教娱乐三项支出的变化为例。不考虑价格因素,1985—2013年,我国城镇居民人均消费支出年均增长 12.46%,其中医疗保健、交通通信和文教娱乐三项支出的年均增速达到 16.47%,超出人均消费性支出增速 4 个百分点；三项支出占城镇居民消费总支出的比重从12.79%提高到34.12%。

农村居民消费结构的变化也呈现同样的趋势。1985—2013年，我国农村居民人均生活性消费支出年均增长11.46%，其中医疗保健、交通通信和文教娱乐三项支出年均增速为16.62%，超出生活性消费支出年均增速5个百分点；三项支出占农村居民人均生活性消费支出的比重从8.06%提高到28.62%。

二、从物质型消费向服务型消费的升级

前些年，各方在讨论城乡居民消费结构时，普遍认为我国城乡居民消费结构正从生活必需品向耐用消费品过渡①。无论是生活必需品还是耐用消费品，都属于物质型消费的范畴。近年来，城乡居民耐用消费品的普及度不断提高，物质型消费总体上处于饱和状态，城乡居民尤其是广大城镇居民开始进入到服务型消费的新阶段。

1. 物质型消费基本得到满足

在经过了“井喷式”的消费扩张后，城镇居民家庭的“大件”基本普及，农村居民家庭“大件”普及度也明显提高。例如，2012年城镇居民每百户家庭拥有126.8台空调、87台电脑，农村居民每百户拥有的摩托车达到62.2辆。2006—2012年，家用汽车、电脑等耐用消费品在城乡居民家庭中普及程度明显提高，家用汽车从每百户4.3辆迅速提高到21.5辆，电脑从每百户2.7台提高到21台②。对大多数家庭而言，耐用消费品支出已不再构成主要的支出压力，以前流行的家庭“三大件”基本上淡出了消费领域。从市场角度看，物质产品普遍过剩成为常态，白热化的市场竞争成为常态。

专栏3.1 “三大件”的变迁与消失

“三大件”属于耐用消费品的范畴。“三大件”现象是我国消费领域独特的现象，是一个社会家庭中等偏上的标准配置。不同时代对“三大件”有不同的标准，其变化成为我国社会消费结构变动的风向标。

——上世纪70年代的“三大件”：手表、缝纫机、自行车，加上收音机，称为“三转一响”。

——上世纪80年代的“三大件”：彩电、冰箱、洗衣机。

---

① 迟福林. 第二次转型——处在十字路口的发展方式转变[M]. 北京：中国经济出版社，2010.

② 国家统计局. 中国统计年鉴2014[M]. 北京：中国统计出版社，2014.

——上世纪90年代的"三大件":电话、电脑、空调。

——进入21世纪,"三大件"的提法开始淡化并且退出消费领域,目前已经没有所谓"三大件"的提法。

资料来源:中改院课题组整理。

2. 服务型消费需求快速增长

与物质型消费需求基本饱和相比,城乡居民服务型消费需求正在快速增长,并且逐步成为消费支出的大头。据统计,2005—2010年我国城镇居民人均服务型消费支出从3 116元提高到5 260元,年均增长11.04%,这些年服务型消费支出比重均保持在40%左右的高位。

(1)信息消费。根据2013年《国务院关于促进信息消费扩大内需的若干意见》,到2015年我国信息消费规模将超过3.2万亿元,年均增长超过20%,并带动相关行业新增产出超过1.2万亿元。其中,基于互联网的新型信息消费规模将达到2.4万亿元,年均增长30%以上;电子商务交易额超过18万亿元,网络零售交易额突破3万亿元。

(2)绿色消费。我国绿色需求和绿色消费起步较晚,但随着人们绿色消费理念的不断强化而发展迅速。有调查显示,94%的城市消费者愿意为"绿色"产品和服务多支付45%的费用[①]。例如,绿色建筑近年来开始成为消费热点。2011年我国城镇节能建筑仅占既有建筑总面积的23%,到2020年我国绿色建筑占新建筑的比重将超过30%[②],这将带来巨大的绿色消费空间。

(3)住房消费。城镇化的加快推进带来巨大的住房需求。《国家新型城镇化规划(2014—2020年)》提出"3个1亿"的目标,其中包括"努力实现一亿左右农业转移人口和其他常住人口在城镇落户"。如果到2020年这批进城落户的农民全部纳入城镇住房体系,按人均住房30平方米的标准(2012年城镇居民人均住房面积为32.9平方米),将带来新增住房需求30亿平方米。

(4)旅游休闲消费。1994—2013年,我国城乡居民旅游人数和总费用年均增速分别为10.10%和18.63%(见表3.3),均超过同期经济增速和城乡居民收入增速。值

① 曹海丽.中国"绿色"需求被商家低估[J].新世纪周刊,2011(1).

② 财政部,住房和城乡建设部.关于加快推动我国绿色建筑发展的实施意见[EB/OL].中国政府网,2012-04-27.

得关注的是，农村居民旅游总花费和人均旅游费用年均增速分别超过城镇居民 1.6 个百分点和 8.11 个百分点，这表明农民的旅游需求正在释放。

表 3.3 1994—2013 年城乡居民旅游人数及费用情况

年 份	旅游人数(亿人次)			旅游总花费(亿元)			人均旅游费用(元)		
	总量	城镇	农村	总量	城镇	农村	平均	城镇	农村
1994	5.24	2.05	3.19	1 023.5	848.2	175.3	195.3	414.7	54.9
1995	6.29	2.46	3.83	1 375.7	1 140.1	235.6	218.7	464.0	61.5
2000	7.44	3.29	4.15	3 175.5	2 235.3	940.3	426.6	678.6	226.6
2005	12.12	4.96	7.16	5 285.9	3 656.1	1 629.7	436.1	737.1	227.6
2010	21.03	10.65	10.38	12 579.8	9 403.8	3 176.0	598.2	883.0	306.0
2011	26.41	16.87	9.54	19 305.4	14 808.6	4 496.8	731.0	877.8	471.4
2012	29.57	19.33	10.24	22 706.2	17 678.0	5 028.2	767.9	914.5	491.0
2013	32.62	21.86	10.76	26 276.1	20 692.6	5 583.5	805.5	946.6	518.9
年均增长(%)	10.10	13.27	6.61	18.63	18.31	19.98	7.74	4.44	12.55

数据来源：国家统计局. 中国统计年鉴 2014[M]. 北京：中国统计出版社，2014.

(5)教育文体消费。近年来，全社会教育需求总量明显上升。调查显示，目前半数以上家庭的教育培训消费超过 5 000 元，其中近三成过万元。这为我国教育市场提供了广阔的发展空间。保守估计，未来几年，我国培训市场规模将达到 1 万亿元①。同时，文化领域需求的快速上升也带动了文化产业的迅速发展。据统计，我国城镇居民的文化支出占比从 2004 年的 6.6% 提高到 2012 年的 7.3%，预计到 2020 年全国文化消费需求总量将达到 16.65 万亿元②。

(6)养老健康家政消费。根据《中国老龄产业发展报告(2014)》，2014 年我国老年人市场消费潜力为 4 万亿元，预计到 2020 年将提高到 8 万亿元，我国老龄产业正进入快速成长期。据麦肯锡公司预测，我国的医疗支出将从 2011 年的 3 570 亿美元增长至 2020 年的 1 万亿美元③；我国仍然是世界上最具吸引力的市场之一，同时也是增长最快的市场。

随着发展型阶段的到来，家政服务已经从奢侈消费变成普通服务消费，越来越多地走入了寻常百姓家。传统家务活外包给服务公司成为基本趋势，家政专业化水平不断提高，由此带来巨大的家政需求。"十二五"时期，我国家政服务需求年增 20%，市

① 沈柯. 民教研究院主任张跃志：培训市场规模将达万亿[EB/OL]. 腾讯网，2014-12-04.

② 梁敏. 文化消费进入井喷时代 三万亿缺口待开发[N]. 上海证券报，2013-08-06.

③ 魏莱，芮晓煜，胡锦洋. 中国医药市场遭跨国药企抢攻[N]. 环球时报，2013-07-18.

场规模达到6 000～8 000亿元①。

三、从传统消费向新型消费的升级

近几年来，我国传统消费领域的热点持续降温，难以形成全社会普遍的消费热潮；而新消费、新消费形态不断涌现，新的消费热点不断涌现。在线支付、定制消费等新型消费开始成为消费领域广为热议的话题，并且由此带来了诸多新兴行业。

1. 传统消费热点持续降温

随着城乡居民消费结构的升级，传统零售业增速放缓，汽车等传统支柱型消费进入低迷期。据统计，2013年全国重点大型零售企业实现零售额同比增长9.1%，增幅较上年放缓1.1个百分点，创1999年以来最低增速②；2014年，我国乘用车销量同比增长9.9%，增速大幅低于2013年同期的16%③。

传统消费热点降温的重要特征是模仿型、排浪式消费阶段基本结束。例如，过去我国“老三大件”、“新三大件”，以及汽车爆发式的消费等传统消费特点突出。这种消费模式对改善人们的生活水平、提高生活质量发挥了积极作用，但随着城乡居民收入水平的提升，模仿型、排浪式消费模式越来越难以适应人们消费结构升级的现实需求。

专栏3.2 模仿型、排浪式消费的突出特点

在全社会收入水平还比较低的时候，收入结构呈现“工”字型或“凸”字型，某一商品的消费很有可能呈现“突起突降”的特点，主要表现在：

—— 一种消费品刚刚投入市场时，由于价格偏高，只能由少数高收入者享受，消费品市场空间较小。因此，这种消费品被视为奢侈品。

——消费品价格的逐步下降并不一定带来销量的上升。但当价格下降到普通百姓能够买得起的程度时，意味着其他大部分家庭也能够买得起。因此，“你有我有全都有”，大部分收入相近的居民同时达到引爆产品消费的临界点，产品突然面临巨大的市场需求。现有产能难以满足，形成了产品的供不应求状态，诱发生产者加大投入，产能急剧扩张。

---

① 向楠. 家政员需求年增20% 行业乱象亟待解决[N]. 中国青年报，2012-03-08.

② 2013年度中国市场商品销售统计结果发布[EB/OL]. 中国经营网，2014-04-21.

③ 陈硕. 2014年乘用车销量1 970万辆 同比增长9.9%[EB/OL]. 搜狐网，2015-01-12.

——随着该消费品市场的日益饱和，产品突然面临剧降的市场空间。产品明显供过于求，行业内价格战开始激化，一批生产者被淘汰出局，出现产业回归低速增长态势。

在模仿型、排浪式的消费模式下，消费品价格与销售量并不是传统的平滑递减的关系，而是呈现明显的阶梯式。这种消费模式在上世纪90年代特别明显，尤其是在耐用消费品方面。如冰箱、彩电、微波炉、VCD、DVD等，每年都会流行一些商品，一件产品接一件产品地出现消费高潮。但消费高潮来得快退得也快，从波峰到波谷热点转换特别快，从而形成了排浪式的消费特征。

资料来源：中改院课题组整理。

2. 消费个性化、多样化时代的到来

(1) 个性化、多样化消费成为趋势。随着经济发展水平的不断提升，社会成员的消费心理发生新的变化，消费行为也发生比较大的变化，主要表现为：消费个性化、多元化的趋势明显，消费不仅成为满足人们需求的工具，也开始成为社会交往和社会分化的工具；即使是传统消费，也逐渐向个性化、高端化转型。例如，多元化指数是衡量城乡居民消费结构的一个重要指标。我国城乡居民消费多元化指数分别在1998年和2006年超过1.7，表明消费结构多元化进入到一个新的阶段。2012年，城乡居民消费多元化指数进一步提高到1.85和1.77，逐步趋近2.08的最优值，城乡居民消费的多元化趋势正在加快。

(2) 新型消费取代传统消费的趋势明显。以信息消费为例。伴随着信息消费总量的不断增长，传统增值业务市场规模不断缩小，新型消费快速成长。2014年1—5月，全国移动短信业务量为3 146.2亿条，同比下降18.4%；彩信业务量为260.9亿条，同比下降30.6%；移动短信业务收入218.6亿元，同比下降13.1%。而互联网及数据业务等非话业务则呈现迅猛发展的势头。2014年1—5月，移动数据及互联网业务收入1 025亿元，同比增长47%，占电信业务收入的比重达到20.6%[①]，微信等移动互联网业务正逐步取代传统的短信、彩信业务。

3. 新消费群体不断扩大

新型消费热点层出不穷，主要源于新消费群体的持续扩大。随着80后、90后成为社会的中坚力量和最重要的消费主体，这一群体更加注重消费的体验、消费的个性

① 工信部运行监测协调局. 2014年5月份通信业经济运行情况分析[J]. 通信企业管理，2014(7).

化和消费者主权的维护。新消费群体追求时尚、品牌与品质，更新换代很快，并不局限于商品使用价值的耗尽，这与过去“新三年、旧三年、缝缝补补又三年”的消费理念形成鲜明对比。例如，“果粉”（苹果粉丝）、“米粉”（小米粉丝）等新消费群体的出现，加快了传统消费模式解构的速度，同时也助推了消费的个性化、差异化。

第二节

2020：走向消费大国

消费结构的快速升级，蕴含着巨大的消费潜力。初步估计到2020年我国消费市场规模将达到40～50万亿元，国内市场规模位居世界前列。13亿人消费大市场的初步形成，不仅成为保持我国6%～7%增长的突出优势，而且成为我国经济转型升级的重要推动力。2015—2020年这6年，是我国消费结构快速升级、走向消费大国的历史节点，也是我国基本形成消费驱动经济增长格局的关键时期。站在2020年的时间节点看这6年的转型改革，需要把消费驱动的经济转型放在更加突出的位置，遵循2014年中央经济工作会议的要求，通过创新供给激活消费需求，采取正确的消费政策释放消费潜力，使消费在经济增长中发挥重要的内生动力的作用。

一、消费结构升级蕴含着巨大的消费潜力

消费结构升级不仅意味着消费者偏好的改变，而且意味着巨大的消费潜力。2015—2020年这6年，在三大消费结构升级的趋势下，城市消费逐步向国际看齐、农村消费逐步向城市看齐、中西部消费逐步向东部看齐。预计到2020年，我国消费规模还将迎来一个倍增的空间。

1. 城镇居民的消费潜力巨大

城镇居民消费结构不断升级的重要特征是消费级别的跃升，消费水平从10多年前的百元级、千元级升至近几年的万元级、十万元级甚至百万元级，消费档次愈来愈

高,并且消费周期愈来愈短。以耐用消费品为例。目前千元级,甚至万元级的耐用消费品在城镇家庭基本普及,最大的新增消费市场是更高级别的家用汽车。有专家预测,2020 年我国每百户家庭拥有的家用汽车有可能达到 50 辆①,在 2013 年的基础上再翻一番。

再以住房为例。有研究表明,截至 2014 年 3 月,城镇地区住房拥有率达到 89.2%,城镇家庭拥有多套房的比例上升至 21.0%②。随着“有房”需求的基本解决,城镇消费者越来越重视家居质量和家庭氛围,买房标准从过去“看着好”向“住得好”转变,更高品质、更合适的住房将迎来新的发展机遇。

随着我国老龄化时代的加速到来,人们的养老观念也在发生转变,越来越多的人接受机构养老的形式,这就带来了巨大的养老消费需求。2012 年,全国养老床位数仅为 390 万张,每千名老人拥有养老床位 20.5 张。按照《服务业发展“十二五”规划》,2015 年每千名老年人将拥有 30 张养老床位,从家庭养老转向机构养老将带来巨大的市场空间。

城镇居民消费级别的跃升带来消费规模的急剧攀升。2000 年城镇居民的消费总规模为 3.14 万亿元,2005 年以后基本上以每年跨越一个万亿元级的速度在递增,2013 年达到 16.73 万亿元,增长了 5.3 倍(见图 3.2)。预计“十三五”随着城镇居民消费结构向服务消费升级,城镇居民消费潜力仍将呈现快速释放的趋势。

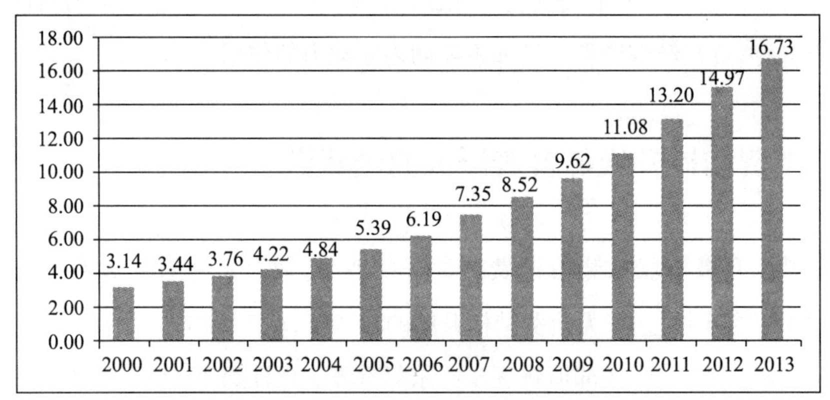

图 3.2　2000—2013 年城镇居民消费规模(单位:万亿元)

数据来源:国家统计局. 中国统计年鉴 2014[M]. 北京:中国统计出版社,2014.

① 郑新立:2020 中国每百户五成将拥有汽车[EB/OL]. 凤凰网,2013-09-07.

② 金辉. 报告:中国城镇住房空置率有所提高[N]. 经济参考报,2014-06-11.

2. 农村居民的消费潜力巨大

从农村消费规模总量看，进入新世纪以来，尽管我国城镇化速度在加快，农村人口不断减少，但在消费结构升级的大趋势下，农村市场仍然保持了较快增长的态势。2000 年，农村消费总规模为 1.5 万亿元，到 2013 年提升到 4.66 万亿元，13 年间增长了 3.1 倍（见图 3.3）。“十三五”随着城乡一体化进程的加快，农村潜在的巨大消费需求有望得到快速释放。

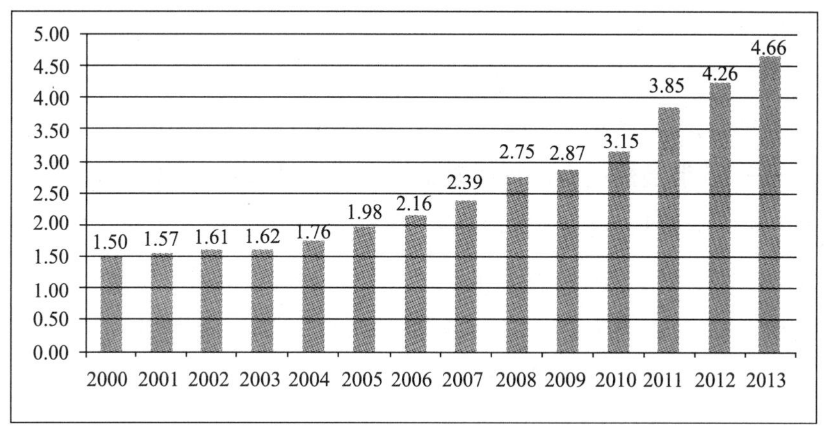

图 3.3　2000—2013 年农村居民消费规模（单位：万亿元）

数据来源：国家统计局. 中国统计年鉴 2014[M]. 北京：中国统计出版社，2014.

以电子商务为例。随着农民逐步适应网络购物，农村电商消费市场潜力巨大。据《农村电子商务消费报告》显示，农村居民对网购的接受率达 84.41%，人均年网购消费额在 500 ~2 000 元人民币，主要集中在日用品、服装、家电等品类。过去 3 年，淘宝网农村消费占比不断提升，从 2012 年第二季度的 7.11% 提升到 2014 年第一季度的 9.11%。2016 年，全国农村网购市场总量有可能突破 4 600 亿元。

再例如，虽然耐用消费品在城镇的高峰期已过，但农村耐用消费品的快速增长势头仍会保持相当长一段时期。随着农村居住条件的进一步改善，农村耐用消费品普及率将明显提高。过去我国农村房屋状况大都比较简陋，缺乏相应的配套设施，热水器、冰箱等耐用消费品很难在农村尤其是在远离镇区的农村使用。随着我国农房状况逐步改善，农村越来越多的家庭配置了热水器、冰箱、空调等耐用消费品，农村耐用消费品升级趋势将带来巨大的市场需求。以空调为例。初步估算，如果农村空调的普及率从 2012 年的每百户 25.4 台提高到城镇水平的 30%（即 38 台），1.7 亿户农村家庭至少需要增加2 270万台空调。

3."十三五"消费规模有再倍增的空间

(1)过去5年消费规模实现了倍增。2008年的国际金融危机以来,我国宏观经济形势发生了深刻复杂的变化。在这个背景下,居民消费仍然保持了较快增长。2008年我国社会消费品零售总额为11.5万亿元,到2013年达到23.8万亿元,5年中实现了倍增。2014年,社会消费品零售总额达到26.2万亿元。从居民消费水平看,2008年我国城乡居民消费水平分别为13 653元和3 901元,当年居民消费总量为11.27万亿元;到2013年,城乡居民人均消费水平分别提高到22 880元和7 409元,消费总量达到21.4万亿元,也基本实现倍增。

(2)"十三五"消费规模有望再实现倍增。据统计,2001—2013年我国城乡居民消费水平年均实际增长分别为7.01%和8.73%。如果2014—2020年按照2001—2013年的平均速度增长,到2020年城乡居民人均消费水平将分别达到41 105.67元和11 905.02元。考虑到2020年人口规模将达到14亿人,城镇化率将达到60%,初步估算,2020年我国居民消费规模将达到45.23万亿元,在2013年消费总规模21.4万亿元的基础上实现倍增。

二、消费结构升级成为经济转型升级的主要动力

城乡居民消费结构的快速升级不仅成为拉动经济增长的重要引擎,而且成为推动经济结构转型升级的根本动力,并由此引发企业模式、商业模式等领域的重大变化甚至颠覆性变革。"十三五"把握住国内消费结构升级的大趋势,才有可能把握经济转型升级的核心,实现"事半功倍"。

1.消费取代投资成为拉动经济增长的主要引擎

进入新世纪的头10年,我国增长模式带有投资主导的突出特征,但2011年以来,增长模式出现了历史拐点,消费取代投资成为经济增长的主要驱动力。2002—2010年期间,除2005年外投资贡献率都超过消费贡献率,2010年投资贡献率为52.9%,比消费贡献率高出近10个百分点。但2011年以来,我国消费贡献率开始超过投资贡献率(见图3.4),消费取代投资成为拉动经济增长的第一引擎。

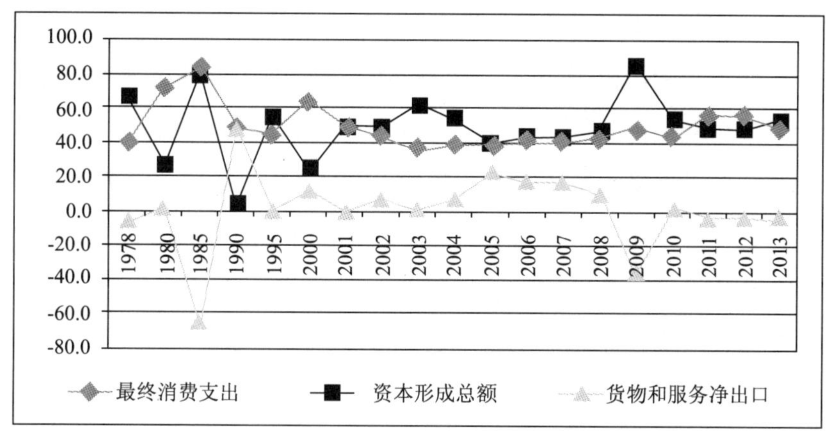

图 3.4　1978—2013 年我国消费、投资、出口需求对 GDP 增长的贡献率(%)

数据来源:国家统计局.中国统计年鉴 2014[M].北京:中国统计出版社,2014.

2. 消费结构升级推动经济结构的重大变化

(1)消费结构升级推动服务业快速发展。从物质型消费向服务型消费的转型升级直接推动了我国经济结构的服务化进程。2001—2008 年,我国服务业占 GDP 的比重一直徘徊在 40% 左右。但从 2012 年开始,服务业的比重明显提高,当年比重提高超过 1.3 个百分点。2013 年,我国服务业占比达到 46.1%,首次超过第二产业,比第二产业高出 2.2 个百分点。2014 年,我国服务业增加值达到 30.7 万亿元,增长 8.1%,占国内生产总值的比重达到 48.2%,服务业增加值增速已经连续 8 个季度超过 GDP 和第二产业的增速。

(2)消费结构升级推动新兴产业的快速发展。消费结构的升级使得一些新兴产业的增长速度远远高于 GDP 增速。例如,2013 年我国文化产业增加值增长超过 15%。据艺恩咨询统计,2014 年中国大陆市场共上映影片 388 部,总票房达 296 亿元人民币,增长率达到 36%。新型消费带来信息消费和电子商务的井喷式发展。2014 年,我国信息消费规模达到 2.8 万亿元,同比增长 25%;电子商务交易额超过 12 万亿元,同比增长 20%①。

3. 消费结构升级引发商业模式的深刻变革

(1)新型智造商业模式开始崛起。与互联网有机结合能够最大限度地满足消费

① 刘育英. 2014 年中国信息消费将达 2.8 万亿元增 25%[EB/OL].中国新闻网,2014-12-22.

个性化、差异化需求，由此导致传统制造向智能制造的根本性变革。例如，成立仅4年的小米手机，通过个性化、差异化的创新，在2014年就成为全球第三大智能手机制造商。再如，智能可穿戴设备的快速崛起，成为2014年我国产业发展的一个重要趋势。

(2)电子商务逐步取代传统实体店销售。2014年，我国电子商务交易额将超过12万亿元，同比增长20%，淘宝、京东商城、淘宝天猫商城、唯品会、苏宁易购、国美在线、当当网等一大批电子商务企业蓬勃发展。

(3)新型消费拉动的商业模式变革具有强大的生命力。2014年，除了阿里巴巴在美国创了IPO的纪录之外，我国众多的电子商务企业在美国筹集到了资金。以京东为例。京东首次公开募股融资17.8亿美元，加上向腾讯定向配股，总募资额超过30亿美元。《阿里巴巴就业》课题最新研究成果显示，越来越多的农民、大学生、家庭妇女选择在淘宝网平台进行网络创业，淘宝网成为社会草根实现自我创业和就业的最大平台。淘宝为近60万个没有工作的人提供了充分就业的机会，其中包括8万名家庭主妇、17万名待业者和31万名学生①。

三、“十三五”：消费驱动的增长前景

从生产大国走向消费大国，是我国经济转型升级的基本趋势。把握消费结构升级的大趋势，抓住消费需求释放的历史机遇期，努力在扩大内需、释放消费上有所作为，就可以在2020年初步建成一个消费大国。

1. 消费增速保持两位数

(1)“十二五”城乡居民消费保持着两位数的高速增长。“十二五”前3年，我国消费增长速度分别为17.1%、14.3%和13.1%，2014年预计在12%左右。

(2)从长期看，社会消费品增长处于加速期。我国消费规模首次超过万亿元是在1992年，到2003年突破5万亿元，中间用了11年时间；到2008年突破10万亿元，用了5年；到2010年突破15万亿元，用了2年；到2012年突破20万亿元，也用了2年；2014年社会消费品零售总额超过26万亿元，达到26.2万亿元。从国际经验看，一个国家进入发展型新阶段后，消费的转型升级不会一步到位，随着技术革命、城镇化等因

① 阿里巴巴：阿里零售电子商务带动约1 200万就业[N]. 城市快报，2013-12-25.

素的发展，消费规模释放持续数年、数十年的时间是完全可能的。

专栏3.3　美国的三次消费转型

第一次转型。从1923年持续至1929年，消费提升的主要原因在于：一是技术革命刺激了劳动生产率的提高。新机器的使用和技术管理方面的进步，使美国从1923—1929年期间迅速进入到耐用消费品阶段；二是经济发展使城市人口增长。在1920—1929年的10年中，有近2 000万人从农村流入城市，催生了大量消费需求。

第二次转型。从20世纪50年代至60年代，二战后技术革命推动美国经济增长出现了“黄金时期”，消费提升的主要原因在于：一是大规模基础设施兴建及军工科技领域的投入，推动机械化、现代化生产在各领域展开，创造了大量的就业机会，给民众带来了消费的动力；二是大量人口从寒冷荒凉的东北部向温暖的南部和西部迁移，并带去了大量的积蓄和消费力；三是消费信贷蓬勃发展。消费信贷总额在1947年为1 353亿美元，1970年为15 547亿美元，占国民生产总值的13%。

第三次转型。从1990至2000年代，信息技术革命以及全球一体化进程的加速带动美国步入“新经济”时代，经济呈现高增长、低通胀、低失业率的特点。这个阶段消费提升的主要原因在于：一是生命科学技术、新能源及新材料等高科技产业的发展，优化资源配置，创造出更多的就业机会，提升了国民的整体收入水平，为消费率的提升打下了良好基础；二是社会保障体系进一步完善，401k计划迅速发展取代了传统的社会保障体系，减少了民众的储蓄需求，增强了当期消费意愿；三是大举进行金融创新，形成多层次、多元化的消费信贷体系，充分满足了社会各阶层对消费信贷的多样化需求。整体消费信贷规模由1990年的96 572亿美元扩张至2000年的194 656亿美元，为消费提速提供了有力的支持。

资料来源：董俊峰.“十二五”规划推动消费全面发展[R].中国银河证券研究部研究报告，2010-10-19.

(3)我国消费的两位数增长以城乡居民收入水平的稳步提高为坚实基础。两位数增长的背后是居民收入的稳步提升。初步测算，2012年我国城乡居民边际消费倾向为0.5493和0.7313，这表明城乡居民每增加1元收入，用于新增消费的部分为0.5493元和0.7313元。如果2020年城乡居民收入实现倍增，即年均增长不低于7.2%，城乡居民消费年均增速将不低于10%。2015—2020年这6年是我国加快国民收入倍增计划的重要6年，从过去几年城乡居民收入增长情况看，2020年有条件实现人均收入翻番。

(4)到2020年消费有条件继续保持两位数增长。从最近几年的趋势看，扣除物价因素，消费年均增速均在10%以上。根据1991—2013年社会消费品零售总额的增长趋势，初步估算，2015—2020年社会消费品零售总额年均实际增长将达到8%；不考虑物价因素，社会消费品零售总额增速将达到两位数。

总的判断是：2015—2020年这6年，只要没有明显的政策抑制，国民收入倍增计划顺利实施，在消费供给创新有所突破、消费环境有所改善的条件下，消费以不低于两数位的速度增长是完全可能的。

2. 消费率逐年上升

2000—2010年，我国消费率呈现不断下降的态势，2010年达到历史低点。但从发展趋势看，这是个历史拐点。随着城乡居民收入的快速增长，随后几年消费率开始逐年提升。2010—2013年，消费率反弹了1.6个百分点，年均增长0.53个百分点；居民消费率反弹了1.3个百分点，年均增长0.43个百分点。从中长期看，消费率的逐年提升有着多方面的条件支撑。例如，中等收入群体的扩大、新生代人群规模的提升、老龄化进程的加快等，都将是不可扭转的大趋势。

总的判断是：随着消费结构升级带来消费需求的释放，"十三五"消费率和居民消费率有望加快反弹。到2020年，最终消费率有望提高到55%～60%，居民消费率提高到45%～50%，消费贡献率稳定在40%以上。

3. 消费结构不断优化

（1）恩格尔系数进一步下降。"十三五"随着居民收入水平的不断提高，恩格尔系数还将进一步下降。如果到2020年我国城乡居民收入实现倍增，城市居民恩格尔系数有望下降到25%左右，农村居民恩格尔系数有望下降到30%以下，从而进入到大众消费时代。

（2）服务型消费比重进一步提高。以城镇居民人均医疗保健、交通通信、文教娱乐三大消费支出占比为例。如果按1985—2013年平均增速增长，到2020年三大服务型消费支出比重将接近39%；如果年均占比提高0.8～1个百分点，到2020年三大服务型消费支出比重将超过40%。同时，随着服务消费需求的不断释放，城镇居民服务型消费比重有望年均提高0.5～0.6个百分点，到2020年达到45%～50%，成为城镇居民的消费支出大头。

（3）新型消费占比不断提高。以电子商务为例。电子商务已成为我国最重要的新型消费之一，占消费总额的比重不断提升。2014年1—6月，全国网络零售额为11 375亿元，占同期社会消费品零售总额的9.16%；1—9月，全国网络零售额18 238

亿元,同比增长49.9%,占同期社会消费品零售总额的9.64%[①],一个季度占比就提高了0.5个百分点。预计到2020年网络零售额比重有望达到20%。

4. 消费释放支撑6% ~7%的经济增长

(1)消费在稳定经济增长中的作用凸显。从2013年第一季度到2014年第四季度,我国固定资产投资增速从21.1%剧降到15.7%,但经济增长速度仅从7.7%小幅回调到7.3%,其中重要原因在于城乡消费保持在12%的增速水平上。在投资增速大幅下降的同时,消费的稳步增长在稳定宏观经济中扮演着重要角色。

(2)消费需求释放将带来持续的增长效应。我国作为成长型经济体,与欧美国家成为消费型社会之后经济增速下降有很大的不同。研究表明,消费每增长1%,GDP则相应增长0.786%;投资平均每增长1%,GDP只能增长0.239%;消费拉动GDP总额、经济增长速度、经济增长效率等的效应是投资效应的3倍[②]。

(3)消费释放有望拉动7%左右的经济增长。初步测算,到2020年,我国居民消费需求规模将达到50万亿元左右,居民消费率将达到50%左右,最终消费率将达到60%左右。“十三五”在消费成为拉动经济增长内生动力的条件下,经济增长速度有望保持在7%左右。

第三节

“十三五”:推进消费驱动的经济转型

2015—2020年这6年加快经济转型升级,要牢牢把握住消费结构升级的时代潮流,牢牢抓住消费需求释放的历史机遇。这就要求我们在消费驱动的经济转型上尽快取得实质性突破,以消费引领创新,以创新引领供给,以内需引领增长。由此不仅将从根本上扭转短期内投资消费失衡的格局,有效消化短期经济风险;而且使消费真正成为经济结构转型升级的内生动力,为中长期经济增长打下坚实基础。从我国当前消费

① 国家统计局. 2014年前三季度国民经济运行情况[EB/OL]. 人民网,2014-10-21.

② 袁建文,蒙明忠. 消费需求与经济增长的关系研究[J]. 统计与决策,2011(16).

释放面临的突出矛盾看，实现消费驱动经济转型的重大突破，当务之急是创新消费供给，加快投资转型，改善消费环境。

一、创新消费供给

随着我国消费结构的加快升级，消费领域热点不断涌现。但消费供给仍然在很大程度上滞后于消费释放，由此制约了消费结构升级。释放消费需求，对创新消费供给提出了越来越迫切的要求，通过创新供给激活消费需求的重要性显著上升。

1. 消费供给的严重短缺成为消费释放的突出矛盾

从现实情况看，"有需求而缺供给"成为我国消费需求释放面临的主要问题。与其他国家不同的是，我国正处于消费结构快速升级阶段，不缺消费热点，不缺经济增长点。但供给结构的转型升级与消费结构升级不相适应，消费供给短缺成为突出矛盾，严重制约着消费需求的有效释放。

以养老服务为例。我国健康服务业的发展严重滞后，占 GDP 的比重不足 5%，与美国健康服务业占 17.6%、其他 OECD 国家占 10% 左右的比重相去甚远。目前，每年为老年人提供的产品与服务不足 1 000 亿元。在一些特大型城市，要进公立养老院，如果 50 岁开始排队，要排上 30 年，甚至 40 年，养老服务供给严重不足①。

再以绿色消费为例。目前，城乡居民对绿色食品的需求不断增长，但绿色食品供给不足，2012 年经认证的绿色大米产量为 1 130.04 万吨，仅为同期全部大米产量的 5.5%；绿色猪肉产量为 19.64 万吨，仅为同期猪肉总产量的 0.36%；绿色鲜果产量为 1 042.62 万吨，仅为同期水果产量的 4.3%，绿色产品供给短缺的矛盾还比较突出。

2. 创新消费供给，加大消费供给力度

（1）加大服务消费供给力度。创新消费供给的关键在于扩大服务消费供给的规模，满足社会不断增长的服务消费需求。为此，在合理调整重化工业投资的同时，应鼓励各类资本重点投资服务业。

以医疗健康服务为例。改变医疗健康供给短缺的格局，需要引导、鼓励社会资本

---

① 李克强在国务院机构职能转变动员电视电话会议上的讲话[N]. 人民日报，2013-05-15.

积极进入这一领域,形成扩大供给的有生力量。因此,需要在服务价格、市场准入等方面加快改革,在税收、用地、医务人员晋级等方面加大政策调整力度。2014 年我国在民营医院医疗服务价格放开方面迈出重要一步,“十三五”还需要加大医疗健康领域的改革力度,吸引更多社会资本进入。

再以文化服务为例。加大文化产业的投资,既可以有效满足社会成员的文化需求,又可以形成现实的经济增长动力。目前,城市图书馆、文化馆、博物馆、美术馆等已经向全社会免费开放,下一步需要加大这些场馆的文化载体投资,如图书馆需要定期更新馆藏图书等。

(2)加大个性化、多样化的新型消费供给力度。一般来说,工业化大生产可以有效适应模仿型、排浪式、总量化的消费,但难以适应个性化、多样化的新型消费需求。后者对“定制化供给”提出了新要求。例如,3D 打印之所以成为各方关注的焦点,重要的原因在于 3D 打印可以有效满足个性化的需求。因此,满足新型消费需求,需要加大新型消费的供给力度。

例如,可以通过移动医疗服务提供挂号、买药、在线支付等周边服务,而且随着技术研发的突破,医生问诊、身体检查等需要患者与医生进行面对面互动的医疗服务,也有望实现智能化。目前,一些企业已经开始向移动医疗投资,但还不能满足不断增长的移动医疗服务的需求。为此,需要加大对移动医疗研发的政策支持,鼓励企业尽快取得实质性突破,使移动医疗服务在整个医疗服务中的比重不断提高。

专栏 3.4　大型企业布局移动医疗

百度的智能健康平台 Dulife,通过智能血压仪、手环等设备对健康进行实时监控,并将数据收集到云端,通过分析处理对用户进行相应的健康提示。阿里巴巴主要借助支付宝推出“未来医院”计划,初步建立起移动医疗服务体系,包括挂号、医院导航、缴费等功能,并提供药物配送、转诊、保险审配等服务。腾讯通过微信打造全程就诊平台,通过手机实现挂号、缴费、候诊、检查报告查询等流程。

东软集团的东软远程医疗以远程会诊咨询服务的组织和远程医疗解决方案的提供为主要业务方向,致力于为全国各级医疗机构、医学专业人员和广大患者提供远程医疗服务和技术支持。自 2001 年正式开通,年会诊量已达万余例,成为国内有着广泛影响的远程医疗业务运营平台。东软创造了熙康模式,采用一体化健康监测设备,通过互联网,将区域医疗中心、基层卫生服务机构的医疗保健服务与个人、家庭的动态健康管理以及医疗监控与管理部门的数据档案系统进行无缝链接,使优质的医疗资源向基层、家庭、个人延伸;为追求生活品质的个人与家庭打造即时、便捷的健康服务模式;为肩负医疗保障责任的医院与卫生主管部门构建科学、系统的网络管理平台。

资料来源:中改院课题组整理。

再以移动教育为例。当前移动教育的需求不断增长，但供给却相对不足。有研究表明，未来5年我国移动教育市场规模将达到1 500亿元，但目前能提供的服务仅为1.6%①。加快移动教育市场的发展，鼓励政府、企业合作开发标准化移动教育模块以及非标准化的在线教育产品等，既对学生有重要的帮助，对传统的教育模式也是一个重要的补充。例如，学生在遇到作业难题时，传统的方式只能依靠父母或者所在学校的老师，但两者均无法做到实时辅导。如果开发一个教育平台，把全国各地最好的师资集中在这个平台上，免费或低成本给学生提供在线辅导，不但可以帮助学生及时解决学习难题，而且还可以打破教育资源配置不均衡的问题，让边远地区的学生也享受到优质的师资。目前已经有一些企业提供移动教育服务，比如"爱考拉"等，但移动教育还严重短缺。在这方面，需要鼓励社会资本进入，加大教育模式创新力度，满足不断增长的移动教育需求。

(3)改善消费供给的质量。消费结构升级的一个表现就是消费者对产品或服务的标准与要求不断提高，如果不能有效提升消费供给的质量，许多潜在的消费需求就很难释放出来。以饮食为例。在生活水平比较低的阶段，由于供给短缺，最大的享受就是吃饱；随着温饱问题得到解决，居民食品消费开始提升到更加注重营养、特色、环境、安全、服务、文化等更高品质的消费。这就要求传统的餐饮企业适应消费新要求而不断升级。

再以教育为例。当前城乡居民对优质教育的需求不断增长，在教育结构、教育模式与教育质量等尚未有实质性改变的情况下，越来越多的家长选择送孩子赴国外就读。美国国土安全局的统计数字显示，2005—2006学年，仅有65名中国籍中学生持因私护照赴美读中学；而到了2012—2013学年，美国私立高中共有23 795名中国籍学生，7年间增长了365倍②。在这种情况下，城乡居民不断增长的教育需求成为其他国家增长的动力，却没有成为国内增长的动力。因此，适应消费者消费标准和消费要求不断提高的客观趋势，需要加快推进教育、文化、医疗等服务领域的改革，提高供给主体的竞争程度，改善和提高服务质量，使这些需求能够留在国内。

3.创新消费供给方式，提高消费供给效率

(1)消费者参与研发。通过鼓励消费者参与产品或服务研发，可以有效地将消费

---

① 赵正.移动教育：颠覆传统K12教辅市场[N].中国经营报，2014-07-19.

② 赴美小留学生7年增百倍，低龄留学变环境更要变[EB/OL].光明网，2014-03-10.

者的需求反映内部化，让消费者在研发过程中就表达自己的消费需求，从而避免研发脱离实际需求的困局。这也可以提高消费者对产品或服务的“卷入水平”，使得用户更加坚定地成为产品的拥趸。例如，小米手机打造了“消费者 + 合作伙伴 + 竞争对手 + 小米公司”的生态系统，消费者在研发环节就主动参与操作系统等方面的设计，而不是被动地成为产品的接受者。小米的 MIUI 最初的研发就放在互联网上，敞开门请用户一起参与研发。

专栏3.5　需求反映与消费者参与小米设计

“因为停电被困在黑暗的电梯里，在手机上却找不到手电筒图标。能不能添加容易找到的手电筒功能呢?”这是在小米社交工具“米聊”中，一名用户向小米提出的建议。很快，MIUI 新版本中就添加了手电筒功能，按着最常用的 Home 键，小米手机用户就能打开手机的手电筒。

在消费者参与下，小米推出了 200 余项符合国人使用习惯的创新设计，上百种主题风格的解锁方式、群发短信前自动添加名称、在用户不接电话的前提下友好提醒来电方的开车模式。

小米投入了很多精力关注用户的需求，这样会不会得不偿失呢？事实恰恰相反，我国使用手机的人数以亿计，哪怕百分之一的需求都是百万级的大需求。因此，注重细节上的创新、满足个性化需求的创新能产生大效益。

资料来源：中改院课题组整理。

(2) 消费者参与设计，与生产者互动。对于文化等产品和服务来说，消费者参与情景设计与被动欣赏会产生完全不同的体验。这在开放式剧本方面表现得尤其突出。例如，不同的人对初始剧情有不同的想法，剧本提供商根据多数人的意愿进行剧情创作并且进行拍摄；或者不同的消费者在剧本提供商提供的创作平台上，根据自己的意愿改写剧本；再或者，在文化产品创意阶段就引入消费者评价，并把消费者评价作为文化产品是否成熟的重要标志。在这些模式中，一个共同特点是消费者成为文化服务的主动参与者、设计者和推广者。这既能够满足人们在“自我实现”上的更高需求，形成差异化的产品和服务，又能够降低产品和服务本身的市场风险。消费者参与的模式创新，有可能对现有的文化产品带来颠覆性的冲击。

4. 适应消费升级，加快发展消费金融

(1) 消费金融的发展有利于促进消费结构升级。消费金融是支持消费释放的重要工具。发达国家在消费快速升级中都经历了消费金融大发展的阶段。以日本为例。20 世纪 50 年代末至 60 年代经济起飞阶段，日本就出现了日本信贩、三洋商事等对工

薪阶层进行小额贷款的非银行融资公司,对释放消费需求发挥了重要的作用。过去几年,我国的消费金融信贷市场获得了长足的发展,但消费金融的结构不合理。住房信贷一直居于主导地位,其比重基本在60%～75%之间。2014年上半年,我国住房贷款余额为14.2万亿元,同比增长20.7%。但剔除住房贷款和汽车贷款后,其他消费信贷仅占不到20%。横向比较来看,以个人消费信贷占GDP的比重来衡量,我国远低于发达国家水平。美国个人信贷占GDP的比重已达到80%以上,日本达到50%以上,即使个人信贷业务发展较慢的欧洲,平均水平也在40%以上,而我国2013年底仅为13%①。应当说,不少服务型消费也需要消费金融的支持,比如旅游、助学贷款等。消费金融发展滞后,尤其是结构不合理,客观上制约着消费结构的升级与消费潜力的释放。

(2)着力调整信贷结构。最近几年,我国先后启动了4家消费金融公司试点。从试点情况看,这4家消费金融公司都保持着较好的业绩。在加强监管的前提下,建议在全国放开消费金融公司的发展,鼓励社会资本进入,大力发展各种类型的消费金融。

在发展消费金融的过程中,还需要着力降低消费信贷的成本。我国居民信用消费需要承担约10%的交易费用和利息,较高的交易成本制约了消费者信用消费的较快释放。“十三五”可以考虑将银行存款准备金率与信贷消费额度挂钩,增加银行承担消费信贷的能力;鼓励消费流通企业联合银行共同开展低利率分期付款活动,银行和企业分担交易成本,解除消费者的后顾之忧。

(3)鼓励互联网金融的发展。鼓励依托电子商务平台发展小额消费信贷。随着互联网的快速发展,利用电子商务平台发展小额消费信贷更加便利,也可以降低消费者的交易成本,释放潜在消费。在美国,建立在电子商务平台上的P2P信贷模式已经相当普及。我国也有P2P的信贷模式,但主要是为投资服务,尚没有针对消费的P2P模式。在这方面,需要尽快出台扶持政策,支持各大电商企业开展小额消费信贷业务;鼓励金融机构与电商合作开发小额消费信贷产品,以适应不同层次消费者的消费需求;适当放宽对信用卡等消费金融创新业务的限制,并予以一定的政策扶持。

二、加快投资转型

我国消费供给短缺的根源在于投资消费结构的不匹配,工业领域的投资严重过剩

① 洪黎明.信息化助推社会信用体系建设全面提速[N].人民邮电报,2014-01-20.

与服务业领域的投资严重短缺同时并存。创新消费供给，对投资转型提出了迫切的要求，如果“十三五”不能在投资转型上取得实质性突破，消费供给就很难得到保障，消费需求也很难得到释放，走向消费大国的阻力就会明显增加。

1.投资消费结构不匹配矛盾突出

（1）我国投资消费失衡明显。从投资率和消费率的变动趋势角度看，1978—2013年我国投资率总体呈现上升趋势。1982 年处于历史最低点，仅为 31.9%；2011 年上升到历史最高点，为 48.3%，上升幅度达到近 17 个百分点；到 2013 年，投资率仍然保持在 47.8%的高位。据 IMF 保守估计，我国过度投资规模可能达到 GDP 的 12%[①]。

与投资率不断提高相比，我国最终消费率总体呈现下降趋势。1981 年处于历史最高点，达到 67.1%；2010 年降到历史最低点，只有 48.2%；居民消费率由 1978 年的 48.8%下降到 2010 年的历史低位 34.9%，直到 2011 年与 2012 年才开始出现 0.8 个百分点的回升；2013 年，消费率与居民消费率分别为 49.8%和 36.2%，仅回升到 2007 年的水平。

在人均 GDP 处于 5 000～6 000 美元（以现价美元计）的阶段，我国的投资率高于美国 30 个百分点以上，也高于新加坡近 10 个百分点；而消费率和居民消费率则分别比美国低 33.4 和 28.6 个百分点，比韩国低 16.5 和 18.1 个百分点，比俄罗斯低 18.8 和 14.9 个百分点，比新加坡低 11.2 和 14.9 个百分点（见表 3.4）。

表 3.4　不同国家人均 GDP 处于 5 000～6 000 美元阶段时的消费率和投资率

国　别	时间点（年）	人均 GDP（美元）	消费率（%）	投资率（%）
中　国	2011	5 445	49.10	48.30
	2012	6 100	49.20	48.10
世　界	2002	5 323	—	20.60
	2003	5 918	—	20.70
日　本	1976	5 111	67.58	31.70
	1977	6 230	67.74	30.70
韩　国	1989	5 438	64.01	33.90
	1990	6 153	63.56	37.50

① （英）马丁·沃尔夫.中国不应再拖延改革与调整[N].金融时报，2014－04－12.

续表

国　别	时间点(年)	人均 GDP(美元)	消费率(%)	投资率(%)
新加坡	1981	5 579	58.67	44.80
	1982	6 051	55.60	46.20
美　国	1971	5 360	80.86	19.10
	1973	6 461	78.98	20.70
德　国	1974	5 457	75.73	24.68
	1975	6 035	78.93	22.78
俄罗斯	2005	5 337	66.23	20.08
	2006	6 947	66.10	21.17
巴　西	2006	5 793	80.34	16.76
	2007	7 197	80.15	18.33

注:以现价美元计。

数据来源:根据世界银行数据库数据计算得出。

(2)投资消费失衡成为经济风险的主要来源。例如,投资与消费的不匹配带来产能严重过剩和供给短缺的同时并存,导致投资整体效益的下降。我国大部分制造业面临长期性、趋势性的产能过剩。不仅传统行业,新能源等一些战略性新兴产业也面临产能过剩的严峻挑战。在这一压力下,增量资本产出率指标出现恶化。1980 年我国增量资本产出率为 1.89,意味着增加 1 元的 GDP 需要 1.89 元的投资。1980 年以后,这一指标有所波动,但大都在 3 以下(国际公认的阈值)。到 2009 年,名义增量资本产出率飙升到 9 以上的历史最高,2012 年有所下降,但 2013 年又反弹至 9.03 的高位(见图 3.5)。

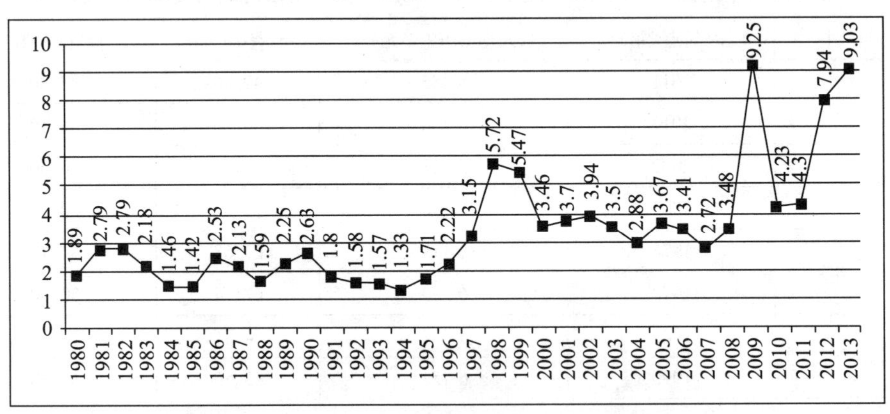

图 3.5　1980—2013 年增量资本产出率变化趋势

注:增量资本产出率 = 投资增加量/生产总值增加量

数据来源:国家统计局. 中国统计年鉴 2014[M]. 北京:中国统计出版社,2014.

再例如，投资消费失衡、投资过快扩张也推高了债务危机风险。从现实情况看，企业、政府的债务率随着投资率的走高而快速上升。2013 年，国家审计署对 36 个地区地方政府本级政府性债务的审计结果显示，36 个地区 2012 年底债务余额共计 3.85 万亿元，比 2010 年增长了 12.94%；有 9 个省会城市本级政府负有偿还责任的债务率超过 100%，最高的达 188.95%；如果再加上政府负有担保责任的债务，债务率最高的达 219.57%，部分省市甚至靠发债融资归还旧债。

(3)供给短缺是投资消费失衡的重要特征。例如，2012—2013 年，我国城乡居民在教育、卫生、社会保障和社会福利业、文化体育和娱乐业等领域的消费支出占比分别提高 0.81 和 1.3 个百分点；但在固定资产投资结构中，这些领域的投资占比仅提高 0.1 个百分点（见表 3.5）。其结果是，服务型消费出现严重的供不应求。

表 3.5 2012—2013 年三项服务支出结构与投资结构对比（%）

教育、卫生、社会保障和社会福利业、文化体育和娱乐业等需求	2012	2013	占比变化
城镇居民上述支出占比	33.31	34.12	+0.81
农村居民上述支出占比	27.30	28.60	+1.30
固定资产投资中上述投资比重	3.15	3.16	+0.10

数据来源：根据 2013 年、2014 年《中国统计年鉴》测算得出。

再如，我国对新能源汽车不是没有需求，但是我国新能源汽车充电设施网络建设投资不足，建设滞后，制约着新能源汽车的推广。我国计划 2015 年底推广 33 万辆新能源汽车，而 2014 年 1—2 月新能源汽车推广总量还不到 3 000 辆①。

2. 以消费结构升级为导向的投资转型目标

(1)投资率与消费率回归到合理区间。从经济规律看，一个国家或地区在一定时期和特定资源禀赋下，存在一个合理的投资率和消费率区间。过去 10 多年，由于我国经济总体处于快速成长阶段，投资率偏高一点有其合理性。问题在于，在竞争性地方政府增长模式下，长期的高投资已经带来了严重的产能过剩、房地产泡沫、地方债务风险，如果持续下去，不仅会延误经济结构调整，还会带来灾难性的后果。

“十三五”我国经济转型的重大任务是走向投资消费的动态平衡，最重要、最直接的衡量标准就是使投资率和消费率回归到这一合理区间中。研究表明，如果消费率从

① 王秉刚：2014 年前两月新能源汽车推广不及 3 000 辆[EB/OL].新华网，2014-04-06.

现在的不足50%提升到60%左右、投资率从当前接近50%的高位回调到40%以内、居民储蓄率降低10个百分点左右，不但不会影响经济增长速度保持在7%左右，反而会使经济增长更加可持续①。“十三五”走向投资消费动态平衡，需要明确将2020年消费率达到60%左右作为经济转型的约束性目标。

（2）把扩大投资建立在消费需求的基础上。消费主导并非不要投资，恰恰相反，随着消费需求的不断释放，我国还需要更多的投资以创造供给。例如，蓝天绿水成为全社会的公共需求，环境治理需要千亿元级的投资。问题不在于要不要投资，而在于投资要建立在消费的基础上，以形成有效投资，不能“为投资而投资”。从多方面的情况看，“十三五”以消费结构升级为导向，不仅可以形成扩大投资的巨大空间，而且可以有效消化短期内的过剩产能，提高经济增长质量。

（3）在市场决定的机制下形成投资与消费的动态平衡。衡量投资的重要标准之一就是市场回报。在资源要素价格市场化的条件下，资本等要素的流动受到真实的成本约束和收益激励，资本会自动从低回报率的行业流向高回报率的行业。因此，在市场决定的机制下，投资与消费有其内在的动态平衡机制。这就对我国未来几年的市场化改革提出了迫切要求。相反，投资消费动态平衡将缺乏坚实的市场基础。

3. 加快消费导向的投资转型

（1）调整投资结构。适应消费结构升级，首先要调整投资结构，使投资与消费相匹配。一方面，改变以重化工业和基础设施为重点的投资结构。短期内投资结构变化可能不明显，但在中长期投资结构要有显著变化。例如，公共产品投资总量将快速扩大，比重快速上升；基础设施在保持适度投资总量的同时，比重将稳步下降；服务投资将明显提高。另一方面，加大公益性项目的投资。适应我国进入公共产品短缺时代公共需求全面快速增长的基本趋势，把投资的重点转向教育、医疗、社会保障等公共产品领域上，将会起到多方面的积极效果：能够切实推动人口城镇化进程；能够改善国内消费预期；能够有效缩小城乡差距和化解社会矛盾。随着发展型需求的快速增长，为满足发展型需求的基本公共服务投资也需要加大投资力度。

（2）调整投资来源。实现投资转型，不仅要改变投资结构，而且还要调整优化投资来源，让社会资本逐步成为投资的主要来源。

---

① 迟福林，等. 推进消费主导的经济转型——我国经济增长方式转变的路径研究[R]. 2014.

——使社会资本成为投资的主体。“十三五”不能继续将政府投资作为投资的主渠道，而应使社会资本成为投资的主体力量。一方面，政府投资要调整存量，重点是调整国有资本配置，以公益性为重要目标加大对社会领域的投入。另一方面，要扩大民间资本的投入，尤其是引导民间资本进入到教育、医疗、保障性住房建设等领域。由此，逐步解决长期以来以政府投资为主积累的矛盾与问题。

——鼓励社会资本进入公益性领域和垄断行业。促进民间资本进入金融、能源、交通和社会事业等领域，尤其是引导和鼓励更多的社会资本和符合一定标准的外来资本进入到公共服务等领域。这不仅能够缓解经济发展的困难，而且还能够提高投资效率，改善经济结构。

——民营经济发展要从打破“政策玻璃门”到打破“利益玻璃门”。当前，民营经济发展既有“政策玻璃门”的阻碍，更有“利益玻璃门”的阻力。垄断行业的行业利益相当普遍，这种利益格局不打破，即使出台了好的政策也很难使社会资本进入到垄断性行业。

（3）提高投资效率。只有满足消费需求的投资才是有效投资。这就要求适应消费结构升级的趋势，加快投资体制改革。核心是使企业回归投资主体的角色，淡化政府对投资的行政干预。为此，加快调整投资结构，加大服务供给，迫切需要在服务业领域的开放上加快体制改革与政策调整进程。此外，比如政府对公共产品的投资，不宜再采取直接生产的方式，而应更多地采用政府购买服务的方式，充分发挥市场机制的作用，采取合同外包、特许经营、政府采购、公共服务券等方式鼓励社会力量的参与，提高政府财政支出的效率。

三、改善消费环境

消费环境是制约我国消费结构升级和消费释放的一个突出矛盾。过去几年在消费领域频发的公共安全事件，使得消费者对某些产品产生严重的“信心赤字”，人们宁可高价在国外购买，也不愿购买国内的同类产品。能否有效改善消费环境，决定了能否有效释放消费需求。为此，“十三五”要把消费环境建设放在更加突出的位置，采取综合性举措，改革消费监管体制、完善产品与服务标准体系、降低物流成本，让城乡居民“敢消费”。

1. 消费环境因素制约消费需求的释放

(1)消费安全问题比较突出。近年来,重大消费安全事件频发,严重挫伤了国内居民对本国产品的消费热情。以奶粉消费为例。2008年"三聚氰胺"事件后,"洋奶粉"取代国产奶粉的地位,成为国内消费者的首选。据中国食品土畜进出口商会2012年发布的数据,进口奶粉的市场占有率已从2008年前的30%左右,跃升到50%以上,而在高端奶粉市场,这一数据更是超过70%①。

消费者的"信心赤字"对奶制品行业的发展极为不利。我国人均奶消费量不断提高,但进入2015年以后,一些地方却出现大面积的奶农倒奶、奶农卖牛等情况。这既有价格的因素,但更深层次的原因在于国内奶企尚未消除社会的"信心赤字",消费者仍在不断从国外购买奶制品。2013年,国内进口大包粉85.4万吨,同比增长49.08%;2014年上半年,进口大包粉68.2万吨,同比增长75.2%②。

(2)物流成本过高。我国已经成为世界第一制造大国和贸易大国,也成为物流大国,但远不是物流强国。我国物流系统与消费结构升级的要求还不相适应。2012年,我国全社会物流成本占GDP的比重达到18%,高出发达国家平均物流成本占比一倍以上。相比之下,美国物流成本占比从上世纪90年代的12%下降到目前的10%以下③。过高的物流成本抬高了产品和服务的成本,在一定程度上抑制了消费需求的释放。

随着我国经济的快速发展,居民消费的水平、心理、方式和结构的变化,对物流的需求会越来越大。保守估计,到2020年、2030年我国电子商务日快递处理量将分别突破2 000万和4 000万件。因此,迫切要求"十三五"把国家层面的物流体系摆在经济发展基础性的位置,加快物流体系建设。

(3)消费升级所需要的基础设施建设滞后。例如,电子商务是降低消费品交易成本、释放消费需求的重要途径,但由于宽带网建设滞后,电子商务的发展严重受限。目前,我国农村宽带人口普及率仅为6.3%,城市仅为18.9%。

再例如,我国太阳能光伏等产品在国内销售较少,重要的原因在于国内家庭光伏产品消费的基础设施不健全,家庭用户光伏发电难以并网销售,家庭用户昂贵的

① 张泉薇.中国乳业发展困局,洋品牌占领国内市场半壁江山[N].新京报,2013-06-19.

② 奶农倒奶 国人却在喝进口奶[N].西部商报,2015-01-11.

③ 高国辉.物流费用占GDP比重达18%[N].南方日报,2011-05-12.

投资成本难以收回，由此抑制了太阳能光伏消费潜力的释放。这也带来一个悖论：一方面，我国继续过度依赖传统化石能源；另一方面，太阳能等新能源产能又严重过剩。

2. 改革消费市场监管体系，打造安全的消费环境

（1）形成强有力的消费监管体系。随着一个经济体发展水平的不断提高，加强消费市场监管，尤其是与所有社会成员直接相关的食品药品监管，逐步成为政府的基本职责。以美国为例。20世纪以来，美国政府陆续通过了近20部重要的食品药品监管法律，赋予食品药品管理局更多的职权。美国的《消费品安全法》和《消费品安全改进法案》对保护美国消费者的消费安全发挥着至关重要的作用。从原料供应、生产、流通、销售和售后等各个环节进行全方位监管，防止不安全食品流入市场，给消费者造成健康隐患。

近年来，我国在消费监管体制上推进了相应的改革，取得一定的效果。从全社会对消费监管的需求出发，未来几年需要进一步形成强有力的消费监管体系，形成法治化的市场监管环境。对于造成消费安全重大事件的企业，实施“即查即关”等最严厉的处罚。

（2）完善消费市场监管的法律。法治化的市场监管，需要有相应的法律保障。我国消费品质量安全立法工作还相对滞后。尽管这几年出台了《食品安全法》、《农产品质量安全法》、《侵权责任法》、《网络商品交易及有关服务行为管理暂行办法》等法律法规，但上位法仍然缺位。例如，《2014年上半年中国电子商务用户体验与投诉监测报告》监测数据显示，2014年上半年共接到电子商务投诉5万余起，同比增长21.32%，其中网络购物投诉占比最高，达到49.07%。为此，需要尽快制定并出台《消费者安全法》，将消费品标准和监管上升到法律层面。同时，加快修改《消费者权益保护法》，加大对消费者人身财产安全保护的力度。例如，经营者不仅要保证其提供的商品、服务符合保障人身财产安全的要求，而且要对于经营场所及其服务设施采取相应的安全保障措施。

（3）形成有效的消费者权益保护体系。消费者主权的一个重要表现就是消费者权益得到充分保护。在这方面，我国还有相当大的差距，一些具有全国影响的重大食品安全事件频发，消费者权益保护至今缺位，甚至面临多方面的阻力。这就需要尽快形成有效的消费者权益保护体系。例如，在司法方面，建立健全有利于消费者维权的

立案程序、举证分配责任、赔偿制度，使消费者权益损害案件可诉讼、可维权、可追究。

3. 尽快形成高标准的产品与服务质量体系

(1) 提高质量标准。我国消费市场中存在的一个悖论是：一方面，各厂商高度重视中国市场；另一方面，对销往中国市场的产品在标准上又低于销往欧美日等国家的同类产品标准。究其根源，在于我国国内产品与服务的标准与国际标准不接轨，不少标准低于国际同类产品与服务。随着我国消费者消费结构的升级，尤其是消费标准的不断提高，继续实施歧视性的标准，对我国消费者不公平。“十三五”关键在于尽快制定符合国际标准的产品与服务标准，使国内消费品质检标准提高到与欧美国家相近的水平上，以此约束国内外厂商，也以此作为消费品市场监管的重要依据。

(2) 建立消费品的溯源体系。保障消费安全的一个重要措施就是建立消费品可追踪的系统，由此对消费品在生产过程中每个环节的信息予以充分披露。在现代信息技术条件下，可以给每件消费品附加一个加密的信息条码（如二维码），条码中涵盖产品规划、设计、制造、检测、计量、运输、储存、销售、售后服务等必要信息。一旦发现产品出现质量问题，可立即倒查产品产供销的各个环节，并且追究相关责任人的责任。这就需要成立跨产业、跨部门的专门机构，统筹推进物联网的技术应用，利用条形码技术，实现生产企业从原材料、生产加工、流通、仓储、销售等环节的透明化。

4. 大力发展电子商务

(1) 电子商务是我国新型消费的主要增长点，也是消费释放的重要载体。例如，依托电子商务而发展起来的阿里巴巴已成为世界级的大企业。尽管如此，我国电子商务还有大量空白，需要加快发展。适应电子商务加快发展的趋势，“十三五”需要尽快构建电子商务发展的体制机制和完善相应的政策服务。

(2) 加快电子商务的信息基础设施建设。

——提速“宽带中国”建设。当前我国宽带发展水平相对滞后，与我国作为信息消费大国的地位不相适应。2014 年第一季度，全球城市平均网速达到 3.9Mbps（兆位/秒），而我国仅为 3.2Mbps。同为亚洲国家和地区，韩国、日本和我国香港地区分别达到23.6Mbps、14.6Mbps 和 13.3Mbps①。从我国信息消费需求释放的大趋势出发，适

① 郑伟.中国 Q1 宽带平均网速 3.2M 全球第 79 位[EB/OL].中关村在线，2014－07－03.

应电子商务大发展的客观需求，迫切要求加快宽带网络的升级改造，统筹提高城乡宽带网络的普及率。开展下一代互联网的示范城市建设，推进下一代互联网规模化商用；持续推进电信基础设施共建共享，统筹互联网数据中心（IDC）等云计算基础设施的布局；以第四代移动通信为核心，推进移动通信的发展；鼓励发展交互式网络电视、手机电视、有线电视网宽带服务等融合性业务，带动产业链上下游企业协同发展。

——重点建设农村电子商务基础设施。农村大市场是我国潜在的新兴市场，尤其是电子商务在农村的普及还不广，还有巨大的发展空间。适应农村消费结构升级的趋势，需要加大农村电子商务发展的政策支持力度，使电子商务能够辐射到广大农村。目前一些重要的网商企业已经开始布局农村电子商务，关键是相关的措施要跟上。例如，加快推进农村网络建设，打造智慧农村，尽快实现农村集中居住点公益性无线网络全覆盖等。

（3）推进全国性物流系统建设，降低电子商务的物流成本。

——加快构建国家物流体系。通过国家物流系统建设，将目前各自分散和未曾连接的物流服务和业务联系起来，形成一个涵盖交通运输、仓储、包装、装卸搬运、流通加工、配送、信息在内的跨行业、跨地区、多层次的综合物流系统；打破目前物流体系的“孤岛”效应，提高物流效率、降低物流成本。这是一项国家级的基础工程，需要的投资巨大，但会带来中长期的重大收益。“十三五”建议把包括高速公路网在内的物流体系建设提升到国家战略高度。

——尽快降低过高的物流成本。争取到 2020 年全社会物流成本占 GDP 的比重下降到 15%，到 2030 年进一步下降到 10% 以内。这就需要改革当前的交通管理体制，尤其是收费体制。采取减少交通道路“过路费”、减少小微企业税费、扶持物流企业、鼓励电子商务发展等综合性措施，切实把物流成本降下来；鼓励连锁经营向多行业、多业态延伸，推进特许加盟等连锁方式发展，提高流通规模化、组织化程度，优化供应链管理，发展第三方物流；推进“农超对接”、“农社对接”、“农餐对接”等模式，提高直供直销的比重。

第四章
从工业主导走向服务业主导
——2020：建设服务业大国大趋势

从发展阶段看，我国正处于由工业化中后期向工业化后期转变的历史关键阶段。到2020年能否基本形成服务业主导的新格局，将决定经济转型升级的全局。

在工业转型升级、城镇化转型升级以及消费结构升级的大趋势下，经济结构不合理、服务业发展滞后的矛盾凸显。“十三五”能不能基本形成服务业主导的经济结构，决定着经济转型升级的全局。实现这一转型，既可以在调结构、转方式上取得重大突破，又能够为我国从中等收入国家迈入高收入国家奠定坚实的基础。

第一节 “十三五”：从工业大国到服务业大国

工业转型升级、城镇化转型升级和消费结构升级意味着我国从工业大国走向服务业大国的现实基础和客观需求正在形成，意味着服务业主导的经济转型正面临着重要的历史机遇。“十三五”加快从工业大国向服务业大国的转型，形成服务业主导的经济新格局，成为经济转型升级的战略抉择。

一、工业转型升级与走向服务业大国

经过36年的改革开放，我国总体上已经进入工业化中后期。在新一轮工业革命的推动下，制造业呈现出明显的信息化、服务化、数字化趋势，成为我国工业转型升级重要的阶段性特征，为走向服务业大国和形成服务业主导的格局提供了重要的推动力。

1. 工业转型升级是工业主导的自我颠覆性改造

(1)传统的工业主导格局已经难以为继。这其中有资源环境硬约束、劳动力成本上升和宏观经济运行的风险加大等多方面的突出因素，但更要看到，传统的工业主导格局已难以适应新一轮工业革命的大趋势，难以适应工业服务化的大趋势。历史地看，制造业的转型升级高度依赖于生产性服务业的推动，工业化国家普遍经历了制造业服务化的阶段。例如，1970—2000 年，美国制造业的服务业投入系数从 13.3% 上升到 22.7%，日本则从 10.9% 上升到 17.9%①。进入“工业革命 3.0”、“工业革命 4.0”时代，工业的制造环节更是受信息、研发、设计、物流、销售等生产性服务业主导，以信息技术应用为重点的现代生产性服务业不断地对传统工业进行颠覆性改造，成为传统制造业向高端制造业转型升级的必由之路。

(2)我国由工业主导到服务业主导，不是不要工业。有人担心，走向服务业大国与转向服务业主导会不会影响工业的发展，会不会导致产业空心化。事实上，我国从工业大国走向服务业大国，不是不要工业，而恰恰是通过生产性服务业引领工业的转型升级，使工业发展从主要依靠低成本竞争优势向依靠创新驱动转变。制造业的服务化，不仅为“中国制造”转向“中国智造”创造条件，也为现代服务业的发展创造了更大的需求。

(3)工业与现代生产性服务业的高度融合成为工业转型的大趋势。未来几年，随着制造业的信息化、服务化和数字化进程不断加快，服务业主导取代工业主导是大势所趋。新技术的发展，尤其是互联网、大数据、云计算等，已经成为引领工业转型升级的核心因素，很多方面都会发生颠覆性的变革。例如，在车联网、互联网技术的推动下，未来汽车工业正在成为一个服务业而不是制造业，并且汽车工业未来的附加值主要源于服务业的附加值，而不是制造环节。

2. 工业转型升级是走向服务业大国的重要推动力

在工业化中后期向工业化后期转变的阶段，工业转型升级的一个突出特点是企业经济活动由以生产为中心转向以服务为中心，从而不断推动和加强经济服务化的趋势。以 IT 行业巨头 IBM 为例。IBM 自上世纪 90 年代初就开始由全球计算机制造商

① 任泽平. 我国制造业发展的现状与趋势[N]. 经济日报，2013－08－05.

向行业解决方案提供商的转型升级，到今天已经成为通过组合大数据、云技术、移动社交等服务推动传统企业转型的高端服务商。从我国实际情况看，随着发达国家进入“工业革命4.0”时代，制造业的全球化竞争不断升级，倒逼我国制造业企业向服务化转型。例如，华为正由手机制造商转变为全球领先的信息与通信解决方案供应商，使大服务的收入占比达到1/4～1/3，向服务化转型的路径日益清晰。

3. 工业转型升级为生产性服务业的发展开辟巨大空间

（1）工业转型升级为生产性服务业创造大量需求。从全球来看，仅有极少数国家是在自身工业发展相对落后的条件下成为“世界办公室”，例如印度，但这是经济全球化与20世纪发达国家进入工业化后期和工业转型升级带来生产性服务外包需求扩张的共同结果。与印度不同，我国作为全球第一制造业大国，工业转型升级将会源源不断地产生各类设计、研发、物流、销售等新业态，形成生产性服务业强劲的市场需求。

（2）工业转型升级为生产性服务业的发展注入内在动力。由“中国制造”走向“中国智造”，是我国生产性服务业发展的内生动力。把握从低端制造业向高端制造业转型升级的历史机遇，打开生产性服务业的发展空间，成为“十三五”我国走向服务业大国的重大任务。

二、城镇化转型升级与走向服务业大国

我国正处在城镇化的快速发展阶段，由规模城镇化向人口城镇化的转型，将带动全社会服务消费和发展型消费需求的快速释放，无论是生产性服务业还是生活性服务业都面临巨大的发展机遇。

1. 人口城镇化释放巨大的服务消费需求

过去几年，我国服务业比重长期徘徊在40%左右，重要原因在于人口城镇化严重滞后，城镇化带动服务业发展还有相当大的潜力没有释放出来。“十三五”随着规模城镇化向人口城镇化的快速转型，越来越多的农民工在城镇安家落户并有效融入社区，将大大释放其服务消费需求。不仅如此，人口城镇化使大量的农村居民消费趋近或达到城镇居民的水平，使更多人对吃穿住等生活必需品的需求占比逐年降低，而对发展型消费如教育、医疗、文化等的需求逐渐上升，将给服务业的发展带来巨大的市场需求。

2. 人口城镇化是服务业发展的载体

城镇化是服务业发展的重要载体，城镇化水平越高，服务业占比就越大。人口城镇化的进程很大程度上决定了我国走向服务业大国的进程。一方面，人口集聚、生产方式的变革以及居民生活水平的提高，给商贸、餐饮、房地产、教育、文化体育、卫生保健等生活性服务业带来巨大的发展空间；另一方面，产业集聚、社会分工的细化以及人口素质的提升，为物流、金融、信息、中介、技术服务等生产性服务业的发展带来巨大的机遇。并且，未来3～5年随着我国智慧城市建设进入高峰期，以大数据、云技术为支撑的云服务很可能会迎来爆炸式发展。

三、消费结构升级与走向服务业大国

当前，我国已进入消费新时代，紧紧把握消费需求升级的大趋势，加快发展现代服务业，才能抓住发展新阶段的新机遇，释放新动力，从而赢得稳增长、促改革、调结构、惠民生、防风险的主动权。

1. 消费结构升级是形成服务业主导格局的基本前提

（1）消费升级带来服务升级的巨大需求。伴随着经济发展水平的不断提高，社会成员消费需求的变化主要表现为对服务品质追求的元素增多。也就是说，消费升级离不开服务升级。以软件开发为例。当前软件开发已经超越了单纯为硬件配套的时代，尽管一些新的硬件生产对软件开发仍有比较大的需求，但软件开发最大的需求是适应消费者最直接的服务需求。“十三五”扩大内需、拉动消费，更需要把服务升级作为重点。

（2）服务型消费需求的释放推动服务业发展。例如，这些年在大数据等新信息技术革命的支撑下，生活性服务业也开始不断升级改造，移动教育、移动医疗、移动健康等服务业快速发展，推动了传统的生活性服务业向现代生活性服务业的转型升级。大数据推动产业转型升级的重要方向是利用大数据来服务于新的消费需求，为社会成员提供更高质量、更便捷的教育、健康、保健等服务。

（3）服务型消费需求的释放推动传统产业的转型升级。例如，在生存型阶段城乡居民以吃饱为主要目标，随着温饱问题的解决，人们对饮食的环境、安全、服务提出了更高的要求，这在不断推动饮食服务业创新发展的同时，也推动着传统农业向绿色农业的转型。在人们越来越注重绿色食品消费的情况下，由传统农业向绿色农业转型升级的压力和动力将越来越大。

2. 消费结构升级扩大服务业发展的市场空间

（1）消费结构升级为服务业创新发展提供巨大的市场空间。以电子商务为例。虽然阿里巴巴、京东的发展，有其自身在服务、技术、营销、管理等方面不断创新的原因，但更根本的是抓住了我国居民消费结构升级与消费需求释放带来的历史机遇；再加上与现代信息技术的结合，适应了现代城市居民消费模式的改变，进一步拓展了释放消费需求的有效途径。2013 年的“双十一”天猫商城交易额破百亿元用了 6 个小时，而 2014 年的“双十一”在零点过 38 分的时刻天猫商城就已实现破百亿元的成交额。随着消费结构升级与消费需求释放的不断加快，服务业创新发展的市场空间会越来越大。

（2）消费需求增长推动服务业快速增长的趋势正在形成。消费升级伴随着消费规模的快速扩张，形成走向服务业大国的原动力，推动服务业成为国民经济的主导产业。2008 年国际金融危机以来，我国已经开始从生产大国走向消费大国。一些人担心我国走向消费大国会降低我国经济的竞争力，会使世界难以承受。现实地看，消费结构升级既提供了走向消费大国的动力，又提供了走向服务业大国的动力。我国走向消费大国，不仅给阿里巴巴，同时也给美国的苹果等一大批企业带来巨大的市场空间。中国消费潜力的释放不仅对中国，对世界也是一种贡献。

3. 消费结构升级为服务业创新发展提供源源不断的动力

服务创新的基本出发点是满足人的需求，只有适应市场需求的服务创新才能获得市场的回报。在商品供不应求的时代，企业的产品一经生产出来就能够销售出去，企业并不关注消费者服务与体验。随着买方市场的形成，消费者对商品有了更多的选择权，企业的竞争力就不仅仅取决于商品质量的好坏，而是越来越取决于服务质量的好坏。一个企业，无论它是零售企业、制造企业还是咨询企业，能否适应消费者的需求变化而不断创新服务，决定着这个企业竞争力的强弱。例如，苹果手机的核心竞争力就是采取新的软件开发模式，把服务变成软件，创新服务模式，使消费者更便捷、更舒适地使用功能更强大的手机，从而造就了一个巨型企业。我国的海尔，其成功不仅在于其家电设备质量好，更重要的是形成了售后服务的“海尔模式”，一次性付款买到的既是产品，更是持久的优质服务。

13亿人的消费需求释放正在推动我国服务业创新发展，同时也为众多的国际现代服务业巨头提供市场机遇。把握消费结构升级的大趋势，主动、积极布局现代服务业，成为“十三五”经济转型升级的“重头戏”。

第二节 2020：形成服务业主导的经济结构

“十二五”时期，我国服务业占比首次超过第二产业，服务业实现较快增长。应当说，到2020年我国基本形成服务业主导的经济结构是有条件的。“十三五”随着外部竞争环境和内部发展条件的变化更加复杂，形成服务业主导的经济结构的紧迫性全面上升。问题在于，能不能尽快打破工业主导的体制机制，形成服务业主导的体制机制保障，决定了到2020年能否基本形成服务业主导的经济结构。

一、服务业占比达到55%以上

到2020年使服务业占比达到55%以上，是我国基本形成服务业主导格局的重要标志和主要目标之一。如果“十三五”能在改变传统工业主导的体制机制上取得重大突破，就能为走向服务业大国创造良好的体制制度环境，就有条件实现服务业占比提高到55%以上的目标。

1.“十三五”：把服务业占比达到55%以上作为约束性目标

(1)2015年服务业占比接近或达到50%。2013年我国服务业占GDP的比重已达到46.9%，如果年均提高1.5个百分点左右，2015年有可能服务业占比达到49%～

50%，服务业就业占比达到 40% ~45%，农业就业占比低于 30%，初步形成服务业主导的经济格局。

（2）到 2020 年服务业占比达到 55% 以上。“十三五”服务业占比年均提高 1 ~1.2个百分点，到 2020 年达到 55% 以上，服务业就业占比达到 50%，农业就业占比趋近 20%，基本形成服务业主导的经济格局。

专栏 4.1　不同情境下我国第三产业占比预测

2015—2020 年这 6 年，如果 GDP 年均增长 6%，到 2020 年服务业占 GDP 的比重将达到 55.3% ~59.7%；如果 GDP 年均增长 6.5%，到 2020 年服务业占 GDP 的比重将达到 53.5% ~57.8%；如果 GDP 年均增长 7%，到 2020 年服务业占 GDP 的比重将达到 51.8% ~55.9%。总的来看，到 2020 年，服务业占 GDP 的比重将不低于 55%，初步形成服务业主导的经济格局是有条件、有可能的。

情景一：GDP 保持 6%的年均增长率时

年　份	服务业年均增长 8.3%时占比（%）	服务业年均增长 9%时占比（%）	服务业年均增长 10%时占比（%）
2014	48.5	47.4	47.8
2015	50.4	48.7	49.6
2016	52.0	50.1	51.5
2017	53.3	51.5	53.5
2018	54.2	53.0	55.5
2019	54.9	54.5	57.6
2020	55.3	56.0	59.7

情景二：GDP 保持 6.5%的年均增长率时

年　份	服务业年均增长 8.3%时占比（%）	服务业年均增长 9%时占比（%）	服务业年均增长 10%时占比（%）
2014	48.2	47.2	47.6
2015	50.0	48.3	49.2
2016	51.3	49.4	50.8
2017	52.3	50.6	52.5
2018	52.9	51.8	54.2
2019	53.3	53.0	56.0
2020	53.5	54.2	57.8

情景三：GDP 保持 7%的年均增长率时

年　份	服务业年均增长 8.3% 时占比(%)	服务业年均增长 9% 时占比(%)	服务业年均增长 10% 时占比(%)
2014	48.0	47.0	47.4
2015	49.5	47.8	48.7
2016	50.6	48.7	50.1
2017	51.3	49.6	51.5
2018	51.7	50.6	52.9
2019	51.9	51.5	54.4
2020	51.8	52.5	55.9

资料来源：中改院课题组测算。

2.“十三五”：服务业占比有条件超过 55%

(1)“十二五”服务业占比首次超过第二产业占比。过去 5 年，我国服务业实现较快发展，2013 年服务业占比达到 46.1%（见表 4.1），首次超过第二产业占比，是我国产业结构调整升级的一个历史性标志。正如国家统计局新闻发言人盛来运在 2014 年一季度国民经济运行情况发布会上指出的，“虽然我们现在还不能说中国经济已经由工业主导型的经济转向服务业主导型的经济，由投资主导型的经济转向消费主导型的经济，但是这个过程正在加快，这种变化正在悄然发生”。①

表 4.1　2006—2013 年我国产业结构(%)

年　份	第一产业占比	第二产业占比	第三产业占比	第三产业占比增加(百分点)
2006	11.1	47.9	40.9	0.4
2007	10.8	47.3	41.9	1.0
2008	10.7	47.4	41.8	-0.1
2009	10.3	46.2	43.4	1.6
2010	10.1	46.7	43.2	-0.2
2011	10.0	46.6	43.4	0.1
2012	10.1	45.3	44.6	1.3
2013	10.0	43.9	46.1	1.4

数据来源：国家统计局. 中国统计年鉴 2014[M]. 北京：中国统计出版社，2014.

① 盛来运就 2014 年一季度国民经济运行情况举行发布会[EB/OL]. 中研网，2014－04－16.

(2)"十三五"提高服务业占比的空间巨大。2013 年,我国服务业占比上升到历史最高水平的 46.1%,但仍远低于 2000 年发达国家 70.1% 的平均水平,而且也低于 2000 年低收入国家 47.5% 的平均水平(见表 4.2)。与发展水平相近的金砖国家相比,我国服务业占比也是偏低。2013 年,巴西、俄罗斯和印度的服务业占比分别为 69.3%、60.3% 和 57%,南非 2011 年服务业占比就已达到 68.3%。而在服务业产业贡献率上,根据《国际统计年鉴 2013》数据,2011 年我国第三产业贡献率仅为 43.7%,低于南非的 83.5%、印度的 79.3%、巴西的 74.7% 和俄罗斯的 44.3%。

表 4.2 不同类型国家服务业增加值比重与服务业就业比重(%)

	低收入国家		中等偏下收入国家		中等偏上收入国家		高收入国家	
	服务业占比	服务业就业占比	服务业占比	服务业就业占比	服务业占比	服务业就业占比	服务业占比	服务业就业占比
平均值	44.1	27.3	53.5	44.5	60.4	58.3	68.0	69.8
中位数	44.9	25.5	55.0	41.8	62.5	59.9	71.1	71.3
最大值	63.4	44.3	79.0	61.9	78.3	75.2	98.0	85.6
最小值	21.3	8.6	19.6	24.7	20.0	28.4	—	54.4
标准差	11.0	12.9	13.8	10.1	13.1	9.3	16.9	8.2
样本数	33.0	8.0	49.0	20.0	45.0	31.0	44.0	51.0

数据来源:江小涓.服务业增长:真实含义、多重影响和发展趋势[J].经济研究,2011(4).

表 4.3 2000—2013 年金砖国家人均 GDP 与第三产业占比 单位:美元、%

年份	巴西		俄罗斯		印度		中国		南非	
	人均GDP	第三产业占比	人均GDP	第三产业占比	人均GDP	第三产业占比	人均GDP	第三产业占比	人均GDP	第三产业占比
2000	3 716	66.7	1 772	—	451	50.5	949	39.0	3 034	64.9
2006	5 813	65.8	6 948	58.2	847	52.9	2 070	40.9	5 381	66.0
2007	7 213	66.6	9 145	59.2	1 090	52.7	2 653	41.9	5 807	65.7
2008	8 631	66.2	11 700	59.7	1 061	53.9	3 414	41.8	5 484	64.7
2009	8 380	67.5	8 616	61.7	1 168	54.5	3 749	43.4	5 651	66.1
2010	10 959	66.6	10 678	61.4	1 439	54.6	4 434	43.2	7 114	67.6
2011	12 533	67.0	13 261	58.5	1 558	54.9	5 450	43.4	7 810	68.3
2012	11 280	68.7	13 894	59.7	1 539	56.3	6 093	44.6	—	—
2013	11 171	69.3	14 604	60.3	1 518	57.0	6 768	46.1	—	—

数据来源:国家统计局.金砖国家联合统计手册(2014) [EB/OL].国家统计局网站,2014-07-16.

(3)"十三五"提高服务业占比面临难得的历史机遇。从国际发展经验看,在人均 GDP 从 6 500 美元到 10 000 美元的过渡阶段,服务业的比重大都会提高 10 个百分点左右。从我国的情况看，"十三五"工业转型升级、人口城镇化加快、消费结构升级都将为服务业占比达到55%以上创造有利的条件。例如，我国城镇化率每提高1个百分点将带动服务业增加值比重提高0.77个百分点。以此估算，"十三五"即使人口城镇化率仅提高10个百分点左右，也有可能带动服务业比重提高7～8个百分点。

初步测算，发展型需求每增长1个百分点，第一产业比重将下降1.33个百分点，第二产业比重将下降1.58个百分点，第三产业比重将提高2.89个百分点。如果到2020年我国发展型消费需求从2013年的55%提高到2020年的58%左右，第三产业比重有可能从2013年的46.1%提高到2020年的55%左右（见表4.4）。

表4.4 消费结构变化带来的产业结构调整估算（%）

产业结构	2011/2012年	2015年	2020年	2025年
发展型消费比重	53.00	55.00	58.00	60.00
第一产业比重	10.16	7.50	3.51	0.84
第二产业比重	46.83	43.65	38.90	35.73
第三产业比重	43.01	48.82	57.53	63.34

数据来源：中改院课题组测算。

3. 关键在于打破传统工业主导的体制机制

从全球来看，服务业增加值占GDP的比重平均在60%左右，美国、德国等发达国家服务业占比一般在70%～80%。如果到2020年我国服务业增加值的比重还达不到55%，经济转型升级很可能会陷入被动的局面。问题在于，长期以来形成的传统工业主导的体制机制仍有很大的惯性，经济增长对传统工业的依赖性还相当强，特别是竞争性地方政府模式如果不发生根本改变，形成服务业主导格局仍然面临体制障碍。例如，面对经济下滑的压力，一些地方政府在以GDP总量为主导的发展导向下，稳增长的手段主要还是大力引进和发展工业项目，在税收减免、融资支持、土地使用、水电等资源价格等多方面，工业仍然比服务业享受更多的优惠。"十三五"能不能根本改变传统工业主导的体制机制，转向服务业主导的体制机制，决定了能否形成服务业主导的新格局。

二、服务业保持两位数增长

“十三五”如果能进一步破解社会资本进入服务业的体制机制约束，就能推动服务业实现两位数的高速增长，从而为基本形成服务业主导的经济结构创造有利的条件。

1.“十三五”：服务业保持10%的增长速度

2001—2013年，扣除价格因素后我国服务业年均实际增长10.6%。除2003年、2004年、2010年和2011年这4年外，13年间有9个年份服务业增速高于工业增速，这表明我国经济增长的动力正在发生变化。

初步测算，如果“十三五”要使服务业占比达到55%以上，就需要使服务业的增长速度保持在10%左右。为此，应把服务业实现年均两位数的增长作为“十三五”重要的政策目标。

2.关键在于为服务业的高速增长“松绑”

从发达国家的经验看，在人均GDP处于1 000美元以下的发展阶段，服务业增长速度较慢，服务业占比提高也较慢；在人均GDP为1 000～10 000美元之间时，服务业呈现快速增长态势，服务业占比提高较快；在人均GDP超过10 000美元后，随着服务业增速开始放缓，服务业占比的提高也比较慢。但我国在人均GDP达到1 000美元以后，服务业增长并没有出现比人均GDP低于1 000美元时更快的速度。2001—2010年，我国服务业占比仅提高了2.7个百分点，与1991—2000年提高5.3个百分点和1981—2000年提高9.5个百分点都相去甚远，服务业增长的潜力远未释放出来。

究其原因，主要在于金融、保险、信息、研发等许多现代服务业的国有垄断格局尚未根本打破，社会资本进入服务业还面临许多障碍。尽管进入“十二五”后国务院陆续出台鼓励健康、物流、旅游、养老、教育、文化等服务业发展的政策，但服务业民间投资占比仍然较小。2014年1—11月，第三产业的民间固定资产投资占第三产业全部固定资产投资的比重仅为53.9%，远低于第一产业79%的占比和第二产业78.1%的占比；从全部民间投资的产业分布看，第三产业民间投资占比（46.5%）仍然低于第二产业（50.5%）。“十三五”为服务业的高速增长松绑，关键在于能不能进一步开放市场，形成不同所有制公平竞争的市场环境，从而释放社会资本推动服务业发展的动力和活力。

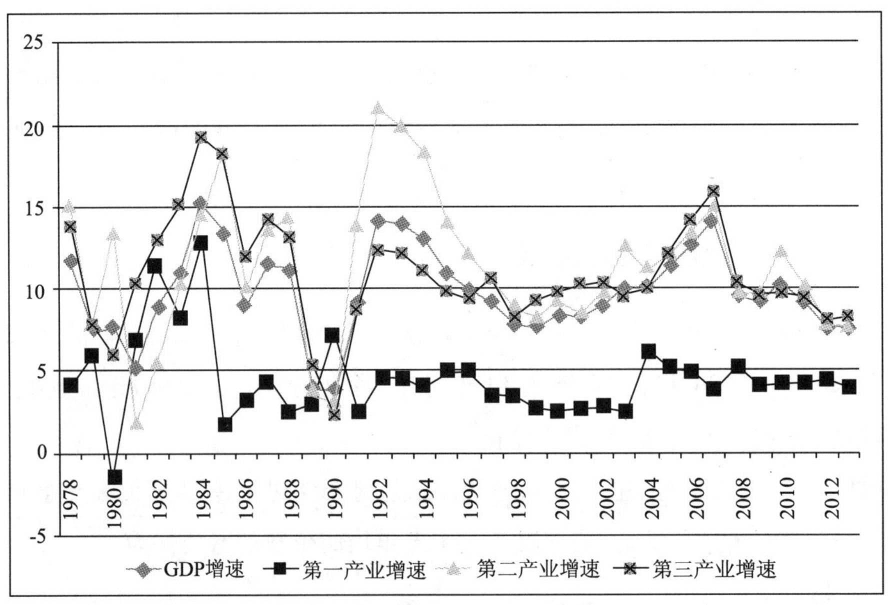

图 4.1　1978—2013 年我国 GDP 及各产业增速情况（%）

数据来源：国家统计局．中国统计年鉴 2014[M]．中国统计出版社，2014.

三、服务业规模趋于再倍增

2008 年国际金融危机爆发以来，我国服务业规模实现了倍增。到 2020 年，服务业规模再倍增可能性很大。如果“十三五”能够打破抑制服务型消费释放的体制机制，形成扩大服务业有效供给的体制机制，就能为扩大服务业的市场空间和发展空间创造基础。

1.“十三五”实现服务业规模再倍增的空间

2008—2013 年，在国内外经济形势发生深刻复杂变化的背景下，我国服务业增加值从 13.1 万亿元增长到 26.2 万亿元，实现了规模上的倍增。如果“十三五”继续保持这个速度，甚至略低一个百分点，即年均增长速度为 8% ~9%，我国服务业规模有望从 2013 年的 26.2 万亿元扩大到 2020 年的 47.3 ~51.1 万亿元，与再倍增（52.4 万亿元）的距离已经很小。如果有利于服务业发展的体制机制改革力度更大一些，使服务业的增速再快一些，实现服务业再倍增不是没有可能的。

专栏 4.2　到 2020 年服务业仍有倍增的空间

服务业无论是按照当前的发展趋势，还是随着工业的转型升级、人口城镇化进程加快和消费结构升级等一系列对服务业发展利好的态势，到 2020 年服务业规模有望从 2013 年的 26.2 万亿元增加到 47.2～51.1 万亿元。这意味着"十三五"服务业仍然有一个倍增的发展空间。

2014—2020 年第三产业增加值预测　　单位：亿元

年　份	服务业年均增长 8.3%	服务业年均增长 9%	服务业年均增长 10%
2014	292 285.9	28 5802.1	288 424.2
2015	322 370.5	311 524.3	317 266.6
2016	352 455.2	339 561.5	348 993.2
2017	382 539.8	370 122.0	383 892.6
2018	412 624.5	403 433.0	422 281.8
2019	442 709.1	439 742.0	464 510.0
2020	472 793.8	479 318.8	510 961.0

注：1. 根据 1978—2013 年第三产业增加值的数据，采用二次指数平滑法预测，2014—2020 年服务业年均增长率将达到 8.3% 左右。如果促进服务业发展的改革到位，随着工业的转型升级、人口城镇化进程加快和消费结构升级等一系列利好的发展态势，预计 2020 年服务业增加值有望实现 9%～10% 左右的增长，由此，采用线性预测方法推算服务业年均增速在 9%～10% 左右时服务业的规模。

2. 不考虑价格因素，表中数据为名义的第三产业增加值。

资料来源：中改院课题组测算。

2. 关键在于发挥市场在服务领域资源配置中的决定性作用

2008 年以来，服务业规模之所以能够实现倍增，主要在于"扩大内需、促进消费"的战略转向打破了一些过去抑制居民消费释放的体制机制。在扩内需、促消费的制度与政策推动下，"十二五"时期我国消费率和居民消费率开始逐步回升，特别是城乡居民教育、医疗、通信、文化等服务消费快速增加，为服务业的发展带来巨大的市场需求与发展空间。同时，政府取消了一些社会资本进入服务业的限制，客观上也刺激了服务业的有效供给增加。问题在于，"十三五"实现服务业再倍增仍然面临着很多体制机制上的阻力。尤其在外部竞争日益激烈、内部发展条件深刻变化的背景下，如果不能尽快在形成消费驱动的体制机制、引导社会资本进入服务业的体制机制、促进中小企业发展和创业创新的体制机制等方面取得重大突破，实现服务业再倍增不仅会面临许多困难，而且缺乏重要动力。

四、服务业结构不断优化

服务业能否成为主导产业取决于服务业规模的增长，同时也取决于服务业内部结构的不断优化与升级。"十三五"加快形成服务业主导的格局，要求服务业自身结构的不断优化，重点是使生产性服务业占比加快提高和生活性服务业明显提质增效。

1. 我国正处于服务业结构优化的关键时期

从发达国家经验看，服务业的结构优化主要表现为金融保险、房地产、专业技术服务等高技术含量的现代服务业快速增长，以及住宿和餐饮业等传统服务业呈缓慢下降趋势。"十二五"在服务业总量不断提升的过程中，我国服务业的内部结构也在加快改善。例如，2011—2013 年，我国传统住宿和餐饮业占比从 4.65% 下降到 4.38%；金融业增加值同期从 2.1 万亿元扩大到 3.4 万亿元，比重从 12.09% 提高到 12.79%（见表 4.5）。

但总体看，服务业内部结构仍然难以适应形成服务业主导格局的要求，生产性服务业占比仍然过低，传统服务业占比仍然超过 1/3。从我国工业转型升级的现实需求看，"十三五"优化服务业内部结构具有现实迫切性。

表 4.5　1994—2013 年服务业的构成（%）

年　份	交通运输、仓储和邮政业	批发和零售业	住宿和餐饮业	金融业	房地产业	其他行业
1994	17.23	23.32	6.23	13.81	11.80	27.60
1995	16.24	23.92	6.01	14.01	11.78	28.04
1996	16.21	24.01	5.73	13.77	11.22	29.06
1997	15.37	23.45	5.79	13.36	10.82	31.21
1998	15.24	22.61	5.84	12.09	11.23	32.99
1999	15.28	22.11	5.73	11.27	10.87	34.74
2000	15.91	21.07	5.54	10.56	10.72	36.19
2001	15.49	20.56	5.41	9.81	10.63	38.10
2002	15.02	20.03	5.46	9.24	10.71	39.53
2003	14.13	19.94	5.58	8.91	11.02	40.41
2004	14.41	19.29	5.68	8.35	11.11	41.16

续表

年　份	交通运输、仓储和邮政业	批发和零售业	住宿和餐饮业	金融业	房地产业	其他行业
2005	14.24	18.64	5.60	8.12	11.37	42.03
2006	13.76	18.67	5.41	9.15	11.71	41.31
2007	13.11	18.80	4.98	11.08	12.40	39.62
2008	12.46	19.93	5.04	11.32	11.22	40.03
2009	11.30	19.58	4.81	12.00	12.60	39.71
2010	11.02	20.59	4.65	12.09	13.12	38.53
2011	10.93	21.17	4.47	12.16	13.05	38.21
2012	10.63	21.30	4.51	12.38	12.66	38.52
2013	10.41	21.23	4.38	12.79	12.70	38.49

数据来源：国家统计局．中国统计年鉴2014[M]．北京：中国统计出版社，2014.

2．“十三五”：生产性服务业比重显著提高

（1）生产性服务业加快发展的趋势已经开始形成。“十二五”我国生产性服务业快速发展的趋势已经开始出现。例如，国际数据公司（IDC）数据显示，2012年我国金融服务外包ITO和BPO分别比2011年增长了15%和20%，预计2016年将分别达到65.84亿美元和18.87亿美元，分别相当于2011年的1.88倍和2.35倍。这一增速超过全球金融服务外包的年均增长率。

再以大数据行业为例。根据IDC的调查报告，全球大数据产业未来3年内还将累计增长200%，市场规模超1 460亿元人民币，其整体增速约为目前火热的信息通信技术市场的7倍①。

（2）到2020年我国有条件显著提高生产性服务业比重。我国生产性服务业发展的大方向是以促进工业转型升级和加快农业现代化进程为重点，大力发展金融、交通运输、现代物流、高技术服务、设计咨询、科技服务、商务服务、电子商务、工程咨询、人力资源服务、节能环保服务、新型业态和新兴产业等生产性服务业，推动生产性服务业向中高端发展，深化产业融合，细化专业分工，增强服务功能，提高创新能力。“十三五”如果生产性服务业快速发展的趋势不断加强，生产性服务业占比至少可以提高15～20个百分点，达到30%～40%。按照这一趋势，我国有望经过5～10年的努力成

① 大数据产业前景诱人 千亿金矿望浮现[N]．上海证券报，2013-05-18.

为生产性服务业大国。

3.“十三五”：生活性服务业不断提质增效

我国生活性服务业体量相对较大，既有一个改善结构的任务，也有一个产业升级的任务。一方面，随着旅游、健康服务、互联网购物等消费热点的出现，“十三五”要加快商贸服务、文化产业、旅游、健康服务、法律服务、家庭服务、体育产业、养老服务等现代生活性服务业的发展，逐步弱化经济对房地产业的过度依赖，房地产占服务业的比重基本稳定在2013年13%左右的水平。另一方面，依托大数据、互联网等新信息、新技术，推动包括健康、医疗、教育、养老等生活性服务业创新服务模式，改善服务质量，加快实现转型升级。

以医疗服务业为例。据中国科学技术战略研究院预测，至2020年我国仅生物医药产业就将形成约8万亿元的支柱产业，据此保守估计，整个健康产业的潜力将达10万亿元左右。这意味着，到2020年医疗服务业占GDP的比重有可能达到10%左右。

第三节
以服务业主导引领经济新常态

“十三五”走向服务业大国，形成服务业主导的基本格局，不仅是经济结构的重大调整，而且是主动适应、引领经济新常态的战略选择。实现这一转型，既可以在结构升级的基础上形成7%左右的经济增长新常态，又能够引领就业扩大、创新创业、利益协调以及绿色增长的经济新常态。

一、形成7%左右的增长新常态

“十三五”逐步形成服务业主导格局，不仅能推动经济转型，而且将不断释放经济增长的潜力；不仅能提升经济增长的质量，还将带动劳动生产率的快速提高。

1. 以服务业主导为7%左右的经济增长奠定坚实基础

服务业是经济增长的重要动力之一。过去10年,我国服务业每增长一个百分点,可以带来经济增长0.43个百分点。20世纪90年代,我国服务业对经济增长的贡献率只有28.2%;2000—2009年,服务业对经济增长的贡献率增至43%;2010—2013年,服务业对经济增长的贡献率上升为43.9%。

"十三五"如果服务业年均保持两位数增长,就能带动经济增长3.8~4.3个百分点,为我国7%左右的经济增长奠定重要基础,从而到2020年GDP规模达到85.5~91.34亿元,人均GDP超过11 000美元,使我国由中高收入国家进入到高收入国家。

表4.6　1990—2013年三次产业对经济增长的贡献率(%)

年　份	第一产业	第二产业	第三产业	年　份	第一产业	第二产业	第三产业
1990	41.6	41.0	17.3	2002	4.6	49.8	45.7
1991	7.1	62.8	30.1	2003	3.4	58.5	38.1
1992	8.4	64.5	27.1	2004	7.8	52.2	39.9
1993	7.9	65.5	26.6	2005	5.6	51.1	43.3
1994	6.6	67.9	25.5	2006	4.8	50.0	45.2
1995	9.1	64.3	26.6	2007	3.0	50.7	46.3
1996	9.6	62.9	27.5	2008	5.7	49.3	45.0
1997	6.7	59.7	33.5	2009	4.5	51.9	43.6
1998	7.6	60.9	31.5	2010	3.8	56.8	39.3
1999	6.0	57.8	36.2	2011	4.6	51.6	43.8
2000	4.4	60.8	34.8	2012	5.7	48.7	45.6
2001	5.1	46.7	48.2	2013	4.9	48.3	46.8

数据来源:国家统计局.中国统计年鉴2014[M].北京:中国统计出版社,2014.

2. 以服务业主导提升经济增长的质量

(1)提高经济增长的质量。服务业的发展可以保持我国经济7%左右的增长,但更重要的是,服务业的发展可以改善经济增长的质量,满足城乡居民更多的个性化、多样性需求。这是实实在在的增长,也是绿色增长,更是增长的真正目的所在。

(2)减小经济增长的波动。服务业比重的提高有助于熨平经济波动。

——服务业占比提高,可以降低存货投资占GDP的比重,从而降低存货波动对经济运行的影响,也可以进一步提高全社会流通效率从而降低存货的绝对水平,平抑经济波动。

——服务业需求不存在跨期支付的问题，其特点与一般消费品类似，增长比较平稳、波动不大。

——绝大多数服务业是面对面提供服务，终端需求的变化可以即刻反映到供给商，盲目生产和投入资源浪费远小于工业。即便出现了经济波动，服务业尤其是现代服务业占比较高的国家，也比较容易从危机中反弹。

3. 以服务业主导提高劳动生产率

迈克尔·波特(Michael E. Porter)在《国家竞争优势》一书中提出，国家的制造业再强大，如果服务产业普遍缺乏竞争优势，仍将严重制约劳动生产率的提升①。服务业有利于提高社会分工水平，从而促进劳动生产率的提高。例如，生产性服务业的发展，使得过去“大而全、小而全”的企业生产组织模式逐步向“专业化、分工化”的方向发展，不仅通过提高生产效率、促进技术进步和创新扩散来推动劳动生产率的提高，也通过影响资本质量促进劳动生产率的提高。在发达工业经济体中，设计、研发、物流、销售等生产性服务业发展比较好的国家，如美国和德国，其劳动生产率比一般国家更高。

从我国的现实情况看，服务业比重的提高将改善整体劳动生产率，进而对提高潜在增长率有重要的意义。例如，研究表明，2002—2011 年上海服务业劳动生产率增长最快的行业主要集中在生产性服务业领域，尤其是金融业②。根据测算，剔除资本规模对产业劳动生产率这一影响因素，1995—2011 年我国服务业综合效率是制造业综合效率的 1.05 倍。

表 4.7　制造业和服务业投入和产出效率分析

年　份	制造业				服务业			
	综合效率	纯技术效　率	规模效率	规模收益	综合效率	纯技术效　率	规模效率	规模收益
1995	1	1	1	—	0.775	1	0.775	irs
1996	1	1	1	—	0.806	0.973	0.829	irs
1997	1	1	1	—	0.848	0.976	0.869	irs

① (美)迈克尔·波特. 国家竞争优势[M]. 李明轩，邱如美，译. 北京：华夏出版社，2012.

② 查贵勇. 上海服务业劳动生产率变动分解——基于 Shift – Share 方法的分行业实证分析[J]. 西部论坛，2013(6).

续表

年 份	制造业				服务业			
	综合效率	纯技术效 率	规模效率	规模收益	综合效率	纯技术效 率	规模效率	规模收益
1998	0.950	0.952	0.998	irs	0.885	0.983	0.900	irs
1999	0.947	0.947	0.999	irs	0.901	0.969	0.930	irs
2000	0.998	1	0.998	irs	0.947	0.989	0.957	irs
2001	1	1	1	—	0.986	1	0.986	irs
2002	0.979	0.992	0.987	drs	1	1	1	—
2003	0.968	1	0.968	drs	0.970	0.971	0.999	drs
2004	0.917	0.990	0.926	drs	0.956	0.959	0.997	drs
2005	0.853	0.970	0.879	drs	0.947	0.950	0.997	drs
2006	0.818	0.969	0.844	drs	0.947	0.049	0.998	drs
2007	0.816	0.993	0.822	drs	1	1	1	—
2008	0.808	1	0.808	drs	1	1	1	—
2009	0.689	0.955	0.721	drs	0.973	0.976	0.998	drs
2010	0.660	0.984	0.671	drs	0.980	0.984	0.997	irs
2011	0.739	1	0.739	drs	1	1	1	—
平均值	0.891	0.985	0.904	—0.937	0.981	0.955	—	—

注:irs表示规模报酬递增;drs表示规模报酬递减。

数据来源:中改院课题组测算。

二、形成新增就业不断扩大的新常态

“十二五”服务业成为我国新增就业的最大容纳器,为促进充分就业发挥了重要的作用。“十三五”应继续发挥服务业就业容纳器的作用,从而形成新增就业不断扩大的新常态。

1. 服务业是最大的就业容纳器

随着经济的发展,服务业逐步成为最大的“就业容纳器”。一是,随着农业生产技术的进步和农业机械的广泛应用,劳动生产率的逐步提高导致农村劳动力大量剩余。这在各国都是一个普遍现象,一些发达国家农业就业人口甚至已经降到1% ~2%。二是,第二产业的发展趋势是资本有机构成比重不断提高,这意味着在资本不变的情况下，所需要的劳动力将减少。现代化的生产流程和生产线，完全依靠智能控制，只需要少许劳动力操控智能设备。三是，与一、二产业部门相比，服务业具有就业弹性大，劳动密集、技术密集和知识密集并存的特点，在吸纳劳动力就业方面有其独特优势，能够吸纳各种不同素质的劳动者就业。

对35个经济体的数据分析表明，2012年人均GDP低于10 000美元的12个国家中，服务业就业占比普遍偏低，其算术平均数为44%；人均GDP超过10 000美元的23个工业化国家中，服务业就业比重普遍超过60%，其算术平均数为70.45%，超过前者25个百分点（见表4.8）。

表4.8　2012年各经济体人均GDP与各产业就业比重　　单位：美元，%

经济体	人均GDP	第一产业就业占比	第二产业就业占比	第三产业就业占比
柬埔寨	945	51.0	18.6	30.4
巴基斯坦	1 255	45.1①	20.7①	32.1①
印　度	1 503	47.2	24.7	28.1
越　南	1 755	47.4	21.1	31.5
菲律宾	2 587	32.2	15.4	52.5
埃　及	3 256	29.2①	23.5①	47.1①
印度尼西亚	3 551	35.1	21.7	43.2
乌克兰	3 873	17.2	20.7	62.1
泰　国	5 480	39.6	20.9	39.4
中　国	6 093	33.6	30.3	36.1
南　非	7 314	4.6①	24.3①	62.7①
墨西哥	9 818	13.4①	24.1①	61.9①
马来西亚	10 432	12.6	28.4	59.0
土耳其	10 661	23.6	26.0	50.4
巴　西	11 320	15.3①	21.9①	62.7①
哈萨克斯坦	12 120	25.5	19.4	55.1
波　兰	12 721	12.6	30.4	57.0
委内瑞拉	12 729	7.7	21.2	70.7
俄罗斯	14 091	9.7②	27.9②	62.3②
阿根廷	14 680	0.6	23.4	75.3
捷　克	18 690	3.1	38.1	58.8
韩　国	24 454	6.6④	17.0④	76.4④
西班牙	28 282	4.4	20.7	74.9
意大利	33 814	3.7	27.8	68.5

续表

经济体	人均 GDP	第一产业就业占比	第二产业就业占比	第三产业就业占比
中国香港	36 708	0.7	11.6	87.7
英　国	38 649	1.2	18.9	78.9
新西兰	38 680	6.6②	20.9②	72.5②
法　国	39 759	2.9	21.7	74.9
德　国	42 598	1.5	28.2	70.2
荷　兰	45 961	2.5①	15.3①	71.5①
日　本	46 548	3.7④	25.3④	69.7④
美　国	51 755	1.6④	16.7④	81.2④
加拿大	52 409	2.4③	21.5③	76.5③
新加坡	54 007	1.1②	21.8②	77.1②
澳大利亚	67 436	3.3②	21.1②	75.5②
中国澳门	77 196	0.0	16.0②	84.0②

注：①2011 年数据；②2009 年数据；③2008 年数据；④2010 年数据。本表按人均 GDP 进行了升序处理。

数据来源：国家统计局. 中国统计年鉴 2014[M]. 北京：中国统计出版社，2014.

2. 以服务业为主形成新增就业需求

2008 年我国 GDP 每增长 1 个百分点，新增就业达 70 ~ 80 万人。到 2013 年，我国 GDP 每增长 1 个百分点，就可以吸纳城镇新增就业 170 万人；服务业每增长一个百分点，吸纳的城镇新增就业达到 235 万人（见表 4.9）。在未来几年，我国每年需要消化大学毕业生 600 ~ 700 万人，而且第一产业就业的 2.4 亿人还有相当大一部分要转移出来这个大形势下，要有效应对中长期的就业压力，必须依靠服务业的大发展，形成服务业吸纳新增就业的新格局。

“十三五”如果服务业就业吸纳能力保持在当前 GDP 吸纳就业能力的水平上（150 ~ 170 万人），服务业年均增长 9%，每年吸纳的就业将至少达到 1 350 ~ 1 530 万人左右，这将有效吸纳农业转移人口、制造业转型升级中释放出来的劳动力以及每年的新增劳动力。

表 4.9　2007—2013 年制造业与服务业就业吸纳能力　　单位：百万人

年　份	制造业吸纳就业能力	服务业吸纳就业能力
2007	85.74	16.33
2008	37.19	65.68

续表

年 份	制造业吸纳就业能力	服务业吸纳就业能力
2009	52.99	80.52
2010	62.20	48.71
2011	68.24	100.86
2012	88.05	50.64
2013	-9.05	235.27

数据来源：根据《中国统计年鉴2014》数据测算。

3."十三五"：服务业就业占比不低于50%

"十二五"规划提出，到2015年服务业就业人数占全社会就业人数的比重较2010年提高4个百分点，即从34.6%提高到38.6%。"十二五"以来，服务业就业占比年均提高1个百分点左右，2013年服务业占比已经达到38.5%，提前两年实现规划目标。随着服务业主导格局的形成，到2020年服务业就业人员有望达到4亿人，占总就业人员的50%。

表4.10　2020年第三产业就业情景预测

年 份	就业人员总计(亿人)	第一产业		第二产业		第三产业	
		就业规模（亿人）	就业占比（%）	就业规模（亿人）	就业占比（%）	就业规模（亿人）	就业占比（%）
2012	7.67	2.58	33.60	2.32	30.30	2.77	36.10
2020	8.00	1.20	15.00	2.80	35.00	4.00	50.00
变化	0.33	-1.38	-18.60	0.52	4.70	1.23	13.90

数据来源：中改院课题组测算.

三、形成大众创业、万众创新的新常态

服务业主导不仅是形成新一轮创新创业潮的主要推动力，而且将为创新创业开辟巨大的市场空间，由此成为形成创新驱动新格局的重要条件。

1.以服务升级带动技术升级

我国进入工业化中后期，技术升级与服务需求直接融合，技术升级如果不能反映服务需求的变化就很难产生内在动力，就很难有好的市场前景。企业竞争力与服务质

量直接关联,企业的竞争力主要取决于服务环节是否专业化、精细化。

2. 以服务业开拓创业空间

由于服务业对资本规模的要求不高,其创业的门槛和难度低于制造业。过去几年迅速成长的跨国公司主要集中在服务业,如亚马逊、谷歌、脸谱等国际服务业巨头。以中关村为例。2013年,中关村现代服务业总收入突破2万亿元,比2011年的1.3万亿元增长了53%,占中关村企业总收入的比重为66.7%,比2011年的61.8%提高了近5个百分点。从产业发展规律看,服务业门类繁多,个性化、差异化程度高,提供了广阔的创业空间。尤其值得关注的是,我国大数据、互联网产业的迅速发展,给传统产业带来模式再造的机遇,许多传统产业可以通过在线定制实现大规模的去中介化,引发新一轮的创业潮。

专栏4.3 服务业成为创业首选

根据《2014年度创业者报告》,创业者最看好的行业基本上都是服务业,尤其是现代服务业。60%以上的被调查创业者认为,未来几年最热的创业方向将是O2O电商。也有调研材料表明,大学生创业企业中,IT软件业占18%,文化创意产业占17%,电子商务、网络游戏产业占22%,零售业占20%;有32.9%的大学生创业者在选择创业领域时,更关注“新兴产业,市场成长率可观”的领域①。因此,个性化、多元化需求的释放和服务业的加快发展,将为创业提供重要空间。

资料来源:2014年度创业者报告[J].创业邦,2014(12).

3. 以服务业引领创新浪潮

(1)服务业领域成为创新高地。以金融业为例。金融创新开始层出不穷。余额宝等金融产品创新,打破了存款利率管制,盘活了巨额的存量存款。在大数据时代,随着互联网的不断发展,信息获取成本的不断下降,使得互联网金融得到长足发展,众筹、P2P等新的金融业态开始发展,为小额贷款以及小企业融资提供了更多的渠道。再以“滴滴”、“快的”为例。这两家成立不足3年的打车软件公司,已经对传统的出租车领域形成了巨大的冲击。同时,传统的家政业也出现了相应的APP,家政O2O模式开始市场化。

(2)以生产性服务业推动“中国智造”的创新浪潮。大数据与传统制造业的结合,

① 大学生创业成功率约4% 如何突破五大瓶颈[N].今日早报,2011-11-17.

将颠覆传统制造业。例如，随着“移动互联＋LBS”的O2O服务新模式的兴起，汽车、手机等产品都可以通过在线定制来满足个性化需求。

(3)在服务业主导的创新中形成竞争新优势。随着服务业市场的开放，在巨大的消费需求引导下，我国有望迎来巨大的创新浪潮。麦肯锡公司研究报告认为，只要有正确的激励机制，中国的科学家、工程师和企业家都渴望去迎接为全球市场开发产品的挑战。近年来，我国已涌现出一批创新型服务业企业，成为拉动服务业发展的核心动力。

四、形成利益结构逐步优化的新常态

形成服务业主导的格局，将对我国国民收入分配格局产生重要影响，不仅能提高劳动者收入占国民收入的比重，有利于缩小城乡差距，而且对促进中等收入群体倍增具有重大作用。

1. 以服务业主导提高劳动者收入占比

(1)服务经济体的劳动者报酬占比较高。服务业是人力资本密集型产业，无论是传统服务业还是现代服务业，服务质量都与人这一要素直接相关，而与资本要素相关度较弱。由于服务业高度依附于人的发展，对不变资本的要求相对较低，因此服务业的劳动者报酬占比普遍要高于工业。从其他国家的情况看，劳动者报酬与服务业占比之间存在直接关系，服务业占比越高的国家，其劳动者报酬占比越高的概率也比较大(见表4.11)。从我国的情况看，根据中改院测算，2006—2012年期间我国各省份服务业占比与劳动者报酬占比之间的相关系数达到0.97，服务业占比每提高一个百分点，劳动者报酬占比提高0.38个百分点。

表4.11　各经济体2010年服务业占比与劳动者报酬占比(%)

国　别	服务业占比	劳动者报酬占比
墨西哥	62.2	28.21
波　兰	64.8	36.81
捷　克	60.0	42.09
意大利	72.9	42.29
韩　国	58.2	44.86

续表

国　别	服务业占比	劳动者报酬占比
南　非	67.0	45.16
澳大利亚	77.9	47.53
西班牙	71.3	48.77
俄罗斯	59.3	50.14
日　本	71.5	50.60
荷　兰	64.8	51.06
德　国	71.0	51.25
加拿大	66.1	52.30
法　国	79.2	53.31
英　国	77.6	54.41
美　国	78.8	55.32

注:劳动者报酬按当年所在国的本币计算;服务业占比的数据,加拿大为2008年数据,法国为2009年数据,南非和墨西哥为2011年数据;本表按劳动者报酬升序处理。

数据来源:根据《国际统计年鉴2013》整理。

(2)“十三五”服务业快速发展有利于形成劳动者报酬占比较高的新格局。过去较长时期,我国劳动者报酬不断下降。1995年,劳动者报酬为52.8%,此后不断下降。2012年仅为45.6%,尚未达到2009年的标准。“十三五”如果我国服务业能够提高10个百分点左右,劳动者报酬有可能提高3.8个百分点,即从2013年的45.6%提高到2020年的49.4%,达到50%左右。这将扭转我国劳动者报酬不断下降的趋势,实质性地优化国民收入分配格局。

2. 通过服务业的发展提高农民收入

(1)服务业占比持续提高有利于缓解城乡差距。从2013年我国各省份的实际情况看,服务业比重越高的省份,城乡收入差距越小,二者呈现显著的负相关(见表4.12)。根据中改院测算,第三产业占比每提高一个百分点,城乡收入差距就缩小0.014个百分点。“十三五”如果服务业占比提高10个百分点,城乡收入差距有望缩小0.14个百分点。

表4.12　2013年各省份第三产业占比与城乡收入差距　　单位:%，倍

省　份	第三产业占比	城乡收入差距	省　份	第三产业占比	城乡收入差距
北　京	76.9	2.20	湖　北	38.1	2.58
天　津	48.1	2.04	湖　南	40.3	2.80
河　北	35.5	2.48	广　东	47.8	2.84
山　西	40.0	3.14	广　西	36.0	3.43
内蒙古	36.5	2.97	海　南	48.3	2.75
辽　宁	38.7	2.43	重　庆	41.4	3.03
吉　林	35.5	2.32	四　川	35.2	2.83
黑龙江	41.4	2.03	贵　州	46.6	3.80
上　海	62.2	2.24	云　南	41.8	3.78
江　苏	44.7	2.39	西　藏	53.0	3.04
浙　江	46.1	2.35	陕　西	34.9	3.52
安　徽	33.0	2.85	甘　肃	41.0	3.71
福　建	39.1	2.76	青　海	32.8	3.15
江　西	35.1	2.49	宁　夏	42.0	3.15
山　东	41.2	2.66	新　疆	37.4	2.72
河　南	32.0	2.64			

数据来源：国家统计局. 中国统计年鉴2014[M]. 北京：中国统计出版社，2014.

(2)服务业的发展有利于缩小农民工与城镇职工的收入差距。发展服务业可以有效吸纳农村转移劳动力，更多的农民将进入城市就业，从而大大提高收入水平。近年来，我国外出农民工收入中工资性收入比重不断提高，2013年已经达到45.3%左右，超过经营性收入，从而使农民工平均工资与城镇职工平均工资间的差距不断缩小。目前，外出农民工的平均工资已经接近城镇职工平均工资的80%～90%，对缩小城乡收入差距发挥了重要作用。

(3)农业服务业的发展有利于提高农民务农收入。我国农业产业链短，产品附加值低，从事农业生产的农民收入明显偏低。发展农业服务业可以有效改善这种局面。例如，因地制宜发展特色高效农业，利用农业景观资源发展观光、休闲、旅游等农村服务业，可以使农民获得更多收入，从而有利于缩小农业与非农产业间的收入差距。

3. 以服务业主导扩大中等收入群体

(1)服务业是扩大中等收入群体的重要渠道。从国际经验看，服务业快速发展将大大促进中产阶层的发展和壮大。以美国为例。20世纪40年代到70年代的30年

间，伴随服务业主导格局的形成，美国白领阶层的规模扩大了5倍。从我国的情况看，尽管我国目前中产阶层占人口的比重只有25%左右，但随着服务业吸纳就业和创造收入的能力不断上升，估计到2020年中产阶层的比重可望达到35%～40%，即有接近2亿人进入中产阶层。"十三五"如果我国服务业就业比重达到50%以上，服务业就业的人口将不少于4亿人。无论是金融、现代物流、研发等生产服务业，还是教育、医疗等生活性服务业，都具有培育和形成中产阶层的巨大潜力。

(2)服务业主导将使更多农民工与农民进入中等收入群体。一方面，服务业的发展及其带动制造业的转型升级，将为更多有技术技能的农民工提供进入中等收入群体的机会；另一方面，服务业主导将促进农业现代化，有助于在农业经营者中形成大量中等收入群体。

(3)服务业快速发展将使更多的大学毕业生成为中等收入者。由于我国处于价值链低端的制造业规模庞大，低产业增加值往往对应低工资，不利于吸纳新增大学毕业生就业。生产性服务业与教育、医疗等现代生活性服务业则对新增就业及其收入提高有重要作用。"十三五"我国生产性服务业将进入快速发展时期，生活性服务业将进入快速提升时期，对高素质人力资源的需求不断扩大，由此为大学生提供更多的就业岗位和进入中等收入群体的机会。

五、形成绿色增长和绿色转型的新常态

发达国家的经验表明，经济结构由工业主导向服务业主导的变迁，是系统地解决生态环境问题的关键。"十三五"随着服务业主导格局的逐步形成，我国有望扭转高能耗、高污染、高排放的格局，形成绿色增长和绿色转型的新常态。

1. 以服务业主导摆脱对重化工业的路径依赖

(1)重化工业主导是造成雾霾治理困局的重要原因。从各国发展规律看，第二产业对环境污染的强度要高于第一产业和第三产业，主要原因在于发展工业的过程中要消耗大量的能源资源，并且消耗强度远远大于第一产业和第三产业。从我国实际情况看，向雾霾宣战、建设美丽中国面临的最大挑战是经济发展对工业尤其是重化工业的严重依赖。这些年来，我国主要污染物排放总量占前三位的行业都是重化工业生产部门。2012年，我国工业固体废物产生量为33.25亿吨，其中工业行业产生了31.4亿

吨，占比超过90%。在工业行业中，黑色金属矿采选业以及黑色金属冶炼及压延加工业合计固体废物产生量为11.26亿吨，占比超过1/3。如果加上煤炭开采、有色金属矿采选以及电力热力生产和供应行业，固体废物产生量达到25.29亿吨，占全社会产生量的76.06%。

(2)服务业主导可以有效摆脱经济增长对重化工业的路径依赖。产业结构中第三产业占比越大，污染水平越低。2012年，每创造1亿元的第三产业增加值，消耗0.24万吨标准煤，而每1亿元第二产业增加值要消耗1.1万吨标准煤，是第三产业的4.6倍。据测算，按照目前的工业结构，如果高技术产业增加值比重提高1个百分点，冶金、建材、化工等高耗能行业比重相应下降1个百分点，那么能源消费总量可减少2 775万吨标准煤，相当于万元GDP能耗降低1.3个百分点①。促进工业和服务业之间的结构调整，可以使我国能源消费在2030年比常规情景降低13%左右②。因此，要从根源上治理高能耗、高排放和高污染，仅靠压低过剩产能、降低能源消耗是不够的，客观上需要形成服务业主导的经济结构。只有通过提高服务业占比，才能有效地摆脱经济增长对重化工业的路径依赖，形成绿色发展的新常态。

2. 以服务业主导缓解资源环境约束

(1)我国节能减排压力不断加大。根据国际环保组织“全球碳计划”的估计，2013年我国人均排放二氧化碳7.2吨，超过欧盟的6.8吨；按照总量计算，我国碳排放已经超过欧盟和美国的总和。有预测表明，我国“十二五”规划的指标中，非化石能源占一次能源消费比重、单位GDP能耗降低、单位GDP二氧化碳排放降低和氮氧化物排放总量减少这四个指标完成难度较大③。

(2)形成服务业主导的产业结构将降低能源消耗和环境压力。

——提高服务业占比对节能的作用明显。根据中改院测算，如果第三产业占比从46.1%提高到55%（三次产业结构为10∶35∶55），以2012年GDP总量估算，能耗总量将从36.17亿吨标准煤下降到27.65亿吨标准煤。这意味着，通过产业结构调整，我国能源消耗总量一年将节约4.56亿吨标准煤，下降幅度达到14.16%。如果考虑GDP到2020年基本上实现翻一番，产业结构调整带来的能源消耗下降幅度将更为可观。

---

① 马凯．关于当前经济形势的几个问题[J]．时事报告，2007(4)．

② 郭薇，等．中国绿色转型进程评估与展望[N]．中国环境报，2014－12－03．

③ 国家发改委经济研究所．“十三五”经济发展与深化改革研究[M]．北京：经济科学出版社，2014．

——服务业对减排的作用同样显著。初步估算表明，如果第三产业占比从46.1%提高到55%（三次产业结构为10∶35∶55），以2012年GDP总量估算，二氧化硫排放总量将从2 117.6万吨下降到1 731.41万吨，减幅达到18.23%。如果考虑到GDP总量的不断提高，产业结构调整带来的二氧化硫减排效应将更为明显。

表4.13　产业结构调整与能耗下降效应的静态估算（2012）

	能源消费总量（万吨标准煤）	GDP（亿元）	单位GDP能耗（万吨标准煤/亿元）	模拟产业结构	模拟能源消费总量（万吨标准煤）
能源消费总量	361 732.01	519 470.1	0.5662	519 470.10	276 473.97
第一产业	6 784.43	52 373.6	0.1295	51 947.01	6 729.17
第二产业	258 630.15	235 162.0	1.0998	181 814.50	199 958.84
第三产业	56 651.34	231 934.5	0.2443	285 708.60	69 785.96
生活消费	39 666.09	—	—	—	—

数据来源：中改院课题组测算。

表4.14　产业结构调整与二氧化硫减排效应的静态估算（2012）

	二氧化硫排放总量（万吨）	GDP（亿元）	每亿元GDP产生的二氧化硫（吨）	模拟产业结构（亿元）	模拟二氧化硫排放总量（万吨）
排放总量	2 321.2	519 470.1	236.75	519 470.1	1 731.41
第二产业	1 991.4	235 162.0	353.96	181 814.5	1 478.02
第三产业	329.9	231 934.5	98.83	285 708.6	253.39

数据来源：中改院课题组测算。

3. 以服务业主导引领绿色发展的新格局

（1）以制造业服务化引领制造业绿色发展的新常态。通过生产性服务业对制造业进行改造升级，使制造业由主要依靠资源投入向主要依靠技术创新，实现制造业的绿色化发展道路。

（2）以农业服务化引领农业绿色发展的新常态。目前，我国农业生产因为过度依赖资源和要素投入，产生了环境污染、生态破坏、水土流失、农产品质量安全等一系列问题。研究显示，近些年来我国化肥年施用量占到世界总量的30%，农药单位面积使用量要比发达国家高出一倍，每年约有50万吨农膜残留在土壤中，农业生态环境日趋恶化①。未来通过农业与服务业的相互融合，推动农业服务化、信息化，可以逐步使农

① 陈文胜."两型"发展是中国农业发展方式转变的时代命题[N].光明日报，2015－01－14.

业摆脱传统的生产、经营模式,实现农业的绿色化发展道路。

(3)以服务业主导改变传统粗放的增长模式。我国服务业主导的经济转型,带有服务型消费引领经济结构升级的突出特征,由此降低经济增长对资源环境的依赖。形成服务业主导的经济结构,将逐步实现由依赖资源要素投入和低廉的环境成本向注重提高资源使用效率和环境友好的增长模式转变。这将为全球减排目标的实现创造积极条件,走出一条以较低的资源环境代价实现工业化和城镇化的新路子。

第五章
放开服务业市场
——“十三五”：深化市场化改革的重大任务

我国服务业的发展不缺少资本，更不缺少市场需求，关键是形成服务业市场开放的大环境。“十三五”破除服务业的市场垄断，形成服务业市场开放的新格局，成为深化市场化改革的重大任务。

改革开放36年来，工业领域的市场开放极大地激发了市场活力，在推动我国成为全球制造业第一大国中扮演了重要角色。“十三五”服务业的市场开放将推动形成全民创业、万众创新的大环境，为服务业领域的发展带来强劲的动力，并由此释放出新阶段市场化改革的巨大红利。

第一节 从放宽准入到市场开放

进入新世纪以来，尤其是“十二五”以来，我国服务业领域经历了一个从放宽准入到市场开放的过程。总的判断是：服务业市场开放取得重要的阶段性成果，但远不到位，尤其是与我国走向服务业大国的实际进程不相适应，与广大社会成员全面快速增长的服务需求不相适应，“十三五”加快服务业市场开放仍面临诸多挑战。

一、放宽服务业的市场准入

从严格的行政管制到放宽服务业的市场准入，是我国多年来市场化改革的一个重要趋势。放宽服务业市场的准入在推动服务业发展上发挥了重要作用。在我国经济转型升级的新阶段，改革如果仍停留在放宽服务业市场准入的层面上，就会有一定的局限性。

1. 服务业市场由行政管制到放宽准入

改革开放之初，我国服务业领域受政府的严格管制，只有国家规定的国有企业和事业单位能够从事服务业。随着我国社会主义市场经济体制改革目标的确立，服务业领域的行政管制开始逐步放松。1992 年 6 月，国务院出台《关于加快发展第三产业的决定》，开始允许私营企业和个人投资服务业。随后，中央政府陆续出台一批放宽服务业市场准入的政策文件，逐步放宽了科技咨询、社区服务业、商贸餐饮业、旅游业等一般竞争性领域的市场准入。

2. 加入 WTO 与服务业市场对外资放宽准入

20 世纪 90 年代之前，我国严格禁止服务业的外商投资，但这一局面自 2001 年我国加入 WTO 后被打破。在 WTO《服务贸易总协定》(GATS)12 大服务贸易部门中，我国针对 10 大部门对外资做出了具体服务业的开放承诺。截至 2009 年，在 WTO 分类的 160 多个服务贸易部门中，我国已经开放了 104 个，占比达到 62.5%，接近发达国家 108 个的平均水平①。

3. 服务业市场对社会资本的“非禁即准”

20 世纪末，我国对一般竞争性领域的服务业基本放开了市场准入，但政府对教育、电信、金融等服务业仍实行严格的管制。为了打破社会资本进入教育、医疗、航空、通信、金融等服务业市场的制度“玻璃门”，2005 年国务院出台“非公经济 36 条”，允许非公有资本进入法律法规未禁止的行业和领域。在这个基础上，2010 年国务院再次出台“非公经济新 36 条”，鼓励和引导民间资本进入法律法规未明确禁止准入的行业和领域。

① 李晓西. 中国市场化改革跑过入世第十年[J]. 半月谈，2011(23).

4. 放宽准入的改革思路需要拓宽

不可否认，放宽服务业市场的准入在推动我国服务业发展上扮演了重要角色。但从非公经济新旧 36 条的实施情况看，改革的效果难尽人意。实践中，非公经济新旧 36 条的实施遇到的各种问题，集中反映了现有改革模式的局限性：改革如果仅仅停留在放宽准入的层面，就很难摆脱行政管制的旧思路。在这种改革模式下，社会资本在多大范围内、多大程度上进入服务业市场，仍然由政府相关部门说了算，而且还不可避免地遇到政策“玻璃门”、制度“玻璃门”，并不能真正让市场在服务业领域的资源配置中发挥决定性作用。

二、加快服务业的市场开放

在我国走向服务业大国的历史进程中，市场化改革的主要红利将来源于服务业的市场开放。“十三五”能否在经济转型升级上取得决定性成果，调动全社会的力量把服务业“蛋糕”做大，在很大程度上取决于服务业市场的开放进程。

1. 服务业发展缺乏的不是资本，而是市场开放

与改革开放初期工业发展缺乏资本有很大的不同，现在我国发展服务业并不缺乏资本。根据《中国统计年鉴 2014》，2003—2013 年，我国城乡居民的人民币储蓄存款由 10.36 万亿元增长到 44.76 万亿元，10 年间总额扩张了 4 倍多(见图 5.1)。庞大的高净值人群成为社会资本投资的重要力量。根据《2014 中国高净值人群心灵投资白皮书》数据，截至 2013 年末，我国拥有 1 000 万元以上资产的富豪有 109 万人，拥有亿万元资产以上的富豪有 6.7 万人，拥有 10 亿元以上资产的富豪大约有 8 300 人。胡润研究院预测，2015—2017 年，我国亿万元资产以上的豪富人数可能达到 7.3 万人，1 000万元以上的富豪可能达到 121 万人。据调查，健康、旅游和教育是高净值人群最青睐的三大投资领域[①]。

① 张建. 胡润报告：中国百亿富豪有 300 人[EB/OL]. 新华网，2014－09－11.

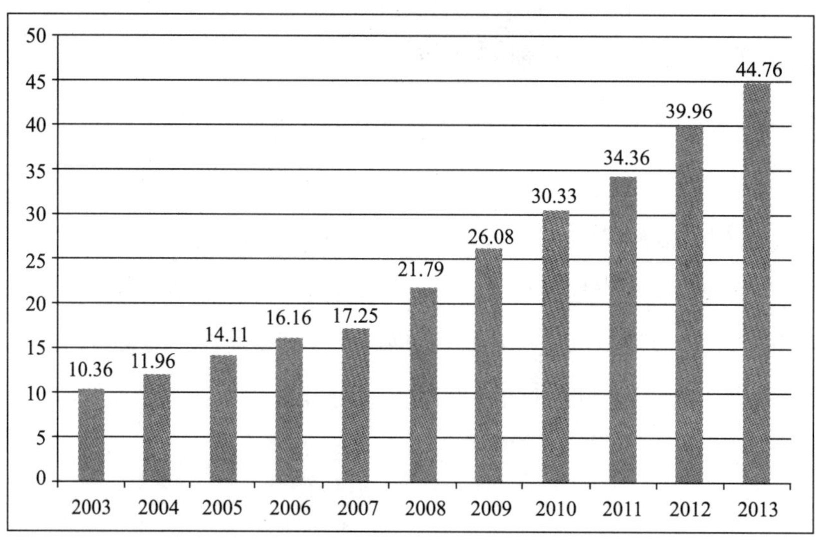

图 5.1　2003—2013 年我国城乡居民人民币储蓄存款（单位:万亿元）

数据来源:国家统计局. 中国统计年鉴 2014[M]. 北京:中国统计出版社,2014.

2. 服务业需要通过对外开放提升发展水平

改革开放 36 年来,我国利用外资提升了工业发展水平,但由于服务业对外开放的滞后,国内服务业还很难通过外资或者中外合资提升发展水平。以教育领域为例。在全球化的大背景下,国家可以控制外资规模,但无法管住居民到国外留学。

据统计,2013 年我国自费出国留学人数达到 38.43 万人,占留学人员总数的 92.8%[①],而且出国留学人群呈现低龄化的趋势。再以美容服务业为例。2013 年,我国到韩国整形外科就诊人数达到 16 282 人,占外国患者总数的 67.6%,5 年间增加了约 20 倍[②]。

进入新世纪以来,充分利用外资的先进技术和先进管理经验提高服务业的发展水平正在成为一个大趋势。据统计,2000 年我国服务业实际利用外资占比仅为 25.7%,到 2011 年升至约 47.6%,首次超过制造业;2013 年,我国服务业实际利用外资 614.51 亿美元,占全国总量的 52.3%,超过第二产业 6.1 个百分点,占比首次过半(见图 5.2)。

① 2013 年度我国留学人员情况[EB/OL]. 教育部网站,2014-02-21.

② 郭鹏飞. 中国赴韩整容人数 5 年增 20 倍 被称"大手笔"[EB/OL]. 环球网,2014-10-16.

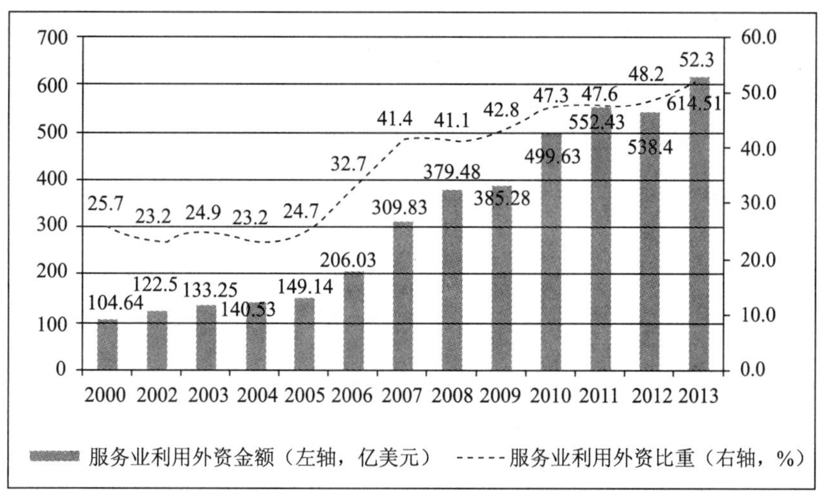

图 5.2　2000—2013 年我国服务业利用外资情况

数据来源:2011 年之前的数据来自李勇坚.我国服务业利用外资的战略思考[J]. 全球化,2013(10);2011—2013 年数据来自商务部发布的外商投资统计数据。

3. 服务业进入加快市场开放的新阶段

(1)服务业市场对国内资本开放政策密集出台。“十二五”以来,服务业市场开放政策密集出台。2012 年,国家《服务业发展“十二五”规划》明确提出要大力发展九大类生活性服务业,陆续出台了家庭服务业、养老服务业、健康服务业、体育、文化等 5 个生活性服务业市场对社会资本开放的政策。2014 年,国务院出台《关于加快发展生产性服务业 促进产业结构调整升级的指导意见》,要求进一步放开生产性服务业领域的市场准入,鼓励社会资本以多种方式发展生产性服务业。同时,公共服务业市场开放进程加快。例如,2012 年教育部出台《关于鼓励和引导民间资金进入教育领域 促进民办教育健康发展的实施意见》,鼓励社会资本以多种形式进入教育领域;2012 年国家颁布的《“十二五”期间深化医药卫生体制改革规划暨实施方案》提出支持发展非公立医疗机构。

(2)服务业市场对外开放进程加快。中共十八届三中全会明确提出,“推进金融、教育、文化、医疗等服务业领域有序开放,放开育幼养老、建筑设计、会计审计、商贸物流、电子商务等服务业领域外资准入限制”。2013 年上海自贸区设立,它肩负的一项重大历史使命就是探索新时期服务业对外开放。上海自贸区在金融服务、航运服务、商贸服务、专业服务、文化服务、社会服务等六大领域扩大开放,暂停或取消在这些领域中对投资者的资质要求、股比限制、经营范围限制等准入限制措施①，标志着我国服务业领域对外开放进入了一个新的阶段。

专栏5.1　2013年以来我国出台的服务业市场开放政策

2013年1月，环境保护部出台《关于发展环保服务业的指导意见》。

2013年8月，国务院出台《关于促进信息消费 扩大内需的若干意见》。

2013年9月，国务院出台《关于加快发展养老服务业的若干意见》。

2013年9月，国务院出台《关于促进健康服务业发展的若干意见》。

2014年2月，国务院出台《关于推进文化创意和设计服务与相关产业融合发展的若干意见》。

2014年7月，国务院出台《关于加快发展生产性服务业 促进产业结构调整升级的指导意见》。

2014年8月，国务院出台《关于加快发展现代保险服务业的若干意见》。

2014年10月，国务院出台《关于加快发展体育产业 促进体育消费的若干意见》。

2014年10月，国务院出台《关于加快科技服务业发展的若干意见》。

2014年11月，国务院出台《关于创新重点领域投融资机制 鼓励社会投资的指导意见》。

2014年12月，国家发改委出台《关于开展政府和社会资本合作的指导意见》。

资料来源：中改院课题组整理。

4. 服务业市场开放将释放巨大的改革红利

服务业市场开放进程的加快，在调动社会资本的积极性和服务业领域"做大蛋糕"上成效显著。在工业领域投资下降的背景下，服务业民间投资的大幅增长在稳定经济增长中发挥了重大作用。据统计，2012年和2013年我国服务业民间投资同比增长分别达到22.2%和25.4%，服务业民间投资占民间固定资产投资总额的比重分别达到45.1%和46.6%；服务业民间固定资产投资由2012年的10.1万亿元增长到2014年前11个月的13.6万亿元，服务业民间固定资产投资占全社会固定资产总额的比重由51.3%上升到53.9%（见表5.1）。

表5.1　2012年至2014年前11个月服务业民间固定资产投资情况

年　份	服务业全社会固定资产投资（亿元）	服务业民间固定资产投资（亿元）	民间投资占比（%）
2012年	197 159	101 063	51.3
2013年	242 482	128 164	52.9
2014年1—11月	251 979	135 714	53.9

数据来源：根据历年国家统计局民间固定资产投资统计数据整理。

① 谢卫群. 负面清单的正面效应[N]. 人民日报，2014-10-20.

社会资本进入公共服务领域的势头加快，在满足社会多元化的公共需求中扮演着重要角色。从实际情况看，截至2013年底全国共有各类民办学校（教育机构）14.9万所，各类在校生达4 078.31万人①。德勤数据显示，2012年我国民办教育市场规模为4 260亿元，预计2015年将达到6 400亿元。截至2013年底，我国民营医院已经发展到11 313所，占全国医院数量的比重达到45.78%②。

三、开放服务业市场面临挑战

虽然服务业市场开放取得阶段性成果，但应当清醒地认识到，改革开放以来我国形成的一整套政策和体制安排与工业的总量扩张相适应，而与服务业发展的新要求相比远不适应，服务业的市场开放仍面临着传统政策和体制的严重束缚。

1.服务业领域的行政垄断远未打破

(1)服务业领域的行政垄断较为严重。我国工业部门80%以上是制造业，属于高度市场化部门，而服务业50%以上仍被行政力量垄断，属于垄断竞争部门③。服务业市场开放不足越来越难以适应人们日益增长的服务型消费需求。以教育和医疗为例。近年来，我国放宽了教育、医疗领域的市场准入，但教育、医疗领域仍保留着高度的管制，尤其是高端市场。由于国内市场难以提供大量的优质教育和医疗服务，导致高端的服务型消费大量外流。

专栏5.2　服务业市场行政垄断的主要表现

1.服务业领域行政垄断的矛盾十分突出。目前民间投资在传统垄断行业所占比重非常低，在电力、热力的生产和供应业中占13.6%，在教育中占12.3%，在卫生、社会保障和社会福利业中占11.8%，在金融业中占9.6%，在信息传输、计算机服务和软件业中占7.8%，在交通运输、仓储和邮政业中占7.5%，在水利、环境和公共设施管理业中占6.6%，在公共管理和社会组织中占5.9%④。

2.市场化程度低导致服务质次价高。以电信领域为例，该领域是我国国有资本控股比例最高的领域之一，但由于缺乏竞争，服务不仅价格高，而且质量难以保证。截至2010年，我国宽带上网平均速率位列全球71位，不及美国、英国、日本等30多个经济合作组织国家平均水平的1/10。但是，平均1兆每

① 2013年全国教育事业发展统计公报[EB/OL].国家教育部网站，2014-07-17.

② 2013年我国卫生和计划生育事业发展统计公报[EB/OL].国家卫生计生委网站，2014-05-30.

③ 张斌.中国经济趋势下行的逻辑[N].21世纪经济报道，2013-10-14.

④ 边绪宝.支持民间投资应成为国家长期战略[N].证券时报，2012-08-03.

秒的接入费用却是发达国家平均水平的 3 ~4 倍①。

3. 行政垄断导致服务需求外流。 这在教育、医疗、文化等公共服务领域表现十分突出。以教育为例，由于在国内难以得到优质的教育服务，出国留学的人数呈逐渐增多的趋势。

资料来源：中改院课题组整理。

（2）服务业企业存在体制内外的差别。 当前，教育、医疗、航空等服务业市场已经向社会资本开放，民办教育、民营医院、民营航空近几年大量出现。问题在于，这些领域市场化改革滞后，体制内企业与体制外企业的差别较大，体制外企业往往处于弱势地位。例如，我国放宽民营航空公司准入限制多年，东星航空、春秋航空、奥凯航空、鹰联航空等民营航空公司纷纷设立，但至今京沪、京广等热门航线仍被三大国有航空公司垄断。再如，当前我国民营医院在数量已接近国内医院总数的一半，但民营医院在医疗卫生领域的市场份额只有 10%，体制内外如此悬殊的差距，主要原因在于制度差别，医保定点医院很少有民营医院，即使在民营医院发展较快的上海，医保定点机构中民营医院仅占 6%②。

（3）中小企业发展严重滞后。 以每千人拥有企业数量为例，我国平均为 16 个，只有发达国家的 1/3。除体制及政策因素外，关键问题是服务业市场对中小企业、民营经济开放的程度远远不够。近年来，我国大学生就业难的一个突出矛盾在于国有垄断的服务业部门能够容纳的就业有限，而民间的服务部门又没有真正做大。据调查，我国大学生毕业后 3 年内创业率不到 2%，比发达国家低 18%③。

2. 服务业价格管制仍比较多

（1）政府在诸多服务业领域仍保持着定价权。 2014 年以来，国家发改委已经陆续放开了全部电信资费、准池铁路货运价格、医保目录内的低价药品、非公立医院医疗服务价格等服务业价格。2014 年前 8 个月，国家发改委先后放开了 26 项商品和服务价格。2015 年初，国家发改委宣布放开 9 项商品和服务价格。改革开放以来，市场化程度比较高的服务行业价格已经基本放开，但在教育、医疗卫生、环保等公共服务领域，政府仍然保留着定价权，导致市场机制和价格机制难以有效发挥作用。从现实情况

① 龚雯，高少华. 宽带接入改革呼声再起［N］. 中国青年报，2011 - 11 - 11.

② 柴宗盛. 上海民营医院生存调查：医保定点机构仅占 6%［N］. 东方早报，2014 - 04 - 22.

③ 周天勇. 当前我国就业形势与体制政策（上）［N］. 中国经济时报，2011 - 10 - 31.

看，服务业的价格管制仍很严重。据不完全统计，目前《政府定价目录》中 16 类涉及到定价的项目总共有 70 多项，除去此前放开的项目，政府定价仍有 50 余类还没有放开，其中包括水电气价格、教育收费标准等①。

(2)价格管制导致服务业价格的扭曲。政府对基本公共服务进行价格管制具有合理性，但相当多的服务业领域需要利用价格机制和竞争机制促进发展。现实的情况是，政府对服务业领域的价格管制过泛、过宽。例如，在教育领域，政府在管制基本教育相关费用标准的同时，也管制社会资本提供的高标准、优质教育的价格。这是导致相当一部分优质教育需求外流的重要原因。再如，电信行业是我国国有资本控股比例最高的领域之一，但由于竞争不充分，不仅服务价格高，而且服务质量改进较慢。

3. 服务业与工业的发展政策不平等

我国在工业化过程中建立起来的产业发展政策已经越来越不适应经济转型的现实需求。例如，在生产要素的使用上，服务业与工业价格不平等，服务业用水、用电、用气、用地价格普遍高于一般工业。目前，在尖峰时段，北京市不满 1 千伏商业用电每度高于普通工业 0.12 元。再如，在土地政策安排上，政府优先供应工业用地，而且商业服务用地价格也明显高于工业用地价格。有数据显示，2013 年全国 105 个重点监测城市的商业服务地价和工业地价每平方米分别为 6 306 元和 700 元，商业服务用地价格比工业用地价格高出 9 倍②。

4. 服务业市场知识产权保护远未到位

(1)知识产权保护不到位引发的案件逐年增加。现代服务业的发展更加依赖于知识产权保护。但根据《中国法院知识产权司法保护状况(2013)》统计，2013 年全国地方人民法院共新收和审结知识产权民事一审案件共 88 583 件，比 2012 年增长 1.33%；最高人民法院知识产权审判庭新收知识产权民事案件 457 件，审结 417 件，同比分别上升 92.82% 和 69.51%③。

(2)知识产权问题造成的经济损失严重。2014 年 12 月，国产小米手机在印度市场因专利问题遭到临时禁售，给我国服务企业知识产权保护敲响了警钟。商业软件联

---

① 发改委仍有 50 余类定价未放开 医药等成重点[N]. 北京商报，2015-01-06.

② 国土部：全国 105 个主要监测城市住宅地价 5 033 元/平[EB/OL]. 人民网，2014-02-11.

③ 最高人民法院. 2013 年中国法院知识产权司法保护状况[N]. 人民法院报，2014-04-28.

盟(BSA)最新的全球调查显示,2013 年亚太地区软件盗版率达到 62%,为全球最高;无授权安装在该地区造成高达 210 亿美元的损失,其中中国所受商业损失最大,高达 87.6 亿美元①。

(3)知识产权保护不到位制约市场主体创新创业。在知识经济时代,知识是经济增长的动力源。尤其在服务业市场,对知识保护不力将导致创新者缺乏动力,创业者失去热情,知识产权拥有者的利益难以得到保护。以《喜羊羊与灰太狼》系列动画片侵权案件为例。侵权方赔付 9 250 元,除去公证费,每集动画片的盗播赔偿仅 71 元②,远低于侵权方的收益以及给产权所有者带来的损失。

第二节 以破除垄断为重点加快服务业市场开放

以加快服务业市场对内对外开放为重点深化市场化改革,重中之重是破除服务业领域的行政垄断。"十三五"要把破除行政垄断作为服务业市场开放的重点,彻底打破社会资本进入服务业市场的制度"玻璃门"、"弹簧门",最大限度地激发社会资本活力。

一、社会资本成为服务业市场发展的主体力量

"十三五"加快服务业市场开放,就是要尊重服务业发展的市场规律,发挥市场在服务业领域资源配置中的决定性作用,尽快使社会资本成为服务业市场发展的主体力量。

1. 以社会资本为主才能形成有竞争、有效率的服务市场

服务业门类繁多,个性化、差异化程度在三次产业中是最高的。以政府为主投资

① 牛泽亚. 盗版软件使我国损失 543 亿元[N]. 人民邮电报,2014-08-04.
② 黄浩苑,等. 破解知识产权侵害下的创新困局[J]. 半月谈,2013(5).

服务业容易形成垄断，严重抑制服务市场的发展。以社会资本为主投资服务业，有利于形成公平竞争的服务大市场，提高服务业的发展质量。例如，手机市场普及到城乡居民，哪怕只有1%的市场需求也能达到百万数量级的大需求，这为社会资本提供了巨大的市场机会。比如小米手机，通过个性化、差异化的创新，成立仅4年就进入全球前十畅销手机榜①。

为此，建议"十三五"要解放思想，确立以社会资本为主的服务业发展思路，并将突破社会资本进入服务业领域的体制性障碍作为理顺政府与市场关系、深化市场化改革的重点。

2. 基本形成服务业市场对社会资本开放的新格局

(1)生产性服务业与生活性服务业全面向社会资本开放。 2~3年内，银行、证券、保险、电信等生产性服务业全面对社会资本开放；教育、医疗、健康等公共服务业基本实现市场化、社会化；公共资源基本实现市场化配置；服务业领域体制内外差别基本打破。

(2)服务业全面实施负面清单管理。 2~3年内，服务业领域行政审批制度改革全面提速，公开全部行政审批事项清单，推行审批事项负面清单管理方式，基本建立以备案制为主的投资管理体制。

(3)建立主要由市场决定的服务业价格形成机制。 2~3年内，基本打破服务业的价格管制，初步建立由政府、服务提供商和消费者三方共同参与的价格形成机制。

3. 服务业内外资实行同等的国民待遇

(1)服务业市场向外资开放对国内改革具有重要的借鉴意义。 我国服务业市场开放还存在着经验不足，需要在对外开放中确立新的游戏规则。例如，上海自贸区在服务业领域探索的负面清单制度，就可以为服务业市场对社会资本开放提供借鉴，完全可以对社会资本适用。

(2)有序推进服务业市场的对外开放。 优先开放第三方物流、保险等与我国货物贸易直接相关的服务业；重点加大研发设计、信息技术、节能环保、会计审计、人力资源等领域的开放力度；对旅游、法律、房地产等市场竞争比较充分的生活性服务领域尽可

---

① 中国(海南)改革发展研究院课题组. 消费时代如何激活社会资本[N]. 上海证券报，2014-05-20.

能对外资开放；稳步推进公共服务业的市场开放，对教育、医疗、养老、健康等领域加快对外开放；对文化、娱乐等较为敏感的服务行业谨慎开放，可先选择影响面小的领域先行开放。

（3）凡对外资开放的领域和政策都应当对国内社会资本适用。凡国家法律法规未明令禁入的服务业领域，在向外资开放的同时，对国内社会资本实行完全的国民待遇；通过3~5年的努力，实现包括准入、准入后和经营过程中民企、外资和国企享受同等待遇。

二、打破服务业市场的行政垄断

“十三五”适应服务业市场对社会资本全面放开的新形势，下决心破除服务业领域的行政垄断，建立统一开放、竞争有序的服务业市场体系。

1. 全面推进垄断行业向社会资本开放

（1）垄断行业竞争环节对社会资本全面放开。在以电力、电信、石油、民航、邮政等为重点的垄断行业，进一步破除各种形式的行政垄断。推进资本市场的国有股减持，在非自然垄断环节退出一部分国有资本，给民间资本进入这些领域腾出空间；全面实现自然垄断和竞争环节切实分开，在自然垄断部分强调国有资本主导，在竞争性环节对社会资本放开。对电力、电信、石油、民航、邮政等行业，除基础设施部分外，相当多的生产环节都可以放开市场引入社会资本；完善基础领域的准入制度，对垄断行业要逐步放松或解除管制，广泛引入市场竞争机制，鼓励社会资本参与基础领域的公平竞争。

（2）垄断行业的自然垄断环节吸纳社会资本广泛参与。对国有资本继续控股经营的自然垄断行业，根据不同行业的特点实行网运分离、放开竞争性业务。在自然垄断环节，通过BOT、TOT等多种形式鼓励社会资本参与投资；对银行、保险、航空等行业，全面向社会资本放开；对可以完全市场化的自然垄断行业和企业，能退出的全部退出，暂时不能退出，或退出条件不具备的企业，也要让出国有控股权，实施混合所有制，如交通基础设施、房地产开发、贸易经营等领域。

（3）城市公用事业健全特许经营制度，积极引导社会资本参与。对城市公用事业，要尽快健全特许经营制度，形成合理的价格形成机制。实现城市公用事业政事分开、政企分开、事企分开,建立完善的市场竞争机制、企业经营机制和政府监管机制;打破垄断经营,引入市场竞争机制,提高城市建设运营效率;充分利用资本市场,彻底改变城市公用事业政府投资的单一模式,允许社会资本参与投资城市公用事业;利用已有的经营性公用事业资产,以特许经营方式向社会资本、资本市场进行多元化融资,积极引导社会资本参与,有效缓解公用事业建设资金短缺的状况。

2. 建立统一开放、竞争有序的服务业市场体系

(1)破除服务业市场壁垒。与制造业不同,服务业市场主要在当地,外地服务企业的进入,短期内会对当地企业产生冲击和替代作用。因此,不少地方政府为了保护本地经济,对本地服务企业进行不同程度的保护。"十三五"要彻底打破市场分割和地区封锁。凡是法律法规没有明令禁入的服务领域,都要向异地社会资本开放,建立全国统一开放、竞争有序的市场体系;允许服务企业、服务产品自由进入全国各地市场,各地区凡是对本地企业开放的服务业领域,应全部向外地企业开放;促进各类生产要素在全国范围自由流动,提高资源配置效率和公平性。

(2)建立平等规范、公开透明的市场准入标准。放宽服务业投资准入标准,最大限度减少对服务企业的经营服务、一般投资项目和资质资格的限制;在制定负面清单的基础上,依法开放各类资本平等进入负面清单之外的服务行业和领域。

(3)加快清理制约服务业市场开放的行政法规。按照"非禁即准"的原则,清理与法律法规相抵触、制约各类市场主体进入服务业的规定和程序;清理各种歧视性政策规定,在投资核准、股权比例、融资服务、财税政策等方面,同等对待各类市场主体①。

3. 将反行政垄断纳入反垄断的范围

(1)反垄断要常态化和制度化。多年来服务业领域难以对社会资本开放,关键问题在于服务业领域的行政垄断没有真正被纳入到反垄断的范围。2013 年以来,我国对内外资企业加大了反垄断调查,葛兰素史克、默克、微软、克莱斯勒、奥迪等跨国企业纷纷被查。尤其是 2014 年,我国对内外资企业共开出 18 亿元的罚单,创下历史纪录②。随着服务业市场的壮大,反垄断对于保障服务业的健康发展非常必要,因此,反

---

① 广东省人民政府办公厅印发《关于进一步促进服务业投资发展的若干意见》[EB/OL]. 广东省人民政府网站,2014-05-04.

② 2014 年反垄断共开 18 亿罚单 专家:谁垄断就调查谁[EB/OL]. 联合早报网,2015-01-03.

垄断要常态化、制度化，对内外资企业平等监管，谁垄断就调查谁，不搞选择性执法，不偏袒任何一方。

（2）反行政垄断应纳入《反垄断法》。重点破除各种形式的行政垄断，对国有垄断行业、城市公用事业、公共服务领域相关行业监管内容进行清理、修改，使这些行业监管体现公平竞争原则。建议在《反垄断法》总则中突出反行政垄断，在《反垄断法》中增设反行政垄断一章，对铁路、电力、电信、石油、民航、邮政等垄断行业的行政垄断行为进行界定；对城市公用事业领域的行政垄断行为进行界定；对教育、医疗、文化等公共服务领域的行政垄断行为进行界定。

（3）加快建立反垄断审查制度。不少行政垄断行为都有行政文件，如条例、规章或意见等依据。这就需要行政部门出台的相关行业政策、指导性文件向反垄断委员会备案，并建立反垄断审查机构对其审查。与负面清单管理的改革相配套，尽快对现行行政法规进行系统的反垄断审查，废除各类导致行政垄断的行政法规。

三、开放公共服务业市场

从改革实践看，公共服务市场化会导致不少问题，但在政府对基本公共服务承担最终责任的前提下，放开公共服务业市场有利于广泛调动各方面的积极性，满足多样化的服务需求，提升公共服务业发展的效率与水平。

1. 重视通过市场开放提升公共服务业的发展水平

多年来，政府所属事业单位作为公共服务的唯一供给者，不仅难以理顺政府与事业单位之间的关系，还难以充分利用市场力量、社会力量增加公共服务供给和提升公共服务质量。从改革实践看，绝大多数公共服务领域都可以引入市场机制和社会参与机制改善供给，而且放开公共服务业的市场还可以有效激活事业单位改革，尽快打破事业单位改革的惰性。建议“十三五”加快推进公共服务业市场开放进程，与事业单位改革统筹考虑，尽快克服公共服务短缺的现状。

2. 区分基本公共服务与非基本公共服务开放市场

（1）非基本公共服务全面开放市场。对于养老服务、托幼、专业培训、健康保健、家庭服务等非基本公共服务，全面放开市场、引入竞争，发挥市场配置资源的决定性作用。对于非基本公共服务领域的事业单位,原则上转为企业或者社会组织。政府对于养老、托幼等社会需求大的非基本公共服务,加大政府补贴和税收支持力度,吸引更多社会资本进入该领域,尽快解决养老机构"一床难求"、幼儿园学位紧张的现状。

(2)基本公共服务引入竞争机制。在义务教育、基本医疗卫生、基本住房保障、基本社会保险、就业服务、公共文化等基本公共服务领域,通过加大政府向社会购买公共服务的力度,鼓励企业和公益性社会组织参与,与现有事业单位之间形成竞争机制。

(3)推动事业单位去行政化。按照政事分开、政社分开、管办分开、营利性机构与非营利性机构分开的原则,逐步取消学校、科研院所、医院等事业单位的行政级别。

3. 创新公共服务市场开放的体制机制

(1)建立公开、透明、平等、规范的公共服务业准入制度。凡是法律法规没有明令禁入的领域,都要向社会资本开放,并不断扩大开放领域。

(2)探索公共服务业市场化的有效路径。借鉴发达国家的经验,所有公共服务项目必须依法面向社会实行公开、公正和公平的招投标,引入市场竞争机制,探索通过合同外包、公私合营(PPP)、凭单制度等方式,推进公共服务市场化。

四、理顺服务业市场的价格形成机制

价格反映供求关系,是发挥市场配置资源决定性作用的前提。除政府必须确保的基本公共服务领域之外,"十三五"争取在绝大多数服务业领域放开价格管制,形成真实反映市场供求关系的服务业价格机制。

1. 竞争性领域服务业价格完全放开

实践表明,竞争性领域服务业价格放开有利于充分利用市场竞争扩大服务业的供给,提升服务业的发展质量。尽快在"十三五"前期修订《政府定价目录》,明确界定竞争性领域的服务业,凡竞争性领域的服务业,政府原则上不进行价格限制,全面放开价格管制。

2. 完善垄断行业价格形成机制

垄断行业需要一定的价格管制,但可竞争性环节可以放开价格管理。加快推进水、石油、天然气、电力、交通、电信等基础领域的价格改革。区分垄断与非垄断行业，建立不同的价格形成机制。对自然垄断环节的服务业，仍实行政府定价；对竞争性环节的服务业，政府全面放开价格控制，引入竞争机制，实行企业自主定价，推动服务企业在竞争中形成价格。

3. 完善公共服务价格形成机制

基本公共服务是政府必须兜底的公共服务，可以由政府通过管制形成较低的价格，但非基本公共服务可以放开价格管制。区分基本公共服务与非基本公共服务，对其实行不同的定价机制。在"保基本"的前提下，加快形成非基本公共服务领域主要由市场决定的价格机制。政府定价范围主要限定在重要公用事业、公益性服务、网络型自然垄断环节；在基本公共服务领域，政府仍保留定价权，以保障公益性；对非基本的公共服务，如部分健康医疗服务、房屋和物业管理服务等，全面放开价格管制，完全由市场供求关系决定价格。

专栏 5.3　放松价格管制的三大领域

1. 医疗改革方面。医疗、水、石油、电力、交通等正在向放松价格管制发展。在医疗领域，虽然还没有形成充分竞争的格局，但民营医院的进入已有多年，价格管制放松的时点正在临近。2014 年 5 月 8 日，国家发改委宣布为鼓励药企生产低价药的积极性，减轻患者使用高价药的负担，国家取消 283 种低价西药和 250 种低价中成药的最高零售价，生产企业可在西药费用日均不超过 3 元、中成药日均费用不超过 5 元的前提下自主定价。药企可以根据药品生产成本和市场供求状况自主制定或调整零售价格，从而在一定程度上提高了药企生产低价药的积极性。

2. 油气改革方面。目前，国内油气行业呈现寡头垄断政策性定价的局面。虽然原油价格与国际接轨，成品油价格挂钩国际油价，但仍存在一定程度的政府调控，天然气价格则仍以政府指导为主。从改革趋势看，价格市场化是大趋势，特别是天然气价格将建立与可替代能源价格挂钩的动态调整机制。由于国内气价和进口气价倒挂，三大油企进口天然气业务一直处于亏损状态，随着天然气价格不断上涨，三大油企将成为最大的受益者。

3. 电信改革方面。2014 年 5 月 9 日，工信部、发改委联合发布了《关于电信业务资费实行市场调节价的通告》，宣布将放开所有电信业务资费。包括固定和移动的本地、长途、漫游语音，短消息，数据业务等所有电信业务资费。我们认为这种变化更有利于以民营企业为主的虚拟运营商利用资费价格手段开展业务。

资料来源：孙金钜. 垄断行业放松管制 服务业轻装上阵[N]. 证券时报，2014－06－14.

4. 加强服务业市场的价格监管

(1)加强行政监管。价格主管部门要加强相关服务价格的动态监测和分析,及时反映市场价格动态;开展市场价格巡查,加大力度查处价格欺诈、哄抬物价等价格违法行为,例如殡葬服务,需要有政府公益兜底,尽快改变“死亡市场”乱象;建立健全服务业价格监督法规体系,依法监管服务业市场。

(2)加强社会监督。建立和完善服务行业信息披露制度,加强社会公共监督;充分发挥新闻媒体的舆论监督作用,切实维护服务业市场价格的稳定。

(3)完善价格听证制度。合理确定服务提供商与消费者代表比例,鼓励社会中介组织参与价格听证,听证会全程接受社会监督。

第三节 加快形成服务业创新创业的制度环境

服务业发展大中型企业很重要,而众多分门别类、满足城乡居民多样化服务消费需求的中小企业更为重要。“十三五”加快服务业主导的经济转型需要激发中小企业的创新创业活力,同时也需要推动大中型企业向创新型企业转型。这就需要把握全局、突出重点,加快形成服务业市场创新创业的制度环境,实现服务业领域的创新驱动。

一、支持中小企业创新创业

我国解决就业问题主要靠中小企业。进入互联网时代,中小企业在推动创新中的地位和作用日益凸显,为中小企业提供更为宽松的创新创业空间,成为我国经济转型的重大任务。

1. 充分估计中小企业在创新驱动中的重大作用

从国际经验看,中小服务企业更能够灵敏地反映市场需求,与传统的大型企业相比更容易实现创新。以美国为例。服务业大都是从小企业开始成长的，大资本的优势并不明显，亚马逊、谷歌、脸谱等国际服务业巨头，许多是在车库中创业出来的。相反，一些传统大型企业，如诺基亚、雅虎、柯达等，由于受价值观和企业运行机制等的束缚，未能适应时代潮流及时转型，最终走向衰落。

应当看到，在互联网时代，服务业的进入门槛相对较低，中小企业在创新创业上的优势更为明显。以网上创业为例。有调查显示，截至2013年底，我国网店创业就业总人数已达962.47万人①。从中小企业成长起来的阿里巴巴不仅仅为广大创业者提供了一个平台，更重要的是它充分利用大数据不断延伸产业链，陆续进入金融、医疗和车联网等领域，从而在推动产业创新中发挥着更大的作用。

未来5~10年，将更多的中小企业培育成为像阿里巴巴这样的创新型企业，不仅能够有效缓解国内的就业压力，还能够形成服务业领域创新驱动的新格局。

2. 做大做实国家中小企业发展基金

从2012年起，中央财政设立总额150亿元的国家中小企业发展基金，分5年拨付到位。考虑到我国中小企业的数量巨大和全局性作用，建议扩大国家中小企业发展基金的规模，支持和鼓励更多的地方政府设立中小企业发展基金，引导地方政府、创业投资机构及其他社会资金支持初创期的中小企业和微型企业发展，提高技术创新、创业扶持、基金支持、市场开拓和服务保障水平。对企事业单位、社会团体和个人等向基金捐赠资金的，准予在计算缴纳所得税时进行税前扣除。

3. 鼓励各类人员创新创业

(1)鼓励大学生创业。据教育部估计，2015年我国高校应届毕业生总量将达到749万人，毕业生人数将再创历史新高②。“十三五”适应人口城镇化和工业转型升级的大趋势，充分挖掘服务业新兴领域的市场潜力，落实国家关于大学生创业的相关政策，鼓励和扶持大学生开设网店等多种创业形态。争取到2020年，我国大学生毕业后3年内创业率由目前的不到2%提升到8%左右。

(2)鼓励失业人员自主创业。2014年4月，财政部等相关部委出台未来3年支持

① 白天亮.人社部调查显示：962万人在网店就业 个人网店员工七成无社保[N].人民日报，2014-03-27.

② 雷嘉.2015年高校毕业生人数将再创新高 达到749万[N].北京青年报，2014-12-09.

创业就业税收政策，对失业人员自主创业每户每年可最高减税 9 600 元。随着我国人口城镇化进程加快，对家政服务、健康服务、养老服务、体育服务等生活性服务的需求将全面增加，建议“十三五”国家出台综合性的扶持政策，鼓励失业人员在这些服务行业创业和再就业。

4. 搭建中小企业创新创业的制度平台

(1) 国家重大科研基础设施和大型科研仪器向社会开放。 建设一批支撑全方位创新创业的平台，使所有想创业的人都有创业的空间，所有有创新想法的人都有创新的平台，打造一支强大的国家创新创业人才队伍。

(2) 鼓励科技人员以技术入股。 建立知识产权和科技成果作价入股制度，占股比例由双方商定，最高比例可达到公司注册资本的 70% ①。成果持有单位最高可以从技术转让(入股)所得的净收入(股权)中提取 70% 的比例奖励科技成果完成人。

(3) 支持中小企业实行员工持股。 员工持股是一种有效的激励制度。例如，华为公司把 98.58% 的股权开放给员工，在推动技术创新中成效显著。“十三五”应鼓励中小企业率先探索职工持股计划，形成资本所有者和劳动者的利益共同体。

5. 积极扶持中小服务企业发展

(1) 创新中小企业服务方式。 由重服务个体转变到服务体系建设，建立中小企业公共信息平台，鼓励中小企业通过资源整合、资产重组，形成产业联盟；鼓励有条件的大型民营企业研发机构向中小民营企业开放实验仪器、装备和设施。

(2) 创新中小企业融资方式。 为中小服务企业提供多元化的融资渠道，不断扩大企业信贷抵押担保物范围；鼓励发展众筹、互联网金融等新的融资模式，支持草根创业；支持符合条件的中小型服务企业在境内外市场上市融资。

(3) 支持中小服务企业做大做强。 积极支持有条件的服务企业向规模化、网络化、品牌化发展；鼓励和支持企业通过连锁经营、特许经营等方式，扩大服务规模；支持一批有实力的中小服务企业“走出去”，布局海外市场。

---

① 邓蓉. 知识产权和科技成果作价入股最高比例可达 70% [EB/OL]. 新浪网, 2008 - 12 - 05.

专栏 5.4　2014 年部分在美国上市的中国服务企业

1. 阿里巴巴。2014 年 9 月 19 日晚，阿里巴巴正式在美国纽约证券交易所挂牌上市，股票代码 BABA，价格确定为每股 68 美元，其股票当天开盘价为 92.7 美元，较发行价大涨 36.32%。由于阿里巴巴集团的承销商行使了超额配售选择权，将筹资规模扩大了 15%，从而使阿里在交易中总共筹集到了 250 亿美元，创下了有史以来规模最大的一桩 IPO 交易。

2. 创梦天地。2014 年 8 月 7 日，创梦天地在美国纳斯达克证券交易所正式挂牌上市，股票代码为 DSKY，发行价为每股美国存托股(ADS)15 美元，融资 1.511 亿美元。创梦天地开盘价报 17.5 美元，较发行价上涨 16.6%，市值约为 7.45 亿美元。

3. 迅雷。2014 年 6 月 24 日，迅雷在美国纳斯达克证券交易所挂牌上市。首日收报 14.90 美元，较发行价涨 24.17%。

4. 智联招聘。2014 年 6 月 13 日，智联招聘在美国纽约证券交易所挂牌上市。上市当日以 14.51 美元开盘，收于 14.65 美元，市值达 7.52 亿美元。

5. 京东。2014 年 5 月 20 日，京东在美国纳斯达克证券交易所挂牌上市。

6. 聚美优品。2014 年 5 月 17 日，聚美优品在美国纽约证券交易所挂牌上市，商业模式为化妆品团购。

7. 途牛网。2014 年 5 月 9 日，途牛网在美国纳斯达克证券交易所挂牌上市。

8. 猎豹移动。2014 年 5 月 8 日，猎豹移动在美国纽约证券交易所挂牌上市。

9. 新浪微博。2014 年 4 月 17 日，新浪微博在美国纳斯达克证券交易所挂牌上市。

10. 新浪乐居。2014 年 4 月 17 日，新浪乐居在美国纽约证券交易所挂牌上市。

11. 爱康国宾。2014 年 4 月 10 日，爱康国宾在美国纳斯达克证券交易所挂牌上市，商业模式为健康服务。

12. 达内科技。2014 年 4 月 3 日，达内科技在美国纳斯达克挂牌上市，商业模式为 IT 职业教育。

资料来源：中改院课题组整理。

二、推动传统大企业向创新型企业转型

推动由“中国制造”走向“中国智造”，重要的是加快大型制造企业转型升级。随着传统产业产能过剩矛盾的进一步凸显，以发展生产性服务业为重点，推动大企业向创新型企业转型，成为“十三五”经济转型升级不可回避的重大课题。

1. 工业转型升级的关键是大企业向创新型企业转型

(1) 大企业在实体经济中的地位举足轻重。有统计显示，2012 年中国 500 强企业的营业收入达到 50.02 万亿元，相当于 2012 年 GDP(51.9 万亿元)的 96.3%，500 强

企业纳税总额占2012年全国税收总额的36.3%[①]。没有大企业的转型升级,我国制造业版图很难真正改变。

(2)规模以上工业企业利润下降形势严峻。2014年1—11月,全国规模以上工业企业实现利润56 208亿元,同比增长5.3%,增速比1—10月回落1.4个百分点,连续4个月回落并创2013年2月以来新低[②]。

(3)大企业整体盈利能力远未摆脱下行的困扰。据中国企业家联合会统计,自2009年以来,中国制造企业入围中国企业500强的数量由高峰期的294家减少为2014年的260家。排名前500位的中国制造企业,平均利润率为2.15%[③]。

(4)国企改革需要进一步破题。根据财政部的数据,2013年全国国有企业资产总额104.1万亿元,这些是不包含金融国企在内的国有企业,包括94个中央部门所属企业、113家国资委监管企业、5家财政部监管企业和36个省(自治区、直辖市、计划单列市)的地方国有及国有控股企业。国家统计局数据显示,2013年,规模以上工业企业以利润总额计算的利润率为6.11%,以主营活动利润计算的利润率为6.04%。其中,国有企业主营业务利润率仅4.8%,远低于平均水平[④]。

"十三五"能否推动国有企业优化升级,建立现代企业制度,提升国有企业的创新能力,在相当大程度上决定着工业转型升级的成败。

2.把做强生产性服务业作为发展混合所有制的重要任务

(1)国企做强生产性服务业才能成为创新型企业。在新技术革命的浪潮下,像IBM、苹果这样的国际制造业巨头纷纷加快制造环节的剥离,自身专注于产品的研发设计,成为世界级创新型大企业。我国要实现更多国企进入世界500强的关键是发展生产性服务业。

(2)以做强生产性服务业为重点推动社会资本参与国企改革。推动部分国有大型工业企业剥离生产性业务,将生产性业务转让给社会资本运营,将主要业务集中在生产性服务业领域;推动部分国有大型工业企业围绕生产性服务业延伸产业链,部分生产性服务业转让给社会资本运营,将主要业务集中在高端生产性服务业。

① 丁栋.2013中国企业500强年收入逾50万亿 千亿企业123家[EB/OL].中国新闻网,2013-08-31.

② 国家统计局.前11月规模以上工业企业利润同比增5.3%[EB/OL].国家统计局官网,2014-12-27.

③ 范若虹.中国制造业阵痛[J].财经国家周刊,2015(1).

④ 刘铮.2013年全国规模以上工业利润总额超过6万亿元[EB/OL].新华网,2014-01-28.

(3)培育一批高端生产性服务业企业集团。通过发展混合所有制在国企培育总部经济，充分利用现代信息网络技术及平台，发展一批具备国际竞争力、在国际国内具有资源配置能力的专业化研发服务机构。

3. 推动军转民领域的混合所有制发展

(1)建立促进军民融合式发展的体制机制。从国际经验看，军事领域的高科技往往是一个国家最尖端的技术，军民融合式发展有利于快速推动一个国家高科技在工业转型升级中的广泛应用。

(2)引导和鼓励社会资本进入国防科技工业建设领域。凡不涉及国家安全的国防科技工业尽可能引导社会资本参与，形成面向全国、分类管理、有序竞争的开放式发展格局。促进军、民科研机构的开放共享，加速军工和民用技术相互转化，促进国防领域和民用领域科技成果、人才、设施设备、信息等要素的交流融合，提高资源利用效率。

(3)尽快出台开发军民两用技术和产品的指导目录。明确发展混合所有制的重点领域，加快国防科技成果转化和产业化进程，通过社会资本参与形成一批军民结合产业和军工优势产业。

4. 服务于"走出去"推动国有企业优化重组

推动我国具有国际竞争优势的企业"走出去"，是我国大型企业接受国际竞争考验、加快转型升级的重要渠道，同时也是我国消化过剩产能的重要途径。"十三五"需要把握"一带一路"战略的历史机遇，支持更多国内具有竞争优势的装备制造业、建筑业、交通运输业等企业优化重组，培育一批带动我国企业"走出去"的旗舰企业集团。

5. 以国有资产证券化加快国有资本重组

(1)加快国有资产证券化进程。"十三五"争取实现国有资产证券化率不低于50%，为加快国有资本重组、引入社会资本参与创造有利条件。

(2)发展社会资本控股的混合所有制。在钢铁、水泥、船舶、电解铝等过剩产业实现国有资本的战略性退出，以社会资本控股为主实现跨地区兼并重组、境外并购和投资合作，引导兼并重组企业进行管理创新，提高产业集中度，加快转型升级。

(3)推动上市公司在兼并重组中发挥重要作用。鼓励有实力的上市公司参与国有资本重组,支持上市公司通过向控股股东定向增发的形式筹集资金进行跨地区、跨行业的兼并重组。

三、全面实施服务企业自主登记制度

适应服务业市场开放的大趋势,"十三五"全面实施企业自主登记制度,推动政府职能由行政审批转向公共服务,为创新创业提供更加便利、快捷的服务。

1. 实现工商登记由"先证后照"向"先照后证"的根本性转变

实现创业者只要到工商部门领取一个营业执照,就可以从事一般性的商业服务业,如果从事需要许可的生产经营活动,再向主管部门申请①;对于法律、法规未明确审批与登记先后顺序,但实际工作中按前置审批的事项全部实行后置审批;对法律、行政法规和国务院决定明确为企业登记前置事项进行梳理,分批分步改为后置审批,除涉及国家安全、公民生命财产安全等外,不再实行"先证后照"。

2. 全面落实注册资本由实缴登记制改为认缴登记制

加快完善相关法律法规,实行公司股东(发起人)自主约定认缴出资额、出资方式、出资期限等,工商部门只须登记公司认缴的注册资本总额,无须登记实收资本,不再收取验资证明文件。推行电子营业执照和全程电子化登记管理,建立各省市区市场主体信用信息公示体系;简化名称登记手续,放宽经营范围登记,放宽市场主体住所(经营场所)登记条件;建立全国统一的市场主体信用信息公示体系,将企业登记备案、年度报告、资质资格等通过市场主体信用信息系统予以公示②。

3. 全面实施服务企业投资项目备案制

(1)取消省管权限内企业投资项目核准。建议 1 ~ 2 年内,全面推行服务企业投资项目备案制。除需报国家核准的项目外,将各省核准权限内的项目进行分类改革,

① 陈荞,袁国礼. 注册资本实缴登记变为认缴[N]. 京华时报,2013 - 03 - 11.

② 注册资本登记制度改革相关问题解答[N]. 中国工商报,2014 - 03 - 03.

其中不涉及公共资源开发利用的项目一律取消核准，改为备案管理。

(2)改革企业投资项目备案制。简化企业投资鼓励类、允许类项目备案手续，推行网上在线备案；企业应如实填报备案内容，并对备案信息内容的真实性负责；企业投资项目原则上按项目属地在县级以上政府投资主管部门备案，跨区域项目在上一级政府投资主管部门备案①。

(3)建立高效便捷的“并联”办理流程。整合各级政府现有的信息资源，建立全国统一的电子政务平台，实行全程电子化网上备案；政府各部门之间建立互连互通的信息系统，实现审批信息共享；在鼓励类、允许类项目立项阶段，项目备案、规划选址、用地预审、环境影响评价等手续全部改为同步“并联”办理。

四、严格保护服务业知识产权

与工业产品相比，服务业更有赖于知识产权的保护，而服务业的知识产权保护更难。适应营商环境国际化的大趋势，“十三五”应着力加强服务行业知识产权保护，为企业创业创新提供法治保障。

1. 出台《知识产权法》

当前，我国对知识产权的保护主要是根据《著作权法》、《专利法》、《商标法》、《反不正当竞争法》等法律，但这种分别立法的模式对知识产权制度中一些共性的内容缺乏统一的规定，而且各个法之间有内容重复的现象，造成立法资源的浪费。随着我国向创新驱动发展转型，对专利保护、知识产权保护的需求进一步高涨，而知识产权作为一项重要的民事权利，对惩治侵犯知识产权行为却依据刑法中的条款执行，缺乏统一的知识产权法典。

因此，建议“十三五”抓紧研究出台《知识产权法》。将现有的《著作权法》、《专利法》、《商标法》等纳入到《知识产权法》中；参考《建立世界知识产权组织公约》与《与贸易有关的知识产权协定》，明确我国知识产权保护的客体范围；对侵犯知识产权行为的惩治做出具体规定，做到有法可依。

---

① 广东取消省管权限内企业投资项目核准 改为备案制[EB/OL]. 新华网，2013－03－20.

专栏5.5 知识产权保护的客体范围
《建立世界知识产权组织公约》将知识产权保护的客体分为以下几类：文学艺术和科学作品，表演艺术家、录音和广播的演出，在人类一切活动领域内的发明，科学发现，外型设计，商标服务标记、商号名称和牌号，制止不正当竞争以及在工业、科学、文学或艺术领域内其他一切来自知识活动的权利。 《与贸易有关的知识产权协定》规定 WTO 缔约方必须对以下知识产权给予保护：著作权、商标、地理标志、外观设计、专利、集成电路布图设计、商业秘密。由此可见，知识产权通常包括专利权、著作权、商标权、商业秘密以及其他权利。知识产权法院就是专门审理专利权、著作权、商标权、商业秘密等知识产权案件的法院。

资料来源：尹锋林．知识产权法院建设刍议[J]．前线，2014(1)．

2. 加强知识产权行政执法

2015 年初，《深入实施国家知识产权战略行动计划(2014—2020 年)》首次明确提出"努力建设知识产权强国"的目标。而目前我国在维护知识产权所有者合法权益时，知识产权局的权力有限，只能通过与其他部门联合行动来保护知识产权。

建议赋予知识产权局行政执行权，加强重点领域知识产权行政执法，加强知识产权刑事执法和司法保护，积极营造良好的知识产权法治环境和市场环境；加强知识产权审查，实施重大经济活动知识产权评议，引导企业加强知识产权管理；拓展知识产权国际合作，适应对外开放的需要，加强涉外知识产权保护，支持企业"走出去"①。

3. 加快建立知识产权法院

从我国的改革实践看，中共十八届三中全会提出的"探索建立知识产权法院"已经开始逐步落实。2014 年 8 月，全国人民代表大会常务委员会做出《关于在北京、上海、广州设立知识产权法院的决定》。目前，北京、上海和广州已经相继设立了知识产权法院。

建议"十三五"尽快在最高人民法院下成立知识产权法院，并在北京、上海、广州等试点的基础上，加快向全国其他地区推广试点经验；增加刑事判决、裁定的上诉案件，实现民事、行政、刑事案件"三审合一"；加强人才培养与引进，通过教育、培训、引进等多种途径，培养一批专业化的法官队伍。

---

① 国务院：加强知识产权保护 行政执法信息公开[EB/OL]．中国新闻网，2015-01-04．

专栏5.6　中改院关于成立知识产权法院的建议

1. 成立知识产权法院。成立知识产权法院能够促进知识产权的创作、保护和运用，是“以知识产权为基础的国家”的体现，其首要职责是通过诉讼解决有关知识产权的纠纷，并且通过高水平的专家做出公正高效的判决，以合理地保护知识产权并提供相关的司法判决等司法信息。比如，英、美、日、韩等发达国家，都建立了相应的知识产权法院以解决知识产权纠纷问题。建议我国在最高人民法院下成立知识产权法院，并在各省（直辖市、区）高等法院设置知识产权法院分院。

2. 设置两级知识产权法院。最高人民法院知识产权分院负责全国知识产权民事、行政和刑事案件的最终审判，负责全国各高级人民法院做出的知识产权民事、行政和刑事案件判决的复查和再审；负责对各省市区高级人民法院知识产权法院民事、行政和刑事审判业务的指导和监督。各省市区高级人民法院知识产权分院负责辖区内知识产权民事、行政和刑事二审案件的审理。

3. 设置专家委员会。在全国范围内任命各个领域中高水平的技术专家，包括大学教授、公共研究机构研究人员、专利律师等，他们作为兼职官员每两年选聘一次。将专家委员的名单存放在专家库中，根据案件情况指定最适合的专家来解决相关的技术纠纷案件，尤其是难以理解并且需要专业知识进行解释的案件。

第四节
加快服务业发展的政策调整

随着我国走向服务业大国，“十三五”需要加快调整服务业发展政策的步伐，纠正对服务业不合理的歧视性政策，从而有效地保证各种所有制经济依法平等使用生产要素，公开公平公正参与市场竞争，受到法律同等保护。

一、调整服务业与工业用地政策

加大服务业用地供给，对列入国家鼓励类的服务业在供地安排上给予倾斜，通过采取过渡式的办法逐步缩小服务业与工业用地的价格差距，最终实现工业与服务业用地“同地同价”。

1. 土地供给向现代服务业倾斜

(1)提高现代服务业用地比例。在土地利用总体规划和城乡规划中统筹安排服务业发展用地的规模、布局和时序，调整城市用地结构，将更多的土地应用到现代服务业领域。

(2)支持利用工业、仓储等用房、用地兴办符合规划的服务业。涉及原划拨土地使用权转让或改变用途的，经批准可采取协议出让方式供应。

2. 新增建设用地向新兴服务业倾斜

优先安排国家鼓励发展的高技术、高附加值、低消耗、低排放的新兴服务业项目用地。鼓励工业企业利用自有工业用地兴办促进企业转型升级的自营生产性服务业，经依法批准，对提高自有工业用地容积率用于自营生产性服务业的工业企业，可按新用途办理相关手续。

3. 缩小服务业与工业用地的价格差距

鼓励地方试点，加大政策调整力度，对服务业用地给予各种优惠政策，大幅降低服务业用地价格，争取到2020年全国基本实现服务业用地与工业用地“同地同价”。

二、实现服务业与工业平等竞争使用水电气等资源要素

“十三五”要抓紧落实国家关于服务业发展的价格政策，在全国范围内加快推进工商业水电气“同网同价”，甚至可与民用价格相同。

1. 实现服务业与工业同水同价

“十三五”前期，各地结合实际情况可以采取不同的模式尽快实现服务业与工业用水同价：一是通过财政补贴或财政与供水企业共同承担的方式，将现行服务业用水价格直接降至工业用水的价格水平；二是通过提高工业用水价格和降低服务业用水价格，将现行服务业用水与工业用水价格拉齐；三是简化城市供水价格分类，即除居民生活用水、特种行业(洗浴、洗车等高耗水)供水价格外，将原来的工业、行政事业、基建行业、商业、饮食业、服务业用水统一归类为其他行业供水价格。

2. 实现服务业与工业用电同价

(1)分步推进电价合并，实现商业电价与普通工业电价同网同价。先将商业电价与普通工业电价合并，两者归并为一般工商业用电电价；再将非工业和一般工商业用电合并为一般工商业及其他用电，包括党政机关、事业单位都执行该类别电价。

(2)坚持实施峰谷分时电价政策。实现一般工商业用电同价后，电价类别只有大工业、一般工商业及其他用电、居民生活、农业生产这四大类，对用电量超过110千伏安的一般工商业用户统一执行所在电网的峰谷分时电价政策。

3. 实现服务业与工业用气同价

(1)简化气价分类，实行工商业用天然气同价。将用气价格分类由现行的“居民生活、工业生产、商业服务、其他(公用事业)”四类调整为“居民生活用气、非居民生活用气和其他用气”三类。

(2)实行工商服务并轨政策。将“商业服务”和“工业生产”用气归并为“非居民生活用气”；根据各地实际情况，通过有升有降的价格调整方式，确定新的价格标准。

(3)建立气价动态调整机制。建立起反映市场供求和资源稀缺程度的、与可替代能源价格挂钩的动态调整机制，加快理顺与可替代能源的比价关系。

三、实现服务业体制内外人才政策的平等

现代服务业的发展更有赖于中高级人才的支撑。多年来，由于体制内外政策的差异，绝大多数的硕士、博士毕业生更愿意到体制内的机关事业单位工作，而不愿意到民营企业、社会组织工作。“十三五”应当把实现服务业体制内外人才政策的平等作为实施国家创新驱动战略的一个重要任务。

1. 实现体制内外人才政策的平等

建议“十三五”全面放开体制外人才职称评定门槛。对于长期在非公单位工作、没有参加过职称评定的各类人才，打破逐级申报限制，允许根据工作能力、业绩等直接报评相应级别的职称；对在非公单位、科技型中小企业发展中做出突出贡献的人才可以破格、越级评审职称；在非公企业关键岗位上做出突出业绩的骨干人才，可免试外

语、计算机。

2. 实现体制内外各类人才福利待遇的平等

2015 年 1 月 14 日，国务院公布了《机关事业单位工作人员养老保险制度改革的决定》，使机关事业单位和城镇职工的养老保险制度实现了统一。“十三五”的重点是加快实现体制内外各类人才社会保障水平的平等；尽快出台实施细则，逐步提升非公有制机构和公益性社会组织各类人才的社会保障水平，最大限度地缩小体制内外各类人才基本社会保障水平的差距；建立健全民办机构人才人事代理服务制度，保障各类人才在体制内外合理流动，鼓励高校毕业生、各类人才到民办机构工作；实现民办机构人才在户籍迁移、住房、子女就学等方面享受与当地同级同类公办机构同等的人才引进政策。

3. 国家对体制内外人才的重大科研活动进行同等支持

改变各类科研课题集中在体制内科研院所、知名高校以及科研与实际脱节的状况，实现新增各类科研课题向非公单位倾斜，向一线科研倾斜，鼓励和支持体制内事业单位人才到非公单位就业创业；对于非公单位自行提出、对国家和地方创新有重要影响的重大课题，政府给予应有的支持，以形成“产学研一体化”的激励机制。

四、实现服务业体制内外政府采购政策的平等

打破所有制界限，对体制内外的服务业企业和非营利机构，政府采购政策应一律平等，避免政府采购政策歧视非公机构。无论是体制内还是体制外的企业和非营利机构，谁提供的服务质量高、成本低就向谁采购。

1. 政府采购中实现各类所有制企业的政策平等

除明令禁止社会资本参与政府采购的项目外，其他领域政府采购项目均向社会资本开放；参与政府采购和招标投标、高新技术企业认定、申报政府计划项目、科技奖励、取得许可证和资质等级证书以及安排使用的各类财政专项扶持资金，对各类所有制企业一视同仁，实行同等待遇。

2. 政府购买公共服务实现事业单位与公益性社会组织的平等

凡政府购买公共服务，除明令禁止社会资本参与的项目都应向公益性社会组织放开。在教育、医疗、文化、养老等各个领域购买公共服务，都应当对事业单位和公益性社会组织实行同等待遇。

3. 实行政府对公益性社会组织稳定的财政支持

解放思想，打破以所有制为标准支持公共服务供给的做法，确立以公益性为标准支持公共服务供给的新体制。借鉴发达国家的经验，对具有重大公益性的社会组织，财政可视具体情况逐年予以拨款，鼓励更多的社会组织从事公益性事业。

第六章
啃下结构性改革的硬骨头
——“十三五”：全面深化改革的攻坚战

实现服务业主导的转型升级，面临着结构性矛盾的重大挑战。根本出路是加快结构性改革。“十三五”要以结构性改革为重点，取得经济转型升级的决定性成果。

我国实现由工业主导向服务业主导的经济转型升级，面临着结构性矛盾的重大挑战。从经济转型升级的现实需求与时间空间约束看，“十三五”结构性矛盾不解决，不仅转方式、调结构很难有实质性突破，而且很可能增大经济运行的系统性风险。为此，突破利益固化藩篱，推进财政、税收、金融、教育等的结构性改革，成为经济转型升级必须啃下的“硬骨头”。

第一节 结构性改革是经济转型升级的“硬骨头”

结构性改革是以破解阻碍经济转型升级的结构性、体制性矛盾为导向的改革，是推动经济转型升级的关键所在。推动结构性改革必然引起深刻的利益调整，不仅涉及中央与地方的利益关系调整，还涉及部门利益、行业利益的调整，是全面深化改革难啃的“硬骨头”。“十三五”取得结构性改革的重大突破，将为经济转型升级创造有利条件。

一、经济转型升级的结构性矛盾增多

“十二五”以来，随着经济增长下行压力不断加大，经济转型升级面临着日益突出

的结构性、体制性矛盾，对加快结构性改革提出新的要求。能不能打破利益固化藩篱，啃下结构性改革的“硬骨头”，是“十三五”经济转型升级的重大挑战。

1. 投资与消费的结构性矛盾

（1）投资与消费的结构性矛盾突出。从需求结构看，“十二五”以来投资消费失衡的格局虽然有所改善，消费率和消费贡献率开始回升，但由于投资驱动的增长格局没有根本改变，投资与消费失衡难以根治。另外，随着经济增长下行压力的加大，有的地方依靠投资稳增长又出现卷土重来的苗头，很可能加大产能过剩、地方债、房地产和财政金融等风险。

（2）有效供给不足的结构性矛盾凸显。

——社会消费结构由物质型消费向服务型消费升级，但服务业有效供给和有效投资明显不足，社会资本进入服务业仍然面临着诸多体制机制障碍。

——新型消费需求快速释放，但传统产业产能过剩的问题比较严重，先进制造业和生产性服务业发展仍然滞后。

——绿色消费需求潜力巨大，但绿色产品与服务的供给严重滞后，企业绿色生产的体制机制改革仍然不到位。

2. 经济增长动力的结构性矛盾

（1）资本供给的结构性矛盾突出。资本总量短缺的时代已经过去，但结构性的供给短缺日益严重。目前，我国储蓄率仍然保持在较高水平，全社会可供投资的资本供给总量巨大，但实体经济尤其是服务业和中小企业资金短缺的问题比较突出。

（2）人力资源供给的结构性矛盾增多。从劳动力的供给看，既存在人口老龄化加快、劳动年龄人口总量开始下降的问题，更面临劳动力供给结构难以适应产业结构调整升级趋势，以及人力资本发展难以适应经济增长由要素驱动转向创新驱动的问题。

（3）技术创新的拉动力不足。随着劳动力等生产要素低成本优势的减弱，以及资源环境约束的不断加大，科技创新对经济增长的重要性更加突出。但企业特别是中小企业技术创新能力明显不足，许多技术创新难以及时转化为社会需要的生产能力。

3. 服务业发展滞后的结构性矛盾

(1)社会资本进入服务业面临结构性障碍。

尽管"十二五"时期政府不断放宽服务业领域的市场准入,但在金融、电信、研发设计等服务业领域的国有垄断格局尚未根本改变,在教育、医疗、养老等服务业领域社会资本进入仍存在许多体制与政策障碍。以医疗服务为例。公办机构进入医保定点范围无门槛,但私人资本、港澳台包括外商投资的非公立机构进入医保定点范围门槛仍然很高,非公立机构在资本获得、人力资源、政策支持、政府购买等多方面处于劣势。

(2)服务业与工业公平税负的格局尚未形成。

——目前,"营改增"尚未全面推开,过去以服务业为征税对象的营业税不仅造成重复征税、加重企业税负的问题,而且形成制造业与服务业税负水平差异,不利于社会资本更多流向现代服务业,对产业结构调整升级产生"逆向调节"效应。

——"营改增"全面推行后对服务业具有明显的减税效应,但如果不解决好地方政府主体税种消失后的财力保障问题,地方政府可能通过其他办法如增加行政事业性收费等解决财政困难,导致税负反弹的可能性加大。

——与工业相比,服务业更具有劳动力密集型和人力资本密集型的特征,服务业企业的社会保障负担往往比工业企业更重。

4. 实体经济发展面临的结构性矛盾

(1)金融资源"脱实就虚"的矛盾突出。2008 年国际金融危机以来,我国的货币供应量迅速增加,但央行释放的流动性并未完全进入实体经济,利率已经降到"钱荒"以来的最低水平,实体经济融资成本仍然居高不下,企业贷款利率仍处于较高的水平。

(2)中小企业融资难仍是一个大问题。

——中小企业间接融资占比很小。间接融资是我国企业融资的主要渠道,占比在80%左右。但我国 5 000 多万家中小企业,只有不到 10% 能在银行融资,并且在银行融资的中小企业的融资成本合计高出银行贷款利率约 50%,实际资金成本超过 10%[①]。

——中小企业直接融资占比偏低。我国中小企业直接融资占比大概在 5% 左右,

① 徐万国. 政协委员称企业宏观税负超 40% 在国际上非常高[N]. 21 世纪经济报道,2013 - 03 - 08.

而国际平均水平在70%左右。我国股票市场和债券市场仍以国有企业和大型企业为主体，据上证报资讯统计，国资控股的上市公司市值合计达25万亿元，占A股总市值的71%①。

(3)企业特别是中小企业税负沉重。目前，以企业为主征收的间接税占税收的比重超过60%，再加上企业所得税、社会保险费及行政事业性收费等，企业税费负担很重。1990—2013年，营业税、国内增值税和企业所得税三项税收收入从占税收总收入的57.8%上升到61.9%，占GDP的比重由8.7%上升到12%(见表6.1)。有学者测算，目前超过90%的税收由企业缴纳②。国有垄断企业和大企业产品和服务定价能力较强，从而向消费者转移税负的能力也较强，但中小企业往往难以转移税负，在竞争中处于劣势。

表6.1 1990—2013年营业税、增值税和企业所得税规模与占比 单位：亿元，%

年份	1990	2000	2010	2011	2012	2013
财政收入	2 937.1	13 395.23	83 101.51	103 874.43	117 253.52	129 142.9
税收收入	2 821.9	12 581.50	73 210.80	89 738.40	100 614.30	110 497.3
增值税	400.0	4 553.20	21 093.50	24 266.60	26 415.50	28 803.0
企业所得税	716.0	999.60	12 843.50	16 769.60	19 654.50	22 415.8
营业税	515.8	1 868.80	11 157.90	13 679.00	15 747.60	17 217.3
三项合计	1 631.8	7 421.60	45 094.90	54 715.30	61 817.70	68 436.1
三项占税收收入比重	57.8	59.0	61.6	61.0	61.4	61.9
三项税收占GDP比重	8.7	7.5	11.2	11.6	11.9	12.0
财政收入占GDP比重	15.7	13.5	20.7	22.0	22.6	22.7

数据来源：根据统计数据计算得出。其中，1990—2012年数据来自国家统计局数据库；2013年数据来自《中国统计摘要2014》。

二、宏观经济政策的有效性依赖结构性改革

“十二五”时期，面对日益增多的结构性矛盾和问题，宏观经济政策开始由“总量调控”转向“结构性调控”。问题在于，结构性改革不突破，宏观经济政策的有效性就会大打折扣，而且随着经济风险的累积，宏观调控发挥作用的空间也将越来越小。

① 王雪青. 国资改革奏响三重奏[N]. 上海证券报，2014-12-23.

② 李蕾. 超90%税收由企业直接缴纳[N]. 新京报，2012-03-06.

1. 减税的持久效应依赖税制改革

(1)"十二五"结构性减税的政策力度不断加大。2008 年国际金融危机以来,我国连续 6 年采取了积极的财政政策,以达到"扩内需、稳增长、调结构"的目标。其中,针对小微企业、服务业等结构性减税的力度不断加大,包括服务业"营改增"、提高小微企业营业税、增值税和企业所得税的起征点并降低税率等。以"营改增"为例。截至 2014 年 10 月底,"营改增"试点的范围扩大到交通运输、邮政、电信三大行业与技术研发、信息技术、文化创意、物流辅助等七个现代服务业,2014 年 1—9 月累计减税 1 448亿元①。据财政部测算,"营改增"全面完成后整体减税规模将达到 9 000 亿元,在结构性减税中占大头。

(2)结构性减税对经济结构调整有积极作用。以"营改增"为例。据测算,2012 年、2013 年"营改增"分别拉动现代服务业增加值增长 8.7% 和 2.8%;"营改增"对上海市产业结构升级的贡献率分别为 35.0% 和 13.5%,上海的三产占比一举突破 60.0%,其中 2012 年达到 60.5%,2013 年达到 62.2%②。

(3)减税效应能否持久取决于税制结构的调整与改革。从近几年结构性减税的政策效应看,"营改增"等直接涉及税制结构调整的政策具有明显的减税效应,并且未来还会持续放大。一些临时性、不触及税制结构的税收优惠和税收减免政策的减税效应则较小,并且很容易被其他税费的增加所抵消,只能起到短期刺激需求的作用。

2. 持续优化财政支出结构依赖财政体制改革

(1)"十二五"公共财政支出规模不断扩大。积极财政政策的另一个工具是扩大财政支出。2008 年国际金融危机爆发后的两年,政府扩大支出的重点是基础设施建设等经济建设性支出,4 万亿投资是典型代表。2011 年起财政支出更加强调优化结构,不断加大公共支出向义务教育、棚户区改造和保障性住房等社会事业和民生的投入力度。

(2)公共财政支出拉动社会需求的效应趋于减弱。尽管扩大公共财政支出的政策在反危机中起到了刺激经济增长的作用,但通过扩大政府需求拉动社会需求的后劲明显不足。地方政府扩大的财政支出规模更多投向了基础设施和工业项目上,带来产

---

① 何雨欣,侯雪静. 营改增试点已累计减税 3 276 亿元[EB/OL]. 新华网,2014-10-30.

② 周潇枭. 结构性减税继续 社会资本投资机会增多[N]. 21 世纪经济报道,2014-12-12.

能过剩、地方债等风险。自2011年以来，无论是投资需求还是消费需求的增速，都出现了震荡下滑的迹象。

(3)优化财政支出结构根本依赖于财政体制改革。考虑到未来经济增长速度放缓带来财政收入增长放缓，我国财政支出规模很难再保持过去10年的高速增长，未来更多要靠优化财政支出结构来发挥调结构、促消费、稳增长的作用。调整与优化公共支出结构，根本取决于中央与地方政府的职能转变，取决于中央与地方财政关系的深刻调整。

3. 货币政策的有效性取决于金融体制改革

(1)“十二五”货币政策由适度宽松转向定向宽松。为应对2008年国际金融危机，央行在2009年、2010年采取了适度宽松的货币政策，导致通胀压力迅速上升，2010年下半年到2012年CPI指数持续攀高，2011年7月达到6.5%的历史高位。“十二五”时期，央行转向稳健的货币政策，更多运用定向降准、非对称性降息、定向再贷款、PSL、MLF等结构性货币政策工具对市场流动性进行结构性调控，引导金融资源流向新兴产业、现代农业、现代服务业和中小企业。

(2)货币政策的有效性趋于减弱。由于货币政策并不触及金融市场体系的深刻变革，市场流动性向中小企业、民营企业配置仍然面临结构性、体制性障碍，政策释放的大量货币流入地方政府融资平台和房地产业，不断推高地方债风险和房地产泡沫。2008年至今，货币供应量M2与名义GDP规模的缺口越来越明显，扩大货币供给刺激需求的作用越来越弱（见图6.1）。从未来较长一段时期看，货币政策既面临劳动力、原材料价格上升带来的长期通胀压力，又面临实体经济困难带来的通缩风险。

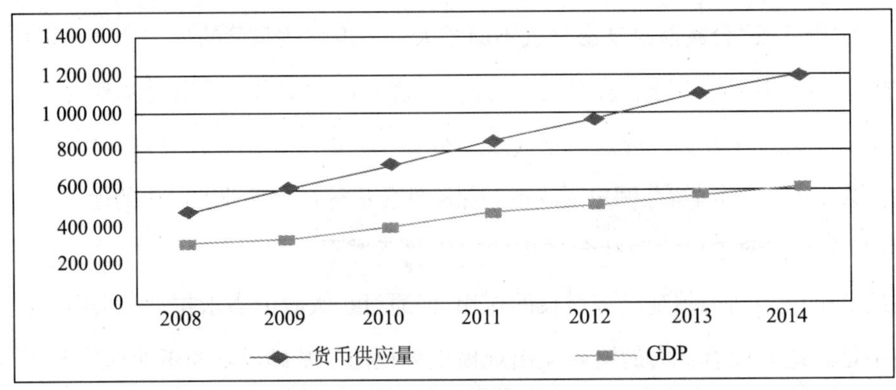

图6.1　2008—2014年货币供应量和GDP变化趋势（单位：亿元）

数据来源：根据2008—2014年中国人民银行网站数据和《中国统计年鉴2014》数据计算得出。

(3)优化金融资源配置根本依赖于金融市场体系改革。

——以国有银行为主体的金融结构不调整,金融资源配置偏向国有企业和大企业的格局就难以有根本变化,定向宽松的货币政策在落实过程中仍有可能走形变样,难以根本解决新兴产业、民营企业和中小企业融资难问题。

——资本市场不改革,就难以扩大民营企业和中小企业直接融资的比重,股市和债市也难以真正为实体经济服务。

——利率市场化改革不到位,存款利率市场化改革尚未完成,利率就很难引导资金进入有巨大社会需求的产业,也就很难实现投资消费的动态平衡。

4.破解结构性失业问题依赖教育结构调整

(1)“十二五”政府实施更加积极的就业政策以促进充分就业。为了解决经济增长下滑和结构调整带来的失业问题,政府制定了就业优先战略,包括鼓励创业创新,支持劳动者多渠道就业,强化高校毕业生、困难人群、下岗失业人员、农民工等重点人群就业服务工作等,并实行更加有利于促进就业的产业、贸易、财政、税收、金融等政策措施。

(2)积极就业政策难以调节结构性失业。积极就业政策的目的是促进劳动力市场的供求平衡,实现充分就业。问题在于,积极就业政策的功能主要在于调节周期性失业,难以解决结构性失业问题。当前,我国人力资源结构与产业结构不匹配的矛盾仍然突出,2013 年,我国三次产业就业比重为 31.4∶30.1∶38.5,新增就业主要靠第三产业实现。但是,教育、医疗、健康、养老等许多现代服务业与高端制造业都面临着人才缺口。例如,技工、高级技工和技师的求人倍率(市场岗位空缺数与求职人数的比率)长期保持在 2 以上,高端制造业的技术技能型人才供不应求。再如,全国大约有 3 000万需要护理的老年人,但目前全国持证的养老护理员仅为 5 万余人,两者的比例为 1∶600。

(3)促进人力资源供求均衡依赖于教育结构的调整优化。产业结构决定人力资源需求结构,教育结构决定人力资源供给结构。我国正处于工业转型升级与形成服务业主导格局的重要时期,这一时期产业结构将发生更为快速的变化,要实现充分就业,根本途径在于调整教育结构,扩大人力资源的有效供给。

三、"十三五"：经济转型升级倒逼结构性改革

"十三五"是我国经济转型升级的最后窗口期，结构性改革的迫切性全面上升。如果结构性改革能取得重大突破，就能获得经济转型升级的持续动力；如果不能啃下结构性改革的"硬骨头"，就很可能面临系统性的经济风险。

1. 经济转型升级对结构性改革的需求全面增大

（1）对财政体制改革的现实需求增大。

——投资与消费的结构性矛盾根源在于投资驱动的增长模式，这种增长模式与经济建设型政府和竞争性地方政府格局直接相联系。实现增长模式由投资驱动向消费驱动转变，需要加快财政体制改革，使财政支出结构适应全社会日益增长的公共服务需求，以财政体制改革倒逼政府职能转变和地方政府转型。

——形成以服务业主导的经济结构，迫切需要扩大教育、医疗、社会保障等基本公共服务支出，促进消费结构升级与服务消费释放。这就需要在明确中央与地方的职责分工基础上，形成各级政府事权与支出责任相适应、支出责任与财力相匹配的体制机制，形成激励地方政府回归公共服务型政府的中央地方关系。

——释放社会资本的活力，需要使财政支出占GDP的比重保持在合理水平，为减税留下更大的空间；尽可能地减少经济建设性支出和行政性支出，为减少政府干预、避免政府投资对企业投资的挤出效应创造条件。

（2）对税制改革的现实需求增大。

——走向消费驱动的增长模式，需要通过消费税改革来鼓励服务消费和绿色消费，发挥税收对社会消费结构调整的引导作用；释放中低收入者的潜在消费需求，需要加快具有收入分配调节功能的直接税改革，扩大直接税比重，促进税收公平。

——促进投资消费的动态平衡，形成服务业主导的经济结构，迫切需要通过"营改增"、增值税改革等实现制造业与服务业的公平税负，防止税制结构扭曲投资行为。

——形成全社会创业创新的动力，需要通过税制改革实现合理的税负水平，尤其在实体经济发展困难的形势下，形成降低中小企业税费负担的长效机制。

(3)对金融体制改革的现实需求增大。

——促进金融资源向实体经济和中小企业配置,需要打破金融业的国有垄断,改变以国有金融机构和国有企业为主的金融市场结构,大力发展面向中小企业的民营银行和中小金融机构,形成有力支撑实体经济和中小企业发展的金融市场体系。

——实现消费驱动的投资转型,使投资结构适应社会需求结构的变化,需要尽快完成利率市场化改革,充分发挥利率调节资金供求的作用,引导资金进入社会需求巨大的产业。促进利率市场化,既需要加快建设存款保险制度,为存款利率市场化创造条件,也需要大力发展互联网金融等,为打破垄断培育利率市场竞争者。

(4)对教育体制改革的现实需求增大。

——形成适应经济结构调整升级需要的人力资源结构,需要教育结构的战略调整。从未来产业结构调整升级对高端技术人才、技能型人才、现代服务业人才的需求看,尤其要打破职业教育的固有理念,把建设现代职业教育体系、促进职业教育高等化放在更加突出的位置。

——实现经济增长由投资驱动、要素驱动转向消费驱动、创新驱动,需要加快人力资源大国向人力资本大国转变,使人口数量红利转化为人口质量红利。这既需要加快高等教育改革,充分发挥高等教育在创新型人才培养上的作用,也需要在巩固9年制义务教育的基础上,加快普及高中阶段教育与学前教育。

——形成教育促进公平可持续发展的新格局,既需要树立以人为本的教育理念,发挥政府在促进教育公平和教育资源配置均等化上的主体与主导作用,也需要发挥社会资本在释放教育活力从而推动教育结构调整以适应市场需求上的作用。

2.结构性改革远不到位

(1)结构性改革徘徊不前。尽管“十二五”在公共财政、税收、金融、教育等领域都推进了改革,但结构性改革的特点不突出,体制与制度不协调、制度与制度不衔接、政策不配套的问题仍然存在。例如:“营改增”虽减轻了服务业企业的税收负担,但金融体制和教育体制改革滞后,企业特别是中小企业仍然面临融资难、人才短缺的问题;与投资驱动、工业主导相适应的财税制度尚未根本改变,地方政府回归公共服务型政府的中央与地方关系尚待形成;“营改增”的减税效应面临被其他税费抵消的风险。

专栏6.1 中改院关于推进结构性改革的主要观点

1. 从基础性改革转向结构性改革是解决改革深层次矛盾和问题的必然选择。我国经济体制改革面临的深层次矛盾，主要是指体制性结构的不合理。尽管在某些体制方面有所突破，但体制结构性矛盾仍然十分突出。从现实情况出发，体制性的结构矛盾越来越成为制约我国经济体制改革进程最为突出的因素。

2. 推进结构性改革是实现制度创新的关键所在。结构性改革阶段既同以往的基础性改革相联系，又表现出这一阶段改革的重要特征：强调体制创新在推动经济改革中的根本性作用；强调改革的配套性；强调法治化建设对推进改革的作用；强调以公共服务为中心的政府转型是我国结构性改革的重点，对我国下一步的改革发展具有决定性的影响。

3. 适应改革的新形势，我国结构性改革应在多方面取得重大进展。现阶段的许多单项改革难以取得真正的突破。实施并推进结构性改革，就是适应这种改革的新形势，把体制创新、逐步形成合理的新体制结构作为基本任务，在改革整体攻坚的前提下，分阶段、分步骤地实现局部改革的突破。

4. 从中长期看，扩大内需、保持经济稳定增长，不仅需要财政政策和货币政策的松动，更需要推进结构性改革。应使宏观政策调整与重大改革有机结合。例如，积极的财政政策与财税体制改革相结合；税收减免政策的出台要与税收体制改革相结合，既着眼于减轻企业负担的短期需要，又考虑到经济发展方式转变的长远需求；稳健的货币政策与金融改革相结合，使增量资金能够流入到民营经济、中小企业、农村、落后地区，由此提高经济效率和经济活力。

（2）结构性改革面临部门利益、行业利益和地方利益掣肘。财政、税收、金融、教育等改革牵一发动全身，不仅涉及到中央与地方利益关系的重大调整，而且涉及到垄断行业的利益调整，直接影响到部门利益和地方利益的深刻调整，都是难啃的“硬骨头”。

3.“十三五”结构性改革的时间空间约束全面加强

（1）经济的潜在风险不断积累，危机的可能性大大增加。随着产能过剩、地方债、房地产、通缩等风险的不断上升，依靠政策刺激增长的回旋余地大大缩小。如果结构性改革不到位，矛盾不断积累，将给经济运行和长期增长带来更大的风险，甚至触发经济社会危机。

（2）“十三五”必须啃下结构性改革的硬骨头。“十三五”抓住经济转型的最后窗口期，打破既得利益的藩篱，加快财政、税收、金融和教育领域的联动改革，以此带动经济领域的全面改革，在化解结构性矛盾中形成经济转型升级的新常态。

第二节
公共财政制度要创新

多年来，竞争性地方政府以做大经济总量为目标追求，成为产能过剩、房地产泡沫、地方债务等问题加剧的体制根源。加快结构性改革首当其冲是改变竞争性地方政府的体制模式。“十三五”加快形成公共服务导向的中央与地方财政关系，形成倒逼政府职能转变、倒逼地方政府回归公共服务型政府的体制基础和财力保障。

一、增大基本公共服务支出

适应全社会日益增大的基本公共服务需求，“十三五”要把扩大基本公共服务支出作为优化财政支出结构的重点，明确增大基本公共服务支出的目标，为消费结构升级和消费释放创造有利条件，为服务业、中小企业的发展和创业创新提供动力。

1. 提高基本公共服务的财政支出比重

“十二五”时期，教育、医疗、社会保障等基本公共服务支出的规模不断扩大，但增长速度相对放缓（见图 6.2）。“十三五”尽管财政支出增长速度将随着 GDP 增速放缓而放缓，但应努力争取教育、医疗、社会保障等基本公共服务支出的增长速度不低于“十二五”，并快于财政总支出的增长速度，为释放居民的消费需求提供有利条件，为公平可持续发展提供财力保障。为此建议：

——到 2016 年，用于教育、医疗卫生、社保就业、保障性住房四项基本公共服务的支出占国家财政总支出的比重由 2013 年的 35.1% 提高到不低于 40%，占 GDP 的比重由 8.7% 提高到 10% 左右；将国家财政用于城乡个人基本公共服务支出的水平差距控制在 40% 以内。

——到 2020 年，用于教育、医疗卫生、社保就业、保障性住房四项基本公共服务的支出占国家财政总支出的比重提高到不低于 50%，占 GDP 的比重提高到 14% 左右；

将国家财政用于城乡个人基本公共服务支出的水平差距控制在30%以内。

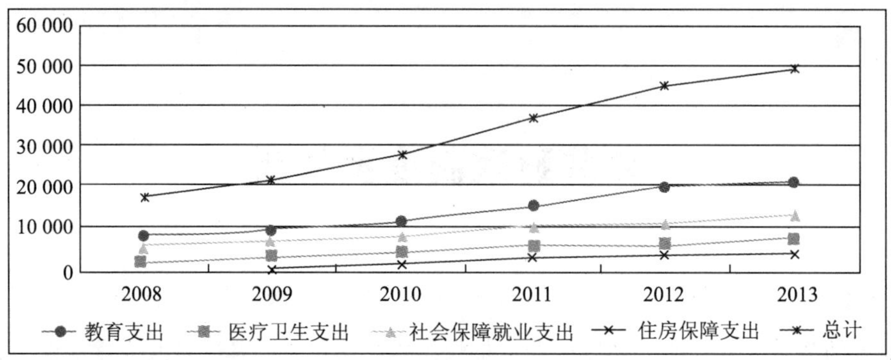

6.2 教育、医疗、社会保障和保障性住房等公共服务支出规模的变化趋势(单位:亿元)

数据来源:根据国家统计局网站数据整理得出。

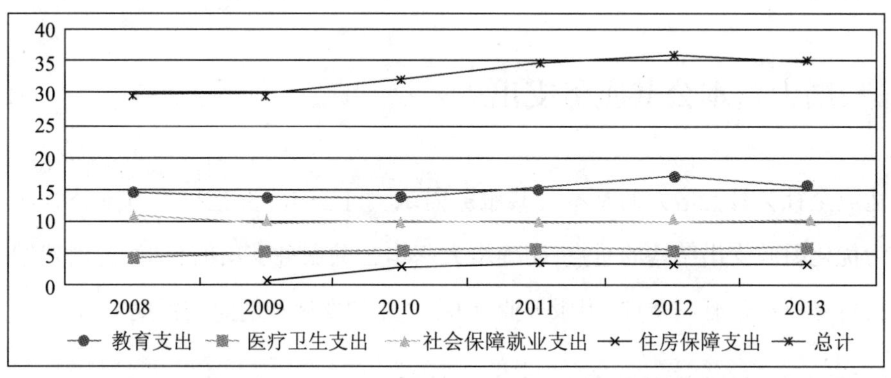

6.3 教育、医疗、社会保障和保障性住房等公共服务支出占国家财政支出比重的变化趋势(%)

数据来源:根据国家统计局网站数据整理得出。

2. 提高基本公共服务支出占 GDP 的比重

(1)提高教育支出占 GDP 的比重。我国财政教育经费支出占 GDP 的比重已经超过4%(见图6.4)。从国际上看,这一比重仍显著低于 OECD 国家或高收入国家 2009 年5.5%的平均水平。争取到 2020 年使财政性教育经费支出占 GDP 的比重达到5% ~5.5%。

(2)提高医疗支出占 GDP 的比重。“十二五”时期,我国医疗卫生支出占财政支出的比重比“十一五”有所提高,2013 年医疗卫生支出占 GDP 的比重达到1.46%。适应我国人口老龄化加快带来的医疗卫生服务需求,争取到 2020 年这一比重提高到2.5% ~3%。

(3)提高社会保障与就业支出占 GDP 的比重。 2007 年以来,我国社会保障支出占财政支出的比重出现徘徊下降趋势,2013 年为 10.12%,比 2007 年下降了 0.82 个百分点,不仅远低于发达国家 30% ~50% 的水平,也低于印度、泰国等国。2013 年我国社会保障与就业支出占 GDP 的比重为 2.56%,争取到 2020 年达到 5% 左右的水平。

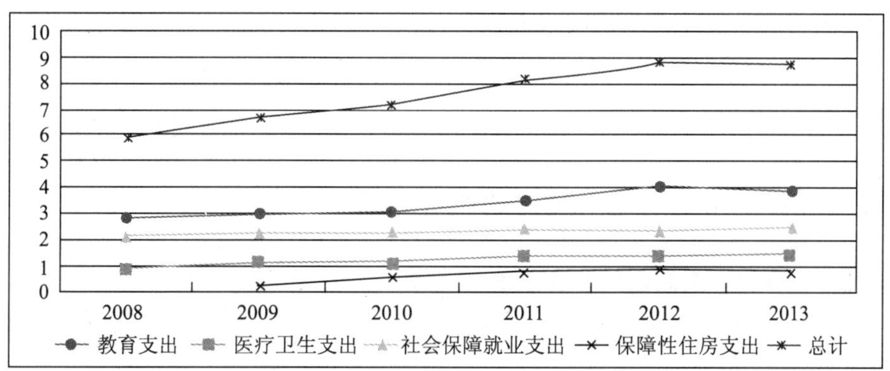

图 6.4 教育、医疗、社会保障和保障性住房等公共服务支出占 GDP 比重的变化趋势(%)

数据来源:根据国家统计局网站数据整理得出。

3. 保持合理的财政支出增长速度

(1)控制财政支出增长速度。 财政支出的过快增长会给财政收入增长带来压力,挤压减税空间。建议"十三五"财政支出增长速度不超过 GDP 增长速度的 1.5 百分点,为减税创造更大空间。初步测算,这是有条件实现的。即使是按照比 GDP 增长高 1.5 个百分点的增速估算,到 2020 年财政支出占 GDP 的比重仍将进一步提升,由 2013 年的 24.7% 增长到 27.8% 左右,支出规模达到 24 万亿元左右,远超 2013 年 14 万亿元的水平。

(2)降低经济建设性支出占比和行政性支出占比。 2013 年,我国经济建设性支出占公共财政支出的比重为 39.7%,社会福利性支出为 36.9%,前者高于 OECD 国家 10% 左右的平均水平,后者比美国、德国、日本低 20 ~30 个百分点①。从经济转型升级的要求看,降低经济建设性支出和政府基本职能支出占比,不仅能为提高基本公共服务支出占比留出更大空间,而且为降低宏观税负创造空间,倒逼政府职能转变。

---

① 高培勇. 财税体制改革与国家现代化[M]. 北京:社会科学文献出版社,2014.

“十三五”应争取把基本政府职能支出占比由目前的23%左右减少到20%以内，经济建设性支出降到30%以内。

二、建立公共服务导向的中央与地方财税关系

这些年来形成的中央与地方财税关系，具有明显的总量导向特征，导致地方政府把更多的财力和精力放到经济建设而非公共服务上。加快政府职能转变，改变地方政府投资拉动增长的格局，关键在于形成公共服务导向的中央地方财税关系。

1. 合理界定中央与地方政府的职责分工

(1)合理界定中央政府的公共职责。

——明确中央政府的经济战略职能和宏观调控职能，加强经济事务的宏观管理，尽可能将经济审批权下放到地方。

——把市场监管作为中央政府的主要职责，实行市场监管由中央垂直管理，克服经济司法的地方保护主义，建立全国统一的大市场，维护政令统一和法治统一。

——中央政府要制定法律法规、方针政策和国家标准，提供基本的教育、社会保障等全国性的公共服务，并负责均衡省一级政府间财力，通过转移支付推进基本公共服务均等化。

(2)合理界定省级政府的公共职责。

——省级政府的职责主要是保证国家法律法规、方针政策和国家标准的严格实施，明确省级政府不承担宏观调控和市场监管职责，可以通过区域发展规划和产业政策引导企业，但不能直接干预微观经济运行。

——省级政府根据本地区情况制定地方性法规规章和政策标准，提供本区域的公共服务，对各县(市)负有行政组织协调和监督检查的责任。

——省级政府应按照国家基本公共服务均等化标准确定辖区内的实施标准，实现基本公共服务省级统筹，并通过转移支付均衡辖区内县(市)财力，对辖区内基本公共服务均等化负最终责任。

(3)合理界定县(市)政府的公共职责。

——县(市)政府的主要职责是执行国家和省级政府的法律法规、方针政策和规章标准，县(市)政府可以制定经济规划引导企业，但原则上不再干预市场。

——县(市)政府无权确定公共服务政策和标准,只负责辖区内公共服务的执行。

——重点是加强社会管理职能,确保基层社会稳定。

2. 实现政府事权与支出责任相适应

(1)建立与事权相适应的中央与地方政府支出责任清单。目前,中央和地方政府职责交叉重叠,事权和支出责任划分不合理、不清晰,影响了政府履行公共职责的效能和公共支出的效率。这种状况既不利于基本公共服务均等化的实现,也不利于全国统一大市场的形成。建议严格按照各级政府事权科学、清晰地界定和列出各级政府的财政支出责任清单:属于中央事权范围的支出,明确由中央财政承担责任;属于地方事权范围的支出,地方财政承担责任;属于中央与地方共同事权范围的,清晰划分各级政府的支出责任,明确各级政府分担资金的比例和标准,中央负责支出的部分可通过安排财力性转移支付将部分事权与支出责任委托地方承担。

专栏6.2　省级政府事权与支出压力

中国一个省级政府要为多少项事权买单?答案是1 528项。

2011年中央和地方财政主要支出项目中,地方政府支出最多的领域为教育、社保就业以及农林水,分别是中央支出的15.5倍、21.1倍和22.8倍。而当年中央和地方本级财政收入之比基本为1∶1,算上中央对地方的税收返还和转移支付后,两者之比为1∶8。这意味着以8倍于中央的财力,承担15倍于前者的教育支出、21倍的社保就业支出以及近23倍的农林水利支出。

资料来源:杜涛.省级政府事权地图:8倍财力支撑20倍支出[N].经济观察报,2013-09-18.

(2)中央应上收部分事权并承担更多的支出责任。当前,中央与地方关系出现“财权上移、事权下移”的不平衡,主要问题在于“事权下移”。反映在财政支出上,就是中央财政支出占总支出的比重过低,目前仅为15%,远低于2009年OECD成员国中央支出非加权平均值的46%,美国的54%,英国的72%,日本的40%[①]。以社会保障支出为例。发达国家中央政府支出中社会保障支出占比一般在30%以上,而我国中央财政支出中社会保障支出明显偏低,只有3%左右,甚至低于一些发展中国家(见表6.2)。“十三五”应将司法、食品药品安全、基础养老金统筹等上收为中央事权,由中央财政负责安排支出。

① 贾康.中国财政体制改革之后的分权问题[J].改革,2013(2).

表 6.2　不同国家社会保障支出占中央政府支出的比重

国　别	年　份	社会保障支出占比(%)
中　国	2012	3.12
韩　国	2008	21.11
泰　国	2011	17.86
南　非	2009	14.55
墨西哥	2000	20.12
美　国	2010	32.24
荷　兰	2010	34.83
波　兰	2010	43.29
俄罗斯	2010	37.71
西班牙	2010	48.36
英　国	2009	33.87
澳大利亚	2011	32.97

注：中国数据是中央财政支出中的“社会保障与就业”比重，不包括地方财政支出。
数据来源：根据《国际统计年鉴 2013》和《中国统计年鉴 2013》整理得出。

3. 实现政府支出责任与财力相匹配

（1）制定财政供给清单。根据各级政府的事权划分制定财政供给清单，科学、清晰地界定各级政府的财政支出覆盖范围，优化支出结构，转变支持经济社会发展的方向、重心和投入方式，解决公共服务“越位”、“缺位”和“错位”的问题。地方财力配置应重点向县（市）倾斜，从制度上改变基层政府靠收费、罚款等不正当手段获得收入的局面。

（2）健全地方税体系。

——将部分适合作为地方税的税种划为地方税。目前，中央和地方共享税的规模占全部税收收入的比重仍然过大，应调整和减少中央和地方共享税，争取将具有明显受益性、区域性特征、收入来源稳定的税种划分为地方税，为基层财政的运转及发展留下必要的空间。

——赋予地方一定的税权。允许省级人大享有对一些地方税的选择权和税率调整权等；允许省级政府通过调节地方税种来稳定财力。

（3）建立以一般性转移支付为主的中央地方转移支付体系。

——大力缩减专项转移支付，扩大一般性转移支付。争取到2017年，将省级一般性转移支付占比提高到60%以上，实现更多的省级转移支付资金由市县政府根据地方实际自主理财。

——改变财政收支增幅与GDP挂钩的机制。按照基本公共服务均等化的要求，尽快清理与GDP挂钩的财政收支项目，尽可能不把GDP指标作为专项转移支付的条件。

——按照“保基本”和“强激励”相结合的原则，建立并完善科学规范的省对市县一般性转移支付体系，实现“保基本”的转移支付比重不低于60%，实行对欠发达地区财政增量返还和协调发展奖政策。

——完善一般性转移支付增长机制，重点加大对贫困地区、民族地区、革命老区的转移支付力度。

三、形成地方的稳定税源

从多年的改革实践看，在没有稳定税源的条件下，难以保障地方政府履行公共服务职责。实行以公共服务为导向的中央地方关系，需要中央加大对地方的一般性转移支付力度，但更需要形成地方稳定的税源。

1.“营改增”后形成稳定的地方政府财力

（1）客观估计“营改增”给地方财力造成的损失。“营改增”后，地方政府主体税种消失，财力将大幅缩水，不利于其履行公共服务职责。据测算，要保持现行的中央与地方财力格局，全面营改增后中央与地方的增值税分成需要由目前的75∶25改为50∶50①。

（2）稳定地方财力的短期和长期安排。短期看，继续按照“营改增”试点方案的规定，原归属地方的营业税收入，改征增值税后仍归地方，以此降低“营改增”的改革阻力。长期看，增值税属于流转税，应当列为中央政府税种，稳定地方财力需要培育新的地方主体税种和增加中央对地方的一般性转移支付。

① 潘明星．营业税改征增值税：效应分析与改革建议［J］．财政研究，2013（12）．

2. 以消费税、房产税等为重点培育地方主体税种

(1)将消费税作为地方主体税种。消费税的规模在营业税的一半以上，如果将消费税转为地方税种，不仅可以极大地补充“营改增”后的地方财力，而且能使地方政府的关注点由投资转向消费。建议逐步将大部分消费税税目收入划入地方，允许地方探索具有地方特色的特别消费税，以扩大地方税源。

(2)把房产税培育为地方主体税种。目前，我国房产税仍在试点阶段，税收规模较小，但从国际经验看，房产税作为地方主体税种的潜力巨大。应在赋予城乡居民住宅用地永久使用权的前提下，对城乡居民的房产采取“宽税基、低税率”的办法，以合理的价格征税，多套房产采取累进税率。“十三五”可以考虑房产税和城镇土地使用税合并，取消房产出租按照租金收入缴纳5%的营业税，避免重复征税、税负过度的问题。

(3)加快资源税改革，使之成为中西部欠发达地区的主体税种之一。与发达地区相比，我国中西部欠发达地区的消费税、房产税的税源较小。但这些地区往往都是铁矿石、煤炭、石油和天然气等资源能源蕴藏丰富的地区，把资源税作为这些地区的主体税种具有现实意义。“十三五”应适时扩展资源税的征收范围，逐步将资源税扩展到占用各种自然生态空间，使之逐步成为地方政府的主体税种之一。

3. 中央加大支出支持地方发展

(1)完善服务业、中小企业与创业创新的财政支持机制。通过以中央财政为主的财政资金促进服务业和中小企业发展，有利于提高有效供给、促进消费，为地方税扩大税源创造有利条件。

(2)中央财政参股和支持设立各类创投基金。在建立有效监管和风险防控机制的前提下，设立中小企业创业投资引导基金、科技创新基金等。鼓励各地依据自身特点设立新兴服务业发展和支持创业创新的创投基金，中央财政与地方财政联合参股，吸引金融资本和社会资本进入。

第三节
税制结构要优化

合理的税制结构有利于形成经济转型升级的有效激励，是理顺政府与市场、政府与企业、政府与社会关系的前提，也是推进国家治理体系与治理能力现代化的重要条件。“十三五”应加快税制改革，优化税制结构，为经济转型升级创造有利的制度环境。

一、加大结构性减税力度

“十三五”继续推进有增有减的结构性减税，进一步加大对现代服务业、新兴产业、中小微型企业、创业创新的减税力度，对于激发社会资本活力、推动经济转型升级十分关键。

1. 结构性减税的空间仍然很大

(1)2020 年实现万亿元级的结构性减税规模。如果“十三五”仍然保持积极财政政策的基调，即赤字率安排在 2% ~3% 之间，按保守估计：

——如果“十三五”GDP 平均增速保持在 6.5%，按 2.5% 赤字率和结构性减税占赤字规模比重为 50% 的安排，2020 年减税规模将达到 1.12 万亿元，“十三五”累计减税 4.96 万亿元左右。

——如果“十三五”GDP 平均增速保持在 7%，按 2.5% 赤字率和结构性减税占赤字规模比重为 50% 的安排，2020 年减税规模将达到 1.15 万亿元，“十三五”累计减税 5 万亿元左右(见表 6.3)。

(2)现代服务业等减税规模占总减税规模的 80% 以上。制定结构性减税的产业目录，以全面推行营改增和增值税改革为重点，使现代服务业、新兴产业、高端制造业的减税比重占到 80% 以上。

表 6.3　2014—2020 年 GDP 总量与结构性减税的规模和预测

	GDP（万亿元）		GDP 增速 6.5%条件下结构性减税规模（万亿元）						GDP 增速 7%条件下结构性减税规模（万亿元）					
增长速度	6.50%	7.00%	2%赤字率下结构性减税占比60%	2%赤字率下结构性减税占比50%	2.5%赤字率下结构性减税占比60%	2.5%赤字率下结构性减税占比50%	3%赤字率下结构性减税占比60%	3%赤字率下结构性减税占比50%	2%赤字率下结构性减税占比60%	2%赤字率下结构性减税占比50%	2.5%赤字率下结构性减税占比60%	2.5%赤字率下结构性减税占比50%	3%赤字率下结构性减税占比60%	2.5%赤字率下结构性减税占比50%
2014	61.10	61.10	0.73	0.61	0.92	0.76	1.10	0.92	0.73	0.61	0.92	0.76	1.10	0.92
2015	65.38	65.38	0.78	0.65	0.98	0.82	1.18	0.98	0.78	0.65	0.98	0.82	1.18	0.98
2016	69.63	69.95	0.84	0.70	1.04	0.87	1.25	1.04	0.84	0.70	1.05	0.87	1.26	1.05
2017	74.15	74.85	0.89	0.74	1.11	0.93	1.33	1.11	0.90	0.75	1.12	0.94	1.35	1.12
2018	78.97	80.09	0.95	0.79	1.18	0.99	1.42	1.18	0.96	0.80	1.20	1.00	1.44	1.20
2019	84.11	85.70	1.01	0.84	1.26	1.05	1.51	1.26	1.03	0.86	1.29	1.07	1.54	1.29
2020	89.57	91.69	1.07	0.90	1.34	1.12	1.61	1.34	1.10	0.92	1.38	1.15	1.65	1.38

注：2014 年 GDP 增长率为 7.4%，假设 2015 年增长率为 7%。

数据来源：中改院课题组测算得出。

（3）加大对中小企业和微型企业的减税力度。加快有利于中小企业和鼓励创业创新的企业所得税、个人所得税等税制改革，使中小企业减税占服务业、新兴产业减税规模的 60% 以上。

2. 结构性减税的条件趋于成熟

（1）降低宏观税负是有条件的。研究表明，后发达国家宏观税负一般应在 18% ~25%，而我国实际宏观税费负担（按全部口径）已经超过 35%，企业税费负担沉重程度全球第二，仅排在法国之后①。即使是到 2020 年我国进入中高收入国家行列，与发达国家相比公共服务支出水平仍然比较低，减税仍有条件实现。

（2）赤字率仍然处于合理水平。2008—2013 年，我国财政赤字率分别为0.6%、2.8%、2.5%、1.8%、1.5%和 2.2%，离 3% 的安全警戒线仍有一定的距离，这为减税留有较大的余地。尽管财政收入的增幅随着 GDP 增长的减速而放缓，但“十三五”通过消费税扩围、开征房产税等，仍有条件实现比 GDP 的增速快 0.5 ~1.5 个百

① 周天勇. 经济增长的新动力源自改革和创新[N]. 中国经济时报. 2013 - 09 - 17.

分点。

(3)政府简政放权为“减税清费”创造条件。发达国家行政公务支出占财政全部收入的比重最低是2.5%，最高的达到19%；而我国实际全部公务支出占比达35%以上，加剧了财政支出刚性增长的压力。但是随着政府加快简政放权，“减税清费”的条件也越来越成熟。

二、全面推进税制改革

按照中共十八届三中全会决定明确的统一税制、公平税负、促进公平竞争等原则，建议“十三五”进一步明确加快税制改革的重点目标：形成弱化地方政府投资激励、强化公共服务激励的税制结构；形成服务业与工业公平税负的税制结构；形成有利于改善收入分配、促进消费释放的税制结构。

1. 推进增值税改革

(1)全面完成服务业“营改增”。适应制造业与服务业高度融合的趋势，在全国范围内全面实施服务业“营改增”，避免“税收洼地”对全国统一大市场的影响。特别是生产性服务业兼具制造业和服务业的属性，是征税的模糊地带，2015年要完成服务业的“营改增”。

(2)简化增值税税目与税率。“营改增”以来，虽然总体来看减税效果明显，但部分行业税负出现明显增加的现象。例如，2014年1—9月，国内增值税增长7.5%，但交通运输业增值税同比增长173.9%。应当说，1994年分税制改革确定的17%的增值税率，是基于当时增值税税基较小与征收效率不高的现实考虑。但经过近些年的发展，我国税收征管的效率大幅提高，17%的税率明显高于发展中国家，存在降低税率的空间和需求。可以考虑在合并税率基础上降低税率，交通运输业、粮食等民生产品的税率可以考虑统一降到10%以下。

(3)扩大增值税抵扣范围。从国际上看，普遍征收、消费型、扣税法以及三档税率是增值税改革的普遍趋势。“营改增”后，考虑到鼓励创新型企业的发展，除了技术创新所涉及的设备等固定资产抵扣范围，还应把技术创新涉及的全部研发支出列入抵扣范围。

2. 改革消费税

(1)尽快启动消费税立法程序，调整消费税征收范围。消费税作为我国的第四大税种，具有促进消费公平、引导消费升级的功能。目前，我国的消费税仅对特殊商品课税，主要为烟酒、化妆品、贵重首饰、小汽车等不利于健康的消费品或奢侈消费品。随着发展阶段变化和社会消费结构升级，需要对奢侈消费进行重新研究和界定，以避免抑制居民正常的消费升级与消费释放；加快把高耗能、高污染产品及部分高档消费品、高档娱乐服务等纳入征收范围。

(2)调整消费税税目与税率。降低已逐步演变成生活必需品、非奢侈性、非双高产品的消费品的税率，待条件成熟时取消征税；对消耗资源、污染环境的双高产品设定较高的边际税率，鼓励居民绿色消费；探索建立与价格联动的消费税税率调节机制。

(3)改进消费税征收方式。目前，消费税的征收环节以生产制造和进口环节为主。这种做法不仅削弱了消费税调节消费的功能，也难以适应把消费税转为地方税的要求。建议尽快实现消费税在零售或批发环节征收，由向企业征收改为向居民征收，由“价内征收”转向“价外征收”，增加税收的透明度。

3. 加快直接税改革

(1)完善财产税体系。财产性收入已经成为我国中高收入阶层的主要收入来源，财产税对于调节收入分配具有越来越重要的作用。问题在于，我国财产税税种过少，遗产税和赠予税至今尚未开征，作为财产税主体税种的房产税比重过低。“十三五”应尽快制定和完善财产税体系建设的改革方案，推进房产税、遗产税、赠予税的联动改革，避免改革阻力。

(2)加快综合与分类相结合的个人所得税制改革。目前，采取累进税率和比例税率结合的税率结构使税负主要集中在工资性收入，造成税负不公，也不适应工资性收入在居民收入中比重不断下降、其他收入比重不断上升的趋势。建议“十三五”应基本完成综合与分类相结合的个人所得税改革，加强对工薪收入以外的劳务报酬所得、股息、红利等所得项目的征管；简化所得税税率，减少工薪所得税税率级次；考虑不同地区、不同家庭的物价水平、家庭结构、赡养负担，扩大抵扣范围等。

(3)改革企业所得税。目前,我国企业所得税33%的税率与其他发展中国家相比并不低。建议进一步扩大抵扣范围,将企业公益性支出全部纳入抵扣范围;提高小规模纳税人标准,形成小微企业的自动减税机制;提高大型企业特别是国有垄断企业的所得税税率。

4.完成资源税改革

加快水、能源、矿产资源税费改革,不仅可以为自然资源和环境的价格市场化形成机制的实现创造条件,而且将有效约束地方政府扭曲资源要素和环境价格的行为。"十三五"重点是推进煤炭等重要矿产品资源税从价计征改革,清理相关收费基金,适当提高其他仍实行从量计征的资源品目税额标准。同时,加快环境税改革,实现环境成本内部化,环境税所得用于设立"环保专项基金",专门用于环境保护事业以及对环境污染重大事件的受害人进行赔偿。

三、推进正税清费

近年来,政府非税收入占财政收入特别是地方财政收入的比重不断提高,很大程度上反映了地方政府在不少行政事业性收费项目和土地出让金上拥有过大的自由裁量权。推进正税清费,不仅是防止结构性减税效应被抵消、降低企业税费负担的需要,也是理顺政府与市场关系、避免地方政府过度干预市场的需要。

1.加快取消和清理行政事业性收费

(1)"十三五"削减1/3以上行政事业性收费。尽管"十二五"期间取消了企业年检、绿化费等一批行政事业性收费,但根据财政部公开的目录,我国仍然有200多项行政事业性收费和政府性基金。为此建议:

——1~2年内,对行政事业性、行政审批前置服务等行政性收费进行整合、削减和取消。

——到2020年,力争减少1/3以上的行政事业性收费,大幅度减少行政机关对个体、小微企业收费,凡是对企业不适当的年检、评比、检查等项目一律取消。

(2)建立行政收费清单管理制度。行政事业性收费已经成为进一步推进行政审批制度改革的重要障碍。建议与政府权力清单和责任清单制度相结合,对保留的行政事业性收费、政府性基金和实施政府定价或指导价的经营服务性收费，实行清单管理，清单以外的收费一律取消。

（3）加强行政事业性收费的合法性与透明度。将由"附加费"形成的政府性基金纳入预算管理；建立行政事业性收费的公众听证制度；行政收费清单实时对外公开，并对收费提供的服务内容进行公示，提高透明度。

2. 探索社会保障费改税

（1）探索在基础统筹账户推进费改税。从公平可持续的社会保障基本目标出发，中央负责最低养老金的统筹，可以考虑采取"统筹账户以税保障，个人账户以费保障"的模式，即在基础统筹账户方面推进费改税。

（2）降低社会保障税税率。目前，我国企业的法定养老保险缴费率为20%，但实际费率为12%左右。建议基础统筹账户费改税后，企业缴纳的税率从20%下调到12%，以不超过15%为宜，避免加重企业负担。

3. 让"土地财政"退出历史舞台

（1）土地财政给转型升级带来巨大风险。根据国土资源部的数据，全国土地出让价款从2001年的1 296亿元，到2013年首次超过4万亿元，13年间增长超过30倍，总额累计19.4万亿元①。目前，土地收入占全国财政收入的23%，占地方财政收入的35%，部分省份的土地出让金收入已超过税收收入。土地财政不仅导致地方政府投资扩张，还不断推高地方债、房地产、产能过剩和金融风险。

（2）土地财政不可持续。据预测，2015年政府土地收入将比2014年至少下降20%②。随着建设用地资源的减少和房地产市场的降温，土地财政越来越不可持续。

（3）与房产税改革同步，改革土地出让金制度。房产税的征收可以考虑对已经缴纳过土地出让金的建设用地使用权和尚未入市的建设用地使用权采取差别税率，或对已征收土地出让金的过高部分采取退税的办法，避免重复征税。尽快出台城乡统一的建设用地市场与土地出让金制度联动改革的方案，逐步让地方政府退出经营性用地一级市场的垄断经营，改变依托"土地财政"和"土地金融"的竞争性地方政府格局，为建设公共财政体制创造重要的条件。

---

① 13年增长超30倍，具体开支竟是"糊涂账"？[EB/OL]. 新华网，2014-08-27.

② 德银：中国将面临三十余年以来最严重的财政危机[EB/OL]. 凤凰网，2015-01-06.

专栏6.3　土地出让金当废不废？——关于土地出让金的争论

观点一：土地出让金与房地产税并行不悖。2010年时任财政部财政科学研究所所长贾康认为，“土地出让金”在经济性质上是一种“地租”，是政府凭借所有者身份对使用权持有人收取的地租；而房地产税，其性质是不动产保有环节上使用权持有人所必须缴纳的法定税负，收取者（国家）凭借的是社会管理者的政治权力。“租”与“税”两者是合理匹配、并行不悖的。贾康认为，不动产保有环节的税收应该属于地方税种，它会替代一直以来属于政府短期行为的“土地财政”。发达市场经济国家的地方政府其实也是“土地财政”，但其主要从不动产保有环节上取得。我们应当改变目前“土地财政”资金筹集唯一来自土地批租环节的方式，推动切实可行的征税方案。新税种开征以后，土地出让金仍然会存在，但它不会像现在这样，为地方政府所高度依赖。

观点二：尽快取消土地出让金。中央党校国际战略研究所副所长周天勇认为，应尽快开征房产税，但要用房产税或者房产交易税来替代土地出让金，废除土地出让金，从而避免地方政府的卖地和房地产化冲动。土地出让金是不可持续的，房产税是持续的，二者征收对象不同。开征房产税后，要对过去收得较高的土地出让金进行退税，并对低收入的人进行减免。全国人大代表、大湖股份有限公司董事局主席罗祖亮认为，必须对现行土地出让金制度进行改革。建议取消目前地方政府一次性收取50～70年的土地使用费的方式，改为按年度逐年收取房（地）产税。对已预征收50～70年土地使用费的，应以已缴纳的土地使用费逐年替代应该征收的房（地）产税税额，以避免重复计税征税。

资料来源：贾康．物业税与土地出让金并行不悖[N]．21世纪经济报道，2010-03-16；周天勇．开征房产税 废除土地出让金[N]．长江日报，2014-04-15；人大代表：改革现行土地出让金制度[N]．每日经济新闻，2014-03-03.

四、取消不合理的税收优惠

不合理的税收优惠政策扭曲资源配置，加剧地方政府间的税收竞争，损害公平统一的市场环境。为此，需要对现有的税收优惠政策进行全面的梳理，取消不符合经济转型升级要求的税收优惠政策，降低税收政策的随意性。

1. 取消对重化工业的投资税收优惠

将消耗能源资源、易造成环境污染的产品纳入征税范围，引导消费者选择更加环保的产品；按照对环境污染程度对产品实行差别税率，鼓励消费者选择更加环保的产品；建立鼓励绿色消费的财政政策支持体系，对绿色产品消费实行减免税政策。

2. 逐步减少出口退税

全面取消双高产品和限制出口产品的出口退税政策，合理使用鼓励类产品和服务贸易的出口退税，长期看尽可能缩小出口退税的产品清单，以此减少对产品和服务价格的扭曲，促进国际收支平衡，避免贸易争端。

3. 清理区域优惠政策

（1）制定全国统一的税收优惠法规。地方政府竞相采取各类税收优惠招商引资具有普遍性，助长了没有消费需求支撑的投资扩张。而且招商引资的优先对象往往是大企业，从而扭曲了公平竞争的市场环境。为此，按照中共十八届三中全会“税收优惠政策统一由专门税收法律法规制定，清理规范税收优惠政策”的要求，全国人大应尽快制定统一的法规，清理整合现行的优惠政策，对税收优惠的具体对象、条件、优惠标准、程序等做出明确的规定。

（2）取消地方政府在区域优惠政策上的自由裁量权。地方政府限时清理招商引资的财政补贴和税收优惠政策，规范与约束地方国企和政府投融资平台的财政贴息贷款等；各地区原则上一律不得自行制定税收优惠政策，以促进全国税制的统一。

第四节 金融体制改革要加快

我国金融市场结构整体上与大企业融资相适应，不利于为中小企业提供融资服务，导致实体经济尤其是中小企业融资难成为一大难题。“十三五”应尽快形成中小企业发展的金融支撑体系，改革和完善资本市场，推进利率市场化进程，使金融市场更好地服务于经济转型升级，有效破解实体经济尤其是服务业和中小企业融资的问题。

一、发展中小银行要突围

银行等金融机构是我国企业融资的主渠道，但占据金融市场主体地位的国有银行和大型银行偏好政府贷款、国企贷款和大企业贷款，而中小微企业和初创企业，则缺乏中小银行的对接服务。为此，需要大力发展城市社区银行等中小银行，形成为中小微企业和创业创新服务的银行体系。

1. 鼓励与支持社区银行等中小银行的发展

（1）大力发展社区银行。借鉴发达国家的经验，鼓励发展社区银行，发挥社区银行的信息优势，降低小微企业、个体经济的融资成本；鼓励民营资本出资设立专门为小微企业服务的社区银行，适度放宽对其资产规模、区域分布、业务范围等方面的准入条件，限制国有银行和国有企业入股。

（2）鼓励小微金融机构变身为中小银行。鼓励一些担保公司、小贷公司和典当公司发展为小银行，将部分民间借贷组织合法化，允许其发展为小银行；央行在操作定向宽松政策时，更多通过中小银行定向增加中小企业的市场流动性，并通过财政贴息、基金支持、增值税减免等方式鼓励民营中小银行的发展等。

（3）以社会资本为主发展小微金融。逐步减少民间资本发起设立消费金融公司、村镇银行的限制，降低准入条件，简化审批程序；在出台优惠政策支持社会资本进入小额消费信贷业务的同时，允许这些机构对中小企业发放贷款；加大政策扶持力度，鼓励小微金融机构探索科技金融、绿色金融等领域，优化业务结构。

2. 设立财政支持的中小企业贷款担保基金

加快建立中小企业信用担保体系，有利于增强中小银行对中小企业的信心，有利于降低中小企业的融资成本，也有利于减少中小银行的经营风险。从国际上看，许多国家专门建立中小企业信用担保体系，利用财政资金成立政策性银行或金融机构，为中小企业提供流动资金贷款和固定资产投资贷款。从我国的情况看，未来可以考虑设立国家财政支持的中小企业贷款担保基金，做大基金规模，帮助中小企业降低融资成本。同时，建立政府担保基金补偿机制，提取服务业增值税和企业所得税的一定比例作为风险准备，提高基金的财力可持续性。

专栏6.4　其他国家建设中小企业信用担保体系的主要做法
美国：设立小企业管理局，凡申请担保并获批准的小企业，在逾期不能归还商业银行贷款时，这一机构将支付不低于90%的未偿部分。 **日本**：用地方担保和政府再担保的两级信用担保体系，即地方信用担保协会对企业承保后，再由政府成立的中小企业信用保险公库对担保协会进行再担保；设立日本中小企业金融公库、农林渔业金融公库、国民金融公库、商工组合中央金库、区域中小企业援助基金等政府独资或政府控股的政策性金融机构，作为一般金融机构金融业务的补充和完善，为中小企业提供资金支持。 **德国**：依托覆盖全国的工商协会对中小企业的扶持和中介作用，建立社会化的融资服务和信用担保体系。设立复兴信贷银行和18家州立担保银行，共同构建中小企业社会化融资体系。

资料来源：他国如何化解中小企业融资难[EB/OL]. 新华网，2014-11-25.

3. 建立中小微企业贷款风险补偿和融资性担保风险补偿机制

(1)严把市场准入关，规范融资性担保行业的发展。对新设立的融资性担保公司，应对资本金准入条件和出资人出资条件等严格把关，并进行属地管理。

(2)优先发展面向中小微企业的融资性担保公司。综合运用资本注入、风险补偿和考核奖励等多种形式，提高融资性担保公司的服务能力，重点扶持运作规范、财务健全、对中小企业和“三农”发展贡献大的融资性担保公司。

(3)建立融资性担保行业突发事件的发生报告、预警防范和处置制度。加快制订融资性担保行业突发事件处置机制，明确处置机构及其职责、处置措施和处置程序。

二、推进利率市场化改革

“十三五”应尽快为存款利率市场化创造条件，全面实现利率市场化，使资金流向存在大量市场需求的产业和更具活力、创新能力的企业。

1. 推进存款利率市场化

当前，利率市场化改革只剩下存款利率市场化这块“硬骨头”。应全面实现利率的市场化形成机制，实现各类市场主体平等使用金融资源。建议1~2年内，以大额可转让定期存单为重点，逐步放开存款利率；3年左右，基本实现以上海银行间同业拆放利率为基准的市场化利率。

2. 建立和完善存款保险制度

(1)尽快实现存款保险制度全覆盖。存款保险制度不仅为跑完利率市场化“最后十公里”提供重要基础，而且对中小银行的发展是重大利好，有利于降低设立中小银行的门槛。建议尽快出台正式的存款保险条例，使存款保险制度全面覆盖中小银行和法律允许吸收存款的中小金融机构。

(2)分步骤实现差额费率制。

——在过渡期内采取无差别单一费率制，降低对中小银行的影响。如果一开始就采取基于风险评估的差别费率，大型国有银行将享受比中小银行低的费率，明显不利于本来就处于竞争弱势的中小银行发展。建议经过3~5年的过渡期，对大中小银行实行统一的保险费率，尽快做强民营银行与中小银行。

专栏6.5　大型国有银行与中小银行差别费率带来的盈利减少

大型国有银行将享受最低的保险费率，按0.05%的费率计算，对四大国有商业银行2015年预期利润的影响将在1.07%~1.41%之间。而一些中小型银行的负担将较大，例如重庆农村商业银行可能需要支付0.11%的费率，将导致该行2015年预期盈利减少3.9%，受到的影响是国有大型商业银行的2.8~3.6倍。

资料来源：中国存款保险制度存在巨大风险[EB/OL].华尔街日报中文网，2014-12-02.

——过渡期后由单一费率改为差别费率。即存款保险费率由基准费率和风险差别费率构成，费率标准由存款保险基金管理机构根据我国经济金融发展状况、存款结构、存款保险基金累积水平等因素制定和调整。尽可能明确政策退出的时间表，倒逼中小银行和民营银行提高盈利能力和竞争力。

(3)健全金融机构风险防范与处置机制。要防范影子银行和风险较高的理财产品现金流出滑坡带来的风险，需要建立风险监测预警体系和应急机制，加大对重点领域的风险排查；建立金融中介机构信息披露和退出机制，及时发现高风险行为并进行严格约束；将影子银行纳入规范的监管框架。

3. 促进互联网金融等新兴金融业态健康发展

(1)鼓励互联网金融产业的健康发展。从实际情况看，互联网金融不仅有利于促进利率市场化，而且对创新金融模式和服务、完善金融市场具有积极的意义。

——鼓励和支持互联网金融机构利用大数据、云计算等提高运营效率，降低企业融资成本，创新产品和服务；鼓励和规范第三方支付、网络融资等互联网金融的发展，运用服务业引导发展基金和创新创业基金等财政资金，鼓励和支持互联网金融创新。

——总结上海等地互联网金融发展的经验，鼓励企业发展互联网金融业务，在加强市场监管的前提下逐步由审批核准制向登记制转变。

(2)加快互联网金融的相关立法。从法律层面明确互联网金融的地位，通过立法规范互联网金融的发展；厘清互联网金融发展涉及的主体地位、业务范畴、发展方向、监管体制机制等基本问题，系统构建相关的配套法律制度，对互联网金融机构进行规范和引导。

(3)完善互联网监管机制。明确互联网金融的监管主体，建议央行下设互联网金融局，加强与其他国家金融监管部门的合作，实施统一监管；加强互联网金融信用与征信体系建设，构建互联网金融信用信息服务平台，为互联网金融企业提供服务。

三、调整和完善资本市场

目前，我国中小企业直接融资比例大约为5%左右，而国际平均水平为70%左右。“十三五”应加快债券市场改革和股票市场改革，提高资本市场服务中小企业直接融资的力度，同时鼓励众筹等融资平台创新，拓展中小企业直接融资的渠道。

1. 发展面向中小企业的债券市场

(1)鼓励中小企业发行债券。

——积极探索小额贷款公司等非吸收存款类放贷机构的债券融资方式，鼓励发展中小企业私募债，通过发展债券市场来提高中小企业的直接融资比例。

——鼓励中小企业发行“绿色企业债券”或“绿色金融债券”，对于节能减排企业、环保项目和生态工程在发行债券方面提供“绿色通道”，简化审批手续，缩短审批时间。

——取消债券发行不得超过企业净资产40%的限制。

(2)建立中小企业的信用评级和信用登记制度。

——建立中小企业“信用记录”评级制度，将中小企业纳入到社会信用体系中，并向相关部门、银行、担保机构和社会公众公开。

——鼓励征信机构和信用评级机构建立中小企业信用评级体系。

2. 加快推进股票发行注册制改革

(1)推行中小企业股票发行注册制。目前,我国境内股票发行实行核准制,这对中小企业而言意味着高门槛和高成本。进一步落实中共十八届三中全会提出的“健全多层次资本市场体系,推进股票发行注册制改革”,把重点放在中小企业上,明显降低创业板对中小企业的盈利条件等门槛,使更多的中小企业和创新型企业能够进入股票市场融资。

专栏6.6　中国与美国创业板门槛比较

纳斯达克对申报企业的要求为最近一年税前净利在75万美元以上,或最近三年中两年税前收入在75万美元以上;若净资产不少于500万美元或上市后企业市值不少于5 000万美元,则对盈利无要求。

我国内地创业板则要求申报企业最近两年盈利累计不少于1 000万元,或最近一年净利润不少于500万元;营业收入不少于5 000万元;最近两年营业收入增长率不低于30%。而在实际操作中,执行标准更高。

资料来源:周绾绾.注册制亟待扫清“障碍”:2015年实施[N].第一财经日报,2013-11-20.

(2)推动“新三板”扩围。——将中小企业股份转让试点扩大到全国的条件已经具备,应当加快“新三板”扩围的审批。

——进一步丰富做市商、协议转让等交易方式,鼓励融资工具的创新,支持更多中小微企业依托“新三板”开展融资。

——给予在技术专利申请、工资增长机制建设、员工持股机制等方面有突出表现的中小微企业优先上市资格。

3. 鼓励众筹等融资平台的创新

众筹融资为初创企业提供直接融资的新渠道,降低了创业创新的融资成本。“十三五”应在金融审慎监管框架的基础上,允许和鼓励众筹平台参照私募基金的运作模式,向创业者提供生产、销售等环节的增值服务;出台专门的法律法规,尽快修改《证券法》相关条例,明确众筹融资的合法地位、对象、业务监管原则和体制机制等;降低投资者的准入门槛,逐步放开投资人的人数限制,健全投资人保护机制。

第五节
教育结构要调整

改革开放以来,教育事业的发展为促进我国由人口大国转变为人力资源大国发挥了重要作用,为过去30多年经济的快速增长创造了重要条件。“十三五”适应增长模式由投资驱动、要素驱动转向创新驱动的大趋势,通过教育综合改革、优化调整教育结构,为我国由人力资源大国走向人力资本大国奠定坚实的基础。

一、调整教育结构要有历史紧迫感

教育是立国之本,更是强国之本。从发达国家的经验看,经济转型升级越来越有赖于人力资本。随着我国经济转型升级的加快,教育结构与社会需求不相适应的矛盾逐渐凸显。能否加快教育结构调整与改革,提供大量高素质的人力资本,在很大程度上决定着经济转型升级的成败。

1. 从人力资源大国到人力资本大国的跨越需要加快调整与优化教育结构

从现实看,我国离人力资本大国仍然有较大的差距。2012 年,我国制造业劳动生产率仅相当于美国的 4.38%、日本的 4.37% 和德国的 5.56%①。服务业劳动生产率也存在着很大的差距。例如,2011 年美国信息服务业的整体劳动生产率是我国的 4.1 倍。分析表明,制造业企业职工受教育年限每提高 1 年,劳动生产率就会上升 17%;如果企业职工全部是高中学历的话,劳动生产率将提高 24%;如果企业职工全部是大专学历的话,企业的劳动生产率可以再提高 75%;如果企业职工全部是本科学历,劳动生产率可以再提高 66%②。无论是工业的转型升级,还是现代服务业的发展,都对人力资本提出了更高的要求,从而对我国教育结构的调整提出了现实需求。

① 张茉楠.中国制造业劳动生产率相当低[N].中华工商时报,2012-12-24.

② 方烨.蔡昉:再续人口红利需深化教育改革[N].经济参考报,2009-09-16.

2. 从工业主导转向服务业主导需要把职业教育放在更加突出的位置

随着产业结构调整升级的趋势不断加快，我国与发达国家的产业结构也由互补关系转向以竞争为主，竞争因素逐步增大，教育结构调整的历史紧迫性进一步上升，尤其是加快发展与市场联系最直接的职业教育更为迫切。

(1)职业教育发展相对滞后于“中国智造”的趋势。职业教育结构仍然不合理、高等职业教育发展相对滞后，在工业转型升级的背景下，高端制造业、战略性新兴产业人力资本不足的问题日益突出。例如，技工、高级技工和技师的求人倍率长期保持在2以上。

(2)职业教育发展相对滞后于服务业发展的趋势。生产性服务业和生活性服务业的发展需要大量的专业技术人才和管理人才，但目前的职业教育结构仍然难以适应服务业发展的需求。例如，2010年我国批发、零售、物流业等服务业从业人员与职业教育对口专业招生缺口数高达120万人，凸显职业教育结构的不合理。

(3)职业教育的传统理念难以适应服务经济时代。根据《中国职业教育发展报告(2002—2012)》，职业教育对主要劳动人口平均受教育年限增长的贡献率为21%，对就业能力的提升和教育结构的优化都发挥了显著的作用。但职业教育相对普通教育是“二流教育”的理念仍然普遍存在，职业教育的师资力量、教学资源与普通教育相比仍有较大的差距，不利于现代职业教育的发展。

3. 从投资驱动、规模驱动转向创新驱动需要加快教育结构的调整

(1)高等教育结构调整的现实需求上升。根据教育部数据，近年来中职毕业生就业率达到95%左右，但高校毕业生的就业率仅为70%左右①。据调查，2013年高校毕业生中，本科生确定单位的比例为53.1%，就业落实率为67.4%，分别比专科生低了16.8%和12.3%②，反映出我国现行的高等教育结构与教育质量越来越难以满足经济转型升级带来的人力资源需求。

(2)提高基础教育水平。目前，我国15岁及以上人口平均受教育年限为9.3年，与美国13.3年、日本11.6年、德国12.2年、俄罗斯11.7年的水平相比，差距较大。

---

① 教育部：中职就业率连续四年达到95%以上[EB/OL]. 人民网，2009-05-27.

② 2013年被称“最难就业季”[N]. 光明日报，2014-02-02.

与其他建立义务教育制度的国家相比，我国义务教育年限仍然较低，未来提高的空间仍然较大。

二、发展现代职业教育是一个大战略

从服务于国家现代化、建设人力资源强国的目标看，现代职业教育发展不足已经成为我国教育现代化的“短板”。“十三五”应当把发展现代职业教育放到更加突出的位置，推进产教深度融合、校企深度合作，形成政府、企业、社会资本共同推动现代职业教育发展的合力。

1. 鼓励社会资本进入职业教育领域

(1)放宽社会资本办职业教育的限制。尽管本世纪初教育市场化、产业化曾引起诸多争论，但职业教育与市场需求联系最为紧密，职业教育只有走市场化的路子，才能更好地促进产教深度融合，从而为各行各业提供符合市场需求的、更高质量的技术工人和技能型人才。为此，需要降低社会资本进入中等职业与高等职业教育领域的门槛，简化设立职业教育学院的审批，在土地使用、财政支持、政府购买、人才培训等方面给予民办职业教育机构和公办机构同等的地位和待遇。

(2)深入推进校企合作。扩大学徒制的试点范围，鼓励地方开展“招生即招工、入校即入厂、校企联合培养”的现代学徒制试点，落实与保障试点院校的招生自主权；鼓励职业学校与合作企业通过学徒制、委托培养、购买合同等多种方式深入合作，对企业举办职业教育和培训的投入部分给予税收抵扣；在校企深度合作的基础上，推进学历证书与职业资格证书的“课证”融通，职业教育学历证书要突出职业能力的培养，在企业获得的专业技术职业资格证书可以作为进入更高等的职业教育机构学习的凭证。

(3)充分利用职业教育综合改革试点探索引入社会资本的体制机制。探索职业教育领域的“混合所有制”，鼓励以股权出让、股份合作、联合培养等多种方式，引导社会资本进入公办职业教育机构。

2. 创新提高职业教育水平的体制机制

(1)促进职业教育与普通教育间的横向联通。通过改造、兼并、划转、整合等方式，推动一批普通本科高等学校转变成应用技术型高等学校和高等职业教育学校，举办本科职业教育；在财政拨款、融资条件、土地使用、人才培养等方面，对普通教育与职业教育一视同仁。

（2）加快探索中职、高职、本科相互衔接。加快职业教育“注册入学”招生制度改革，中等职业学校面向初中毕业生实行注册入学，高等职业院校面向中职毕业生实行注册入学；加快探索“学分银行”制，推动普通高校与高职院校间的学分转换，积极探索中高职本科一体化人才培养模式；加快职业教育学制改革，使普通高等学校可以招收职业院校毕业生，并与职业院校联合培养高层次应用型人才。

（3）创新本科和研究生层次职业人才培养机制。放宽高等职业学院开设研究生课程的限制，鼓励高等职业教育学院探索专业学位研究生培养模式；鼓励高等职业教育机构适应市场需要，对不同职业的课程需求进行分析，允许部分研究生课程转化为高等职业教育的课程；探索职业教育学分累积制度，学生达到条件即可申请获得研究生学历证书。

3. 加强对职业教育的财政保障

（1）加大财政向民办职业教育的倾斜力度。加大对民办职业教育的政府购买服务；按照民办学校当年培养合格毕业生的数量，给予民办职业学校不低于公办生均经费标准的生均奖励；鼓励地方按照本科院校预算内生均拨款水平的一定比例给予民办高职院校经费补助，并逐步提高补助比例。

（2）推行职业教育券。2012 年，国家提出将中等职业教育免学费范围扩大到所有农村（含县镇）学生、城市涉农专业学生和家庭经济困难学生。免费职业教育给了贫困家庭子女更多的教育选择权，促进了教育公平。但免费解决不了职业教育吸引力的问题，甚至出现了“瞄准”失灵——有需求的享受不到政策，能享受政策的又希望子女获得更高等的教育。为此，建议将鼓励民办职业教育发展与推行职业教育券相结合，既达到对城乡困难家庭学生和农民工子女的资助，又有利于民办职业教育机构通过公平参与竞争提高职业教育的质量。

三、加快普及学前义务教育与高中阶段教育

着眼于提高我国国民受教育水平，为发展高质量的高等教育奠定基础，需要加快普及学前义务教育与高中阶段教育，促进义务教育均等化，在条件成熟时延长义务教

育年限。

1. 普及学前义务教育

(1)鼓励地方加快普及学前义务教育。《国家中长期教育改革和发展规划纲要(2010—2020 年)》提出，到 2020 年基本普及学前教育，具体是全面普及学前一年教育，基本普及学前两年教育，有条件的地区普及学前三年教育。从现实看，不少地方在“十二五”期间内就能够完成基本普及学前教育的任务，“十三五”应鼓励有条件的地方探索学前教育免费制度，鼓励地方在设立审批、资质评估、师资建设、经费投入、公私合办等多方面进行积极的探索。

(2)加大对学前教育的财政投入。“十二五”时期，中央财政按照“地方先行、中央补助”的原则，推动全国 32 个省份(含新疆生产建设兵团)建立了学前教育资助制度，一些发达地区已经率先实行幼儿保教费减免政策。2012 年，全国财政性学前教育经费在幼儿园经费总收入中占 40. 81%，但仍不到 OECD 国家平均水平(82. 1%)的一半，在教育财政支出中占比仅为 3. 2%①。“十三五”可以考虑由现在的比例提高到 6% 以上。

(3)促进学前教育资源配置的均等化。鼓励有条件的地方以农村地区、困难家庭的适龄儿童和农民工子女为重点加快普及学前义务教育；明确中央和地方政府在学前教育上的支出责任划分，中央财政加大对欠发达地区的转移支付，省级政府加大对欠发达市县的转移支付力度；推行学前义务教育券制度，专门用于教师培训、资助城乡困难家庭和流动人口的子女学前教育，对公办幼儿园和民办幼儿园一视同仁。

2. 加快普及高中阶段教育

(1)探索特定项目和特定群体减免费的制度。鼓励有条件的地方对高中教育实行财政支持的免费政策；采取通过对某些项目或某些特定群体例如农村贫困群体、流动人口等免费的政策，提高高中阶段教育普及度。

(2)逐步增加普及高中阶段教育的财政投入。加大对落后地区学生、农村地区学生、贫困家庭以及农民工子女的高中阶段普及教育的财政补贴；中央财政加大对中西

---

① 梁净，张眉. 2014 中国教育财政高峰论坛暨中国教育发展战略学会教育财政专业委员会年会学前教育分会综述[Z]. 北京大学中国教育财政科学所简报，2014(9).

部地区加快普及高中阶段教育的转移支付,省级财政加大对落后地区加快普及高中阶段教育的转移支付。

3. 鼓励有条件的地区先行探索高中阶段义务教育

(1) 允许和鼓励有条件的地区先行探索高中阶段义务教育。目前我国一些地区已经率先进入高收入行列,应当允许和鼓励这些地区先行探索12年义务教育制;对于先行探索的地区,考虑适当下放相关的行政审批权。

(2) 条件成熟时在全国范围内建立高中阶段义务教育制。更长年限的义务教育制意味着财政资源配置的重新分配。当前我国9年制义务教育均等化的目标尚未完全实现,为了避免发生挤占其他阶段教育经费特别是9年制义务教育巩固经费的问题,可以在巩固9年义务教育制成果与加快促进基础教育均等化的前提下,用10~15年左右的时间逐步在全国范围内建立高中阶段义务教育制度。

四、调整高等教育结构

着眼于增强高等教育的适应力与创新力,在继续提高高等教育普及程度的同时,加快调整高等教育结构,形成高等教育支持创新驱动发展战略的新格局。

1. 推进高等教育体系多元化

探索把高等学校分成综合型大学、研究型大学、技术应用型大学,分别确立其发展定位、人才培养目标和培养模式,形成符合发展定位的专业结构,防止"同质化"发展。综合型大学采取全科培养模式,注重提高学生综合素质和学习能力,着力培养学习型人才;研究型大学着力培养研究型人才;技术应用型大学着力培养高素质的技术技能型人才。

2. 以提高技术应用型高校占比为重点调整高等教育结构

欧美发达国家应用技术型人才与学术型人才培养的比例一般是在8:2,但我国这一比例已经完全失衡[①]。"十三五"加快推动一批高校转型为技术应用型高校,选择一批高等职业学校升级为技术应用型高校,不断提高技术应用型高校在校生的占比。

---

① 王志英. 地方本科院校转型应用技术类型高等学校途径探讨[J]. 现代企业教育,2014(16).

专栏6.7 美国与德国的高等教育机构

1. 美国的高等教育。主要包括三大类：一是处于最顶端的各类研究型大学，以从事基础性、学术性研究为主，有庞大的研究生院，能授予博士学位；二是本科大学，以四年制为主的综合性大学及学院，多为州立大学，培养目标为中级科技、学术及专业人才，修满四年授予学士学位；三是社区学院，包括两年制的普及学院和技术专科学院，招收高中毕业生中成绩较低和同等学力的学生，毕业时授予副学士学位。社区学院帮助实现职业教育与普通高等教育的相互衔接，社区学院的毕业生可以转到四年制大学继续攻读更高水平学位教育。

2. 德国的高等教育。主要包括两大类：一是综合性大学。具有科研能力，主要培养高素质学术人才，语言文化学科、数学与自然科学、医药健康学的绝大多数学生就读于综合性大学，二是应用科学大学。培养高级应用型人才，学科开设、课程设置与实践结合更为紧密。综合性大学的学习人数和应用科学大学修读人数比例约为6:4，近年来应用科学大学就读人数的比重不断上升。机械科学、社会科学及农林营养学科的学生则相对更多地就读于应用科学大学。将近2/3的工程科学毕业生都来自于应用科学大学。

资料来源：中改院课题组整理。

3. 鼓励社会资本进入高等教育领域

（1）扩大高等教育中民办教育的比重。放低民间资本进入高等教育领域的门槛，明确非营利性民办大学在政府购买、财政支持、教师培训等方面与公立大学享受同等政策；实现公立大学和民营高等院校在教育领域地位平等，逐步取消行政级别之分，并且在土地使用、财政支持、师资培养等方面一视同仁。

（2）探索高等教育领域的混合所有制。允许在高等教育领域发展民间资本控股、参股的混合所有制；利用混合所有制推动公立大学改革，引入社会资本；鼓励上市公司和科技企业投资兴办技术技能型大学。

第七章 推进服务贸易强国进程

——“十三五”：形成国际竞争新优势

我国是一个货物贸易大国，但还不是一个服务贸易强国。在全球经济格局深刻调整变化和“一带一路”开放战略深度实施的大背景下，推动我国从货物贸易大国走向服务贸易强国，到2020年形成我国国际竞争新优势，既面临着重大的机遇，也面临着历史性的挑战。

加快发展服务贸易，是我国从贸易大国走向贸易强国、从“中国制造”转向“中国智造”、从工业主导走向服务业主导的战略抉择。“十三五”抓住全球经济格局深刻调整的新机遇，以“一带一路”开放战略为总抓手，以双边、多边自由贸易区为平台，以服务贸易规模倍增为目标，以打破服务贸易壁垒为重点，争做国际经贸规则参与者、引领者，加快推进我国由货物贸易大国向服务贸易强国的转型升级，形成我国国际竞争的新优势。

第一节 以“一带一路”推动服务贸易强国进程

中共十八届三中全会提出，“推进丝绸之路经济带、海上丝绸之路建设，形成全方位开放新格局”。“一带一路”是新形势下我国形成全方位开放新格局的重大举措。推进服务贸易强国进程，既是深入实施“一带一路”战略的重大任务和深入参与国际经济合作的重要内容，更是以开放倒逼改革，推动经济转型升级的战略抉择。为此，到2020年形成服务贸易强国新格局作为构建开放型经济新体制的重要目标。

一、“一带一路”是新阶段对外开放的总抓手

未来5～10年，通过“一带一路”拓展经济发展空间，可以使我国更好地融入世界经

济，并能够使沿线国家和地区更好地分享我国改革开放的红利。把“一带一路”作为对外开放的总抓手，有利于以周边为基础尽快实现构建开放型新体制的重要突破。

1.“一带一路”拓展经济发展新空间

“一带一路”覆盖60多个国家和地区，总人口46亿人左右，占全球总人口的65%；经济总量达到20万亿美元，占全球经济总量的1/3①。沿线大多是新兴经济体和发展中国家，经济发展大多处于上升期，未来合作空间大。根据世界银行数据计算，1990—2013年，全球贸易、跨境直接投资年均增长速度为7.8%和9.7%，“一带一路”相关65个国家和地区同期的年均增长速度分别达到13.1%和16.5%，是全球最具发展潜力的经济带②。近10年来，我国与“一带一路”沿线国家和地区的贸易额年均增长19%，比我国同期外贸总额年均增长高出4个百分点；2013年，我国与“一带一路”沿线国家的贸易额超过1万亿美元，占我国外贸总额的1/4。“十三五”我国进口累计将超过10万亿美元，如果其中一半左右来自“一带一路”相关国家和地区，将会为这一地区提供超过5万亿美元的出口机会。

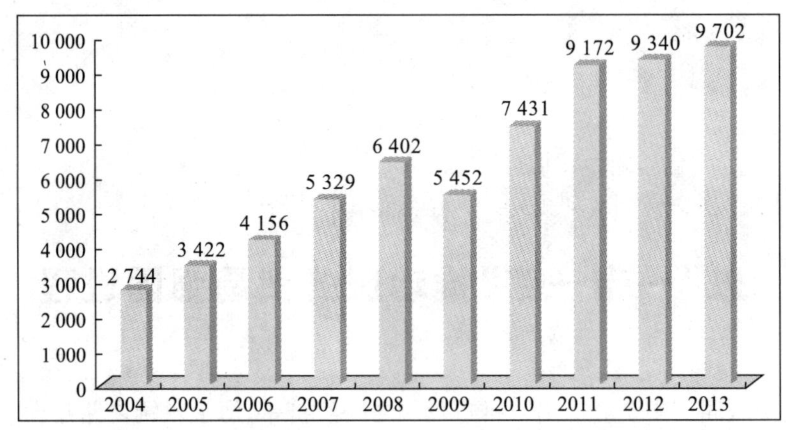

图7.1　2004—2013年我国与“一带一路”部分国家进出口总额（单位：亿美元）

注：统计国家包括塔吉克斯坦、马尔代夫、斯里兰卡、印度、蒙古、韩国、荷兰、法国、德国、比利时、俄罗斯、印度尼西亚、马来西亚、土库曼斯坦、哈萨克斯坦、乌兹别克斯坦和吉尔吉斯斯坦共17国。

数据来源：根据国家统计局网站数据整理。

---

① 高虎城. 经贸合作是“一带一路”建设的基础和先导[N]. 人民日报，2014-07-02.

② 包兴安. “一带一路”大战略 相关65个国家将受益[N]. 人民日报，2014-12-09.

2. 以经济新空间化“过剩产能”为“优质产能”

我国的很多产能虽然对于国内“富余”，但在国际市场上则是性价比非常高的优质产能。“一带一路”是我国开辟新的贸易出口市场、化“过剩产能”为“优质产能”的重要抓手，也为我国加强与沿线国家的互联互通提供了重要机遇。例如，我国钢铁、水泥、电解铝、玻璃产能严重过剩，产能利用率均在80%以下，但“一带一路”沿线大多数国家和地区对基础设施建设需求很大。根据世界银行的估计，到2020年，东南亚基础设施投资规模需要15 000亿美元，缺口达7 000多亿美元。以铁路建设为例。沿线多数国家铁路里程与国土面积之比在1%以下，而欧盟和日本等发达国家普遍在5%以上①。通过“一带一路”开放战略的深度实施，我国的“过剩产能”就可以变为“优质产能”，不仅有利于化解国内产能过剩，还可以带动外需的增长，增强互利合作。初步预测，“十三五”如果我国对“一带一路”国家投资占对外投资的比重由目前的13%提高到35%，到2020年总投资规模将累计达到近1万亿美元（见表7.1）。

表7.1　2014—2020年我国对“一带一路”国家投资规模预测

年　份	对外直接投资（亿美元）	增速（%）	沿线国家占比（%）	投资规模（亿美元）
2013	1 078.400	—	13	—
2014	1 401.920	30	17	238.3264
2015	1 962.688	40	20	392.5376
2016	2 747.763	40	25	686.9408
2017	3 846.868	40	30	1 154.0610
2018	5 193.272	35	30	1 557.9820
2019	7 010.918	35	35	2 453.8210
2020	9 114.193	30	35	3 189.9680
合　计	—	—	—	9 673.6360

数据来源：中改院课题组测算。

3. 以“一带一路”推动能源资源互联互通

（1）确保能源资源生命线。目前，我国已超过美国成为全球最大的能源消费国，石油、铁矿石、精炼铝、精炼铜、钾盐的对外依存度分别达到60%、53.6%、52.9%、

① 中金公司.“一带一路”扩影响提内需 利好五大产业[N].上海证券报，2014-12-17.

69%、52.4%①，确保能源资源供给安全成为重大战略问题。在世界能源格局中，亚太地区中心地位突出，“一带一路”战略对于我国构筑能源资源生命线至关重要。一方面，我国将加大从中亚、中东、美洲、非洲等的陆路进口，这些地区正处于丝绸之路经济带上。2016 年，中国—中亚天然气管道 D 线计划投产后，我国从中亚进口天然气的输气能力将从每年 550 亿立方米提升到 850 亿立方米，另一方面，将在中东到我国的沿线建设一系列可靠的港口。

(2)承担起能源输出大国的责任。一方面，我国火电、风电、光伏等装备制造产能以及施工能力严重过剩。我国火电装备制造产能高达 1 亿千瓦，然而近年来火电每年新增装机只维持在 5 000 万千瓦左右的水平②。另一方面，“一带一路”沿线部分国家电力供给严重短缺。以岛国马尔代夫为例。马尔代夫电力供应主要依靠进口柴油发电，发电成本高达每度电 27～65 美分，比煤电成本高出 5 倍以上，每年燃油补贴高达 1.15 亿美元以上，财政压力极大。在这个背景下，我国可以借助资金、技术、产能优势，在“一带一路”沿线国家推进“光伏外交”、“电力外交”、“能源外交”，推动与周边国家实现电力等能源联网，调节余缺，既为处于产能过剩的能源制造业“走出去”创造新机遇，在更广阔的空间实现能源安全，也务实地担当起“一带一路”建设中的大国责任，更为我国确保能源通道安全奠定基础，实现一举多赢。

二、“一带一路”引领对外开放升级版

未来 5～10 年，“一带一路”将成为构建对外开放新格局、引领我国经济进一步融入世界、打造对外开放升级版的强力引擎。通过“一带一路”，形成全方位开放的新格局，形成企业“走出去”的新格局，形成向产业链高端升级的新格局，形成贸易规则制定的参与者、引领者的新格局。

1. 推动开放格局由点状、块状向全方位开放转型升级

“一带一路”将打破我国原有点状、块状的区域发展模式，在继续提升向东开放水平的同时加快向西开放步伐，由此带动内陆沿边地区由对外开放的边缘成为对外开放

① 朱敏. 能源资源对外依存度过高的风险及对策[N]. 中国经济时报，2014－12－12.

② 翟永平. 一带一路：中国将如何成为能源输出大国[EB/OL]. 南方网，2014－11－26.

的最前沿。“一带一路”将在横向上贯穿我国东部、中部和西部，纵向上连接主要沿海港口城市，并且不断向中亚、东盟延伸。这将改变我国区域发展版图，更多强调省区之间的互联互通、产业承接与转移，有利于加快开放型经济转型升级。

2. 推动“引进来”向“引进来”与“走出去”并重转型升级

近年来，我国从输出产品到输出技术，从输出资本到输出标准，再从输出“理念”到输出“模式”的跨越和转变，标志着我国对外开放向更高水平和更高形态转型升级。未来5～10年，“一带一路”沿线国家和地区广泛、深入的合作，高水平“引进来”和大规模“走出去”并重推进，将形成市场、能源资源、投资“三头”对外深度融合的新局面①。据预测，2014—2020年，我国累计向国外提供的商机将达17万亿美元，对外直接投资存量将突破1.2万亿美元，将为世界其他国家贡献700万个新增就业岗位，对世界经济增长的平均贡献率将达到27%②。

3. 推动产业链、价值链由低端向中高端转型升级

随着全球化的进一步推进，世界生产和贸易已进入全球价值链时代。一个国家如果游离在全球价值链之外，势必丧失发展的机遇。“一带一路”将优化全球资源配置，形成利益共享的合作网络，推动全球供应链、产业链、价值链的深度融合。总体而言，我国企业主要集中在全球产业链、价值链的低端环节，产品和服务的附加值低。近年来我国加大了企业“走出去”的步伐，例如2014年上半年，中国北车、中国南车两家企业出口签约额总计达到45亿美元，两家公司的产品出口超过80个国家及地区。这不仅意味产业的输出，也意味着价值链的提升，更意味着从传统货物贸易向服务贸易的转型升级。未来5～10年，我国将在“一带一路”开放战略中争取向全球价值链的中高端攀升，扩大与新兴市场和发展中国家的经贸联系，建立自己的区域和全球价值链，进一步推动经济结构转型。

4. 推动由贸易规则的“跟随者”向新贸易规则的“引领者”转型升级

习近平总书记指出，全球贸易体系正经历自1994年乌拉圭回合谈判以来最大的

① 习近平主持召开中央财经领导小组第八次会议[EB/OL]. 新华网，2014－11－06.
② 王优玲. “一带一路”战略构建中国对外开放新格局[EB/OL]. 新华网，2015－01－09.

一轮重构。必须审时度势，努力在经济全球化中抢占先机、赢得主动，不能当旁观者、跟随者，而是要做参与者、引领者。未来5~10年，是全球治理结构深刻调整的关键时期。现有的WTO中的国际贸易规则基于传统的货物贸易形态，贸易规则主要由欧美主导。目前，国际贸易新规则主要体现在由美国主导的跨太平洋伙伴关系协议（TPP）、欧美主导的跨大西洋贸易与投资伙伴协议（TTIP）、美国2012年双边投资协定（BIT）模板、国际服务贸易协定（TISA）等，欧美国家力图继续主导新贸易规则的制定。随着我国经济实力的增强，我国在世界贸易格局中的地位也随之提升，为逐步由贸易规则的旁观者、跟随者向参与者、引领者转型升级提供了重要的机遇。"十三五"通过"一带一路"战略的实施，我国完全有可能成为制定全球贸易规则特别是服务贸易规则的参与者、引领者。

三、"一带一路"统筹双边、多边的开放合作

"一带一路"战略是加快推进区域贸易自由化进程的重大举措，意味着我国与沿线国家和地区将实现物流、人流、资金流、信息流的互联互通，由此将为加快推进区域多边、双边的贸易自由化进程创造极为有利的条件。

1."一带一路"引领区域经济一体化

"一带一路"沿线大多为新兴经济体和发展中国家。在全球经济放缓、发达国家"再工业化"、贸易保护主义抬头以及区域经济一体化成为经济全球化主要趋势的背景下，高度依赖欧美市场的"一带一路"大多数沿线国家和地区的出口面临着共同挑战，加快区域经济一体化成为沿线各国和地区寻求新发展动力的现实选择。

"建设丝绸之路经济带和21世纪海上丝绸之路的倡议，目的是共同打造沿线区域经济一体化。"①从世界经济发展趋势看，区域一体化是大势所趋。从外部看，"一带一路"将以开放多元的特征推进区域合作的进程，为亚洲提供一种新型的区域经济合作选择，并有可能成为最终推动全球贸易投资自由化的一个新途径。从国内看，每个区域扮演的角色不一样，发挥各自区域的优势和特点有利于"一带一路"战略的实施。

① 习近平：一带一路将打造区域经济一体化新格局[EB/OL].中国新闻网，2014-10-29.

比如，海南可以成为海上丝绸之路的“南海服务合作基地”，在中国—东盟自由贸易区升级版中发挥重要作用；西北有可能加快推进矿产资源下的自由贸易进程；云南等沿边地区将成为开放的“前沿”。

2.“一带一路”是加快推进区域双边、多边贸易投资自由化进程的重大举措

习近平总书记指出，逐步构筑起立足周边、辐射“一带一路”、面向全球的自由贸易区网络，积极同“一带一路”沿线国家和地区商建自由贸易区，使我国与沿线国家合作更加紧密、往来更加便利、利益更加融合。目前，我国已签署的自贸协定有 12 个，涉及 20 个国家和地区，包括中国与东盟以及中国与新加坡等国家的自贸协定。“一带一路”战略的深度推进将进一步推动国内更多的双边、多边自贸区落地。“十三五”对外开放的方向就是以自贸区战略为切入口，构建利益共同体；以周边国家和地区为基础，将零星的、个别的自贸协定谈判与整体自贸区战略结合起来，将自身提升对外开放水平的努力与争夺新一波全球化浪潮中的主动权结合起来①，加快实施双边、多边自由贸易区战略，进而过渡到面向全球的高标准自由贸易区网络。

3.“一带一路”为区域双边、多边贸易创造重要条件

由我国首先发起倡议建设的丝绸之路经济带和 21 世纪海上丝绸之路，已经达成多方共识。“一带一路”在亚信峰会、中国—东盟领导人会议等国际会议上成为最受关注的主题，各国领导人的共识不断增强。2014 年，丝路基金设立、亚洲基础设施投资银行签约，未来仍会有专业的金融机构成立，为“一带一路”建设提供资金保障。2015 年，“一带一路”建设进入加快发展阶段。“十三五”时期，“一带一路”将继续秉承合作发展的理念和倡议，充分依靠我国与有关国家既有的双边、多边机制，借助上海合作组织、欧亚经济联盟、中国—东盟（10 + 1）等区域合作平台，在推动区域一体化、双边、多边贸易投资自由化进程中形成合力。

四、“一带一路”助推服务贸易强国进程

“十三五”服务贸易的市场开放是我国经济加快转型升级、创新驱动的内在要求

---

① 王鹏善. 新对外开放格局已确立：“一带一路”与自贸区［N］. 21 世纪经济报道，2014 - 12 - 16.

和必然选择，也是扩大内需、改善民生的重要举措和有效途径。加快服务贸易的市场开放，使服务业参与国际竞争，有利于发展壮大现代服务业。

1. 从货物贸易转向服务贸易是当今国际贸易的大趋势

（1）全球服务贸易逐步赶上并超过货物贸易。据统计，1970—1980 年，全球服务贸易年均增长 7.8%，与货物贸易基本持平；20 世纪 80 年代后，全球服务贸易进入快速发展期，并逐步赶超货物贸易；1980—1990 年和 1990—2000 年这两个 10 年中，全球服务贸易平均增速分别达到 11% 和 8%，超过同期货物贸易增速 3 个和 2 个百分点①。进入 21 世纪，随着信息技术的广泛应用，服务贸易的规模不断扩大。2012 年、2013 年全球服务贸易增速连续两年超过货物贸易，其中 2013 年的增速高于货物贸易 4 个百分点，服务贸易总额占全球贸易额的比重达到 20%②。

（2）新兴领域服务贸易快速增长。20 世纪 90 年代以来，随着全球尤其是发达国家信息技术的快速发展，金融、保险、数据处理、技术服务、咨询服务、通信、会计等新兴服务行业不断崛起，传统服务部门在发展中呈下降趋势。根据世界贸易组织数据库数据，2013 年全球金融服务贸易出口比 2000 年增长了 2.4 倍，占全球服务贸易出口总额的比重由 2000 年的 6.5% 提高到 7.2%；计算机和信息服务贸易出口比 2000 年增长了 5.3 倍，占全球服务贸易出口总额的比重由 3.1% 提高到 6.2%；交通和旅游等传统服务贸易占比分别降低了 3.7 和 6.5 个百分点。

（3）发达国家主导全球服务贸易，新兴经济体迅速崛起。当前，发达国家服务贸易占全球服务贸易的 70% ~80%，发展中国家只占 20% ~30%。其中，欧美国家占据绝对优势，居前 20 名的主要是发达国家，美国、英国、德国、法国、意大利、比利时、日本等国的服务贸易出口额占各自国家 GDP 的比重均达到 10% 以上。但随着新兴经济体的快速发展，其服务贸易的规模也在不断扩大，并呈现出强劲的增长态势。自 1991 年以来，我国以及印度、新加坡、拉美部分国家的服务贸易年均增长率都达到 10% 以上，高于北美和西欧国家。2013 年，我国服务贸易进出口在全球的排名由 2006 年的第 8 位上升到第 3 位，仅次于美国和德国。

---

① 陈永志，张美涛. 当代服务贸易的新发展及其对国家价值的影响与启示[J]. 经济学家，2014(11).

② 梁达. 中国服务贸易存在巨大优化空间[N]. 上海证券报，2014 - 12 - 30.

2. 我国服务贸易“大而不强”

(1)规模小、比重低。入世以来,我国服务贸易规模迅速扩大。服务贸易进出口额从2001年的719亿美元增加至2013年的5 396.4亿美元,增长了6.5倍。根据商务部数据,2014年前三季度,我国服务贸易进出口总额达4 305.4亿美元,比上年同期增长10.2%,高于货物贸易增速6.9个百分点。但无论是从规模还是从比重来看,我国还不是一个服务贸易强国。

——从规模上看,与美国相比仍有较大的差距。2013年美国服务贸易额为11 323.1亿美元,是我国的2.1倍。

——与货物贸易相比,服务贸易发展严重滞后。2013年我国服务贸易进出口总额在全球服务贸易中的占比为6%,仅为货物贸易占比的1/2。

——从国际比较看,2013年全球服务贸易占全球贸易的比重达到20%,我国服务贸易在贸易进出口总额中的比重仅为11.5%,低于全球平均水平8.5个百分点。

表7.2 2013年部分国家服务贸易出口排名及市场份额

国 别	服务贸易出口排名	占世界服务贸易出口的比重(%)
美 国	1	18.0
英 国	2	14.3
德 国	3	6.2
法 国	4	5.1
中 国	5	4.5
印 度	6	3.2
日 本	7	3.1

数据来源:根据世界贸易组织数据库数据计算得出。

(2)服务贸易结构失衡。目前,国际服务贸易日趋知识化、技术化和资本化。我国服务贸易的比较竞争优势主要集中在旅游、运输、建筑等资源、劳动力密集型传统行业,在通信、保险、金融、专利和特许等知识、技术密集型行业处于明显的竞争劣势地位。2013年,我国运输服务、旅游、建筑服务出口等传统服务出口占47.5%,但知识、技术密集型服务出口比重偏低,尤其是金融服务出口比重远低于发达国家(见表7.3)。

表 7.3　2013 年我国服务贸易出口结构与世界及部分国家对比(%)

	旅游服务	运输服务	通信服务	保险服务	金融服务	计算机与信息服务
世　界	25.5	19.5	2.6	2.2	7.2	6.2
中　国	25.2	18.4	0.8	2.0	1.5	7.5
美　国	26.1	13.1	2.2	2.4	12.7	2.7
英　国	13.9	12.1	3.8	5.6	21.4	5.6
印　度	12.2	11.2	1.5	1.4	3.9	32.8
德　国	14.4	21.3	5.4	1.9	5.4	7.8
法　国	23.7	20.2	3.4	1.7	2.8	3.2

数据来源:根据世界贸易组织数据库数据计算得出。

(3)服务贸易竞争力弱。根据世界贸易组织数据,我国服务贸易竞争力指数由 2001 年的 -0.085 下降至 2013 年的 -0.233,远低于英国、美国、法国等服务贸易出口大国。近年来,印度、韩国等经济体服务贸易发展迅速,印度已成为全球第 9 大服务贸易出口国,而且竞争力明显强于我国。

(4)服务贸易逆差大。由于服务贸易竞争力不强,我国服务贸易进出口逆差不断扩大,从 2001 年的 61 亿美元扩大到 2013 年的 1 247 亿美元,增加了 19 倍,成为全球服务贸易进出口逆差最大的国家之一。

3. 迈向贸易强国的必由之路

(1)从贸易大国走向贸易强国,服务贸易是关键。国际经验表明,货物贸易与服务贸易只有齐头并进才能提升一个国家和地区的整体国际竞争力。一方面,货物贸易直接带动了运输、保险、通信以及大型设备售后服务等服务贸易的发展;另一方面,服务贸易又可以提升货物贸易的国际竞争力。例如,欧美国家技术研发、文化产业、信息产业、金融服务、商业咨询等现代服务业在国民经济中的比重不断提高,推动了服务贸易的快速发展,也支撑了货物贸易在全球保持长期的竞争力,形成互相促进的良性循环。2013 年我国成为世界第一大货物贸易大国,但 8 亿件衬衫换一架飞机的例子表明,我国货物出口处在全球价值链低端,附加值低,国际竞争力弱。重要原因在于货物贸易与服务贸易发展严重失衡,导致在技术、品牌竞争以及贸易规则的制定等方面处于劣势。

(2)实现"中国制造"向"中国智造"转变,生产性服务贸易是重要的支撑。"十二五"时期,我国工业整体上仍处于全球价值链低端的局面并未有根本性的改变,重要原因在于我国生产性服务业和生产性服务贸易发展滞后。国内外的研究表明,金融、信息等生产性服务贸易自由化程度和开放程度对制造业的发展有着重要影响。例如,有学者利用2008—2012年69个国家的跨国面板数据实证分析发现,生产性服务贸易自由化可以促进国内制造业生产率的提升,且对高收入国家的影响要大于低收入国家,特别是金融和商务服务对制造业生产率的影响最大①。德国之所以成为世界制造业强国,重要的原因是其生产性服务业占服务业的比重在70%左右。我国服务贸易逆差主要表现在生产性服务贸易劣势上。根据《中国服务贸易统计2014》数据,2013年,我国生产性服务贸易逆差为663.8亿美元,占当年服务贸易逆差的56.0%。未来5~10年,在我国制造业转型升级的大背景下,知识、技术密集型的高端服务需求将快速上升,越来越多的生产性服务进口成为高端制造业不可或缺的重要生产要素。

(3)从“生产大国”走向“服务大国”,生活性服务贸易是有效的途径。30多年的改革开放,使我国成为世界生产大国,极大地解决了我国物质型消费产品短缺问题。随着我国从生存型消费向发展型消费的转型升级,城乡居民对教育、医疗、健康、文化等服务消费的需求全面快速增长。但从现实看,我国消费结构转型升级的大趋势与生活性服务贸易开放度低的矛盾比较突出,导致部分国民到国外购买优质教育、医疗、健康保健等服务产品。例如,我国已成为全球最大的留学生输出国,且低龄化趋势明显。适应全社会消费结构升级的大趋势,迫切要求加快推进生活性服务贸易的开放进程,通过“引进来”和“走出去”并举,增强我国生活性服务贸易的国际竞争力。

4. 走向服务贸易强国的战略机遇

(1)抓住世界服务贸易快速发展的机遇。未来5~10年,世界经济格局将发生深刻的变化,但以服务经济为主导的世界产业结构调整的趋势没有改变;经济全球化和服务贸易投资自由化、便利化的趋势没有改变;服务贸易与货物贸易同步发展、服务贸易将进一步加速增长的趋势没有改变。在这个大趋势下,我国应以“一带一路”为总抓手,利用内需大市场的优势,扩大服务业市场的对外开放,推进生产性和生活性服务业开放和贸易自由化进程;同时,利用我国传统文化、高铁技术等优势产业,加大服务出口的政策支持力度,尽快改变我国服务贸易逆差的局面,并逐步形成服务贸易出口优势。

---

① 李强.生产性服务贸易自由化与制造业生产率提升:基于跨国数据的分析[J].商业经济与管理,2014(11).

(2)服务外包将成为新时期“一带一路”的重要推动力。2014年1—11月,我国服务外包合同金额和执行金额分别为918.4亿美元和689.5亿美元,同比分别增长10.5%和29.2%。其中,我国承接“一带一路”沿线国家和地区服务外包合同金额和执行金额分别为106.1亿美元和80.5亿美元,同比增长分别为22.3%和31.5%;承接东南亚11国的服务外包执行金额43.2亿美元,同比增长达50%①。“十三五”积极开展服务外包业务,促进服务出口,有助于深化与“一带一路”沿线国家和地区的经贸合作。

(3)“一带一路”将推动我国服务贸易结构转型升级。一方面,在“一带一路”战略的推动下,商业贸易、旅游投资贸易、交通运输、文化等传统服务贸易将迎来新的机遇,另一方面,高附加值的服务贸易出口将稳步增长,成为优化服务贸易结构的重要推动力。2013年,我国金融服务、咨询、计算机和信息服务、保险服务出口分别增长了54.2%、21.2%、6.8%和20%。预计“十三五”将继续呈现快速增长的趋势。

(4)“一带一路”将为我国成为服务贸易规则的“引领者”创造机会。从世界范围看,新的服务贸易规则正在形成过程中,尚未定型,这恰恰给我国创造了迎头赶上的机遇。“十三五”我国有条件以自贸区为平台,以“一带一路”沿线国家和地区为重点,逐步形成立足周边、辐射“一带一路”、面向全球的高标准自贸区网络。在自贸区内探索建立适应中国特点、平衡各国利益、高标准的中国版服务贸易规则,在国际规则的制定中发出更多中国声音、注入更多中国元素②。

五、2020:形成服务贸易强国的新格局

“十三五”服务业开放和服务贸易自由化将成为重点,需要明确提出把形成服务贸易新格局、新优势作为2020年构建开放型经济新体制的重要目标,实现服务贸易“规模倍增、比重提升、保持前三”,以此倒逼服务业的开放进程。

1. 服务贸易实现规模倍增

(1)服务贸易规模达到1万亿美元以上。“十三五”确保服务贸易继续保持10%

---

① 商务部.我国与一带一路沿线国家服务外包合作加深[EB/OL].中国服务贸易指南网,2014-12-29.

② 习近平:加快实施自由贸易区战略 加快构建开放型经济新体制[N].人民日报,2014-12-07.

以上的增长速度，服务贸易规模不断扩大。到2020年，我国的服务贸易进出口总额将达到1万亿美元以上，在2013年服务进出口总额5 396.4亿美元的基础上实现规模倍增。

（2）服务贸易占对外贸易的比重提高至20%。到2020年，服务贸易进出口总额占对外贸易进出口总额的比重提高至20%，达到2013年的世界平均水平。

（3）我国服务贸易出口占世界服务贸易出口的比重提高至10%。到2020年，服务贸易出口额占世界服务贸易总出口额的比重从2013年的4.6%提高至10%，从世界第5位进入到世界前3位。

2. 服务贸易结构优化升级

（1）高附加值服务贸易占比达到60%左右。提升传统服务贸易的竞争优势，加快高附加值服务出口，以服务贸易结构优化提升我国在世界服务贸易中的竞争力。通信、保险、金融、计算机和信息服务、专有权使用费和特许费、咨询、广告等新兴资本技术密集型服务出口规模不断扩大，争取到2020年智力密集、技术密集和高附加值服务贸易出口占服务贸易出口总额的比重达到60%左右。

（2）初步形成服务贸易基本平衡或略有顺差的新格局。“十三五”努力保持服务贸易出口增速快于进口增速，逐步缩小服务贸易逆差，到2020年初步形成服务贸易进出口基本平衡或略有顺差的新格局。

（3）服务贸易国际竞争力明显提升。对外承包工程、劳务合作、运输、旅游、通信、计算机和信息服务、金融、文化、咨询、分销、研发等行业服务出口规模显著扩大，培育一批拥有自主知识产权和知名品牌的重点企业，打造“中国服务”；重点支持和鼓励附加值高、技术含量高、产业拉动力强、就业拉动力强的外包行业的发展，推动服务外包从区域优惠向行业优惠转化，鼓励在岸、离岸业务共同发展；把金融服务贸易作为提升我国服务贸易竞争力的突破口，完善金融调控机制，培养金融人才，推动技术创新，加快金融服务法律法规的制定。

3. 自贸区建设取得重大突破

（1）形成双边、多边自由贸易区体系。“十三五”同“一带一路”沿线国家和地区商建自由贸易区，加快建立与沿线国家合作更加紧密、往来更加便利、利益更加融合的自由贸易区网络。加快扩大双边和区域服务贸易协定，打破一些国家对我国服务贸易的壁垒，率先在新兴经济体、欧洲等国家和地区取得突破；加快拓展与这些国家在金融、信息、物流业等服务业领域的开放合作，把服务业开放和服务贸易自由化作为双边、多边合作的重点。

（2）实现国内自贸区的转型升级。把服务贸易特别是跨境金融服务作为上海自贸区、粤港澳自贸区、天津自贸区等国内自贸区转型升级的重要抓手；实施负面清单管理制度和外商投资准入前国民待遇，在实验区内创造更加开放的投资经营环境；构建完整的上下游产业链条，在自由贸易实验区内形成产业集聚，从而带动自由贸易实验区内金融服务的集聚；搭建便捷的交易平台，便利企业的跨境投融资活动；在自由贸易实验区内推动人民币交易，实行集中结算，推进人民币国际化。

（3）奠定中国版国际贸易新规则的基础。通过自由贸易区建设增强我国在国际贸易规则制定中的参与权、主导权，维护和拓展我国的发展利益；推进多边贸易谈判进程，在 WTO、APEC、G20 等层面上发挥更大的领导力量；掌握 TPP、TTIP、TISA 等贸易投资谈判的动向，在谈判中充分反映发展中国家的利益和诉求；以中美 BIT 谈判、中欧 BIT 谈判为突破口，与发达国家进行高水平的贸易协定谈判；主导区域全面经济伙伴关系（RCEP）、中日韩自由贸易协定（FTA）、双边 FTA 等高水平贸易协定谈判；以上海自贸区等国内自贸区为平台，探索整合国内外规则；加快涉外经济体制改革，建立与国际接轨的市场开放和市场运行体制和政策体系，到 2020 年初步形成中国版国际贸易特别是服务贸易新规则。

第二节

以服务贸易为重点形成自贸区新格局

“十三五”以服务贸易为重点形成自贸区新格局，将成为我国自贸区战略的主要任务。加快实施自由贸易区战略，发挥自由贸易区对贸易和投资的促进作用，更好地帮助我国企业开拓国际市场，为我国经济发展注入新动力、增添新活力、拓展新空间[①]。这就需要加快打造中国—东盟自贸区升级版,推进双边、多边自贸区进程,实现沿边开放的新突破。

一、加快打造中国—东盟自贸区升级版

作为全世界覆盖人口最多的自贸区,中国—东盟自贸区升级版将使我国与东盟之间的各种生产要素加速流动,提升区域竞争力,进一步推动东亚区域经济一体化进程。加快中国—东盟自贸区升级版建设已成为我国周边自贸区战略的重中之重。

1. 以“类欧盟”为导向

(1)以“类欧盟”作为中国—东盟自贸区升级版的基本方向。在世界经济格局深刻变化的大背景下,打造中国—东盟自由贸易区升级版是我国新阶段向北对俄开放、向西对中亚开放、向西南对东南亚和南亚开放的新三大战略的重点之一。“十三五”以“类欧盟”为导向,不断增强各方的战略互信,在各国平等协商的前提下,加快我国与东盟各国人流、物流、资金流和信息流的区内无障碍流通和基础设施的区内无障碍互联互通,政策规划的区内无障碍协调沟通,尽快形成具有较高水平的区域经济一体化新格局。

(2)以扩充中国—东盟自贸区协定内容为开端,形成区域共同市场。中国—东盟自贸区启动建设以来,先后签订并实施了《货物贸易协议》、《服务贸易协议》、《投资协议》等。但总体而言,以上述协议为基础构建的自贸区仍是一个自由化水平较低的自贸区。建议在现行“10 + 1”自贸区框架基础上,更新中国—东盟自由贸易区协定内容,进一步开放市场,形成区域内货物、服务、资本、资源、劳动、技术和管理自由流通的统一市场;加大商品降税幅度,提高降税产品的覆盖范围,减少敏感产品的比重,扩大“零关税”产品数量;加快减税的进程,缩短减税的时间表以及削减非关税贸易壁垒;积极开展新一批服务贸易承诺谈判,开放更多服务部门;尽快启动更高版本的中国—东盟投资协定谈判,从准入条件、人员往来等方面推动投资领域的实质性开放;进一步取消或者降低相互投资的准入门槛,尽快实现中国—东盟自贸区内生产要素的有序自由流动、资源高效配置以及市场深度融合;放宽投资限制,进一步提升区内贸易和投资

① 习近平:加快实施自由贸易区战略 加快构建开放型经济新体制[EB/OL].新华网,2014 - 12 - 06.

自由化、便利化水平①。

(3)以扩充中国—东盟自由贸易协定范围为诉求，扩展服务贸易合作领域。按照推动RCEP谈判、探讨与TPP等区域合作机制的交流互动、促进区域和全球贸易安排“双轮驱动”的思路，顺应RCEP建设的要求，关注TPP所倡导的新贸易规则，逐步扩充自贸协定的范围和涵盖领域，提升自贸区建设标准；在加强商品降税、服务贸易促进以及投资促进三大基础领域合作的基础上，进一步将合作领域从以贸易为主导逐步扩展到投资、产业、金融等多个领域。

(4)力争在全球性和区域性事务上集体发声，提高影响力。通过协商一致，争取在世界银行、国际货币基金组织等国际组织内有更大的发言权和更广泛的影响力，共同在全球经济治理上发声，表达中国—东盟自贸区的共同关注；加强协调力度，共同推动APEC、上合组织、亚洲开发银行等区域性组织和机构的改革创新。

2.打造中国—东盟自贸区升级版的现实路径

(1)以加快中国—东盟基础设施互联互通为先导夯实自贸区升级版的建设基础。基础设施的互联互通是我国和东盟求发展的共同迫切需求，是达成我国与东盟“钻石十年”目标的重要保障。“十三五”应将我国与东盟间互联互通建设作为驱动双方经贸合作升级的重要基础和引擎，抓住建立亚洲基础设施投资银行的契机，力争到2016年形成中国—东盟基础设施互联互通的基本格局。

——全面加快国际大通道的建设进程。尽快打通我国与东盟诸国的“断头路”、“瓶颈路”，形成放射线、网络化的交通布局；大力推进泛亚铁路建设，推进中泰高铁合作和高速公路建设，经现有铁路和公路网与老挝、马来西亚、新加坡等国接轨；积极加强我国与东盟国家港口群和海上互联互通建设，着力构建连接我国与东盟的国际陆海大通道和经济大走廊，进一步提升沿线地区的物流运输速度和便利性。

——尽快形成基础设施互联互通新格局。尽快提出我国与东盟各国的交通、油气管道、电网、信息网等关键基础设施“无缝衔接”的项目清单；加快我国与东盟国家金融机构共同出资组建融资平台的路径探索，积极参与东盟基础设施基金建设；借鉴欧盟“单一窗口”的经验，加快建设与东盟国家的“一体化”口岸管理机制，推进通关便利化，尽快实现大通道、大通关。

① 李克强在中国—东盟博览会和商务与投资峰会上致辞[EB/OL].中国新闻网，2013－09－03.

(2)以服务贸易为重点打造中国—东盟自贸区升级版。

——破除服务贸易发展的体制机制性障碍。加快改革步伐,不断提升双方自由贸易安排,降低敏感产品和服务的关税与非关税壁垒,缩短敏感行业准入过渡期,促进双方共同合理、适度地推进服务贸易开放。

——重在平衡服务贸易的内部结构。大力推进知识密集型的信息服务、金融服务、技术服务等服务贸易的发展,全面协调劳动密集型服务与知识密集型服务贸易的进出口,平衡服务贸易的内部结构。

(3)以深化金融合作为引擎促进中国—东盟自贸区升级版建设。适应中国—东盟"10+1"贸易投资结算对人民币需求不断上升的趋势,在各国拥有主权货币的前提下,尽快使人民币成为中国—东盟自贸区内贸易投资的主要结算货币,成为东盟国家的主要储备货币之一;深化货币合作,探索人民币与东盟国家货币的直接汇率形成机制;进一步扩大区域货币储备库规模,将与IMF脱钩的比例提高到40%~50%;加强货币当局的战略合作,打造亚洲货币稳定体系、亚洲信用体系和亚洲投融资合作体系;循序渐进地推进投资管理体制改革,重点加强对东盟投资企业的融资渠道建设,设置专项投资合作基金,提供信贷支持,建立与东盟经贸合作的信息平台。

(4)加强我国与东盟的宏观政策协调。加强我国与东盟各国的宏观政策协调,强化经济韧性和增长的稳定性;整合现有的政策对话机制,成立中国—东盟自贸区宏观经济政策协调理事会,协调各成员国的财政、货币、汇率与贸易政策;考虑借鉴欧盟起步阶段煤钢同盟的做法,以部分产业政策的统一行动为突破口,逐步提高财政、货币、产业、贸易、投资政策的协调程度,争取实现宏观经济政策协调的制度化,加强政策协调的约束性,逐步建立起共同应对全球以及区域性危机的政策协调体系。

二、推进双边、多边自贸区进程

自2002年我国与东盟签订第一个自由贸易协定开始,自贸区发展迅速,从无到有、从少到多、从周边国家到全球多点分布。"十三五"以周边为基础加快实施自由贸易区战略,形成面向全球的高标准自由贸易区战略网络①。这就需要把推进双边、多边自贸区进程作为新阶段对外开放的重点。

① 习近平:加快实施自由贸易区战略 加快构建开放型经济新体制[EB/OL].新华网,2014-12-06.

1. 推进双边自贸区进程

(1)加快推进已取得实质性谈判成果的双边自贸区进程。尽快签署中韩、中澳自贸区协定。其中,中韩自贸区覆盖领域广、涉及贸易额大,有利于“撬动”中日韩自贸区进程,中韩自贸协定签署后双方贸易自由化程度将超过“税目的90%,贸易额的85%”①,这将极大地刺激中韩贸易量的提升。预计“十三五”中韩贸易规模有望增加30%,达到4 000亿美元②。中澳自贸区协定的范围涵盖货物贸易、服务贸易、投资和规则共10多个领域,包含了电子商务、政府采购等“21世纪经贸议题”,协定签署后将进一步实现中澳经济优势互补和双边经贸跨越式发展。高水平的中韩、中澳自贸区的建成将大大促进中日韩自贸区、中国—东盟自贸区升级版乃至亚太自贸区建设。

(2)加快推进有前期工作基础的双边自贸区取得突破。尽快推动我国与挪威、斯里兰卡双边自贸协定谈判取得实质性进展;根据中国—印度、中国—哥伦比亚自贸区建设联合研究成果,尽快正式启动双边自贸区谈判;以孟中印缅经济走廊建设和“中拉合作论坛”为平台,积极开展我国与南亚国家、拉美国家的多边自贸协定研究和谈判,为设立中国—南亚、中拉自贸区等创造有利的条件。

(3)尽快启动与东北亚、中亚等更多国家的自由贸易协定谈判。目前,我国与东北亚、中亚、东欧、非洲国家之间的自贸区建设仍是空白。要以“一带一路”建设为契机,借助中国—中亚合作对话会、中国—中东欧经贸合作论坛、中非合作论坛等机制,加快开展与相关国家的双边自贸协定联合研究与谈判。例如,在东欧可优先考虑波兰、匈牙利等与我国在贸易、投资、承包工程和劳务等领域合作基础良好的国家;充分利用图们江区域合作机制,尽快启动中国—俄罗斯—蒙古—朝鲜—韩国东北亚自由贸易协定谈判;借助金砖国家合作机制,积极推进中国与俄罗斯、中国与南非、中国与巴西等金砖国家的双边自贸区建设步伐,重点与合作潜力较大的巴西深化经贸合作;抓住与中亚国家共建北方“丝绸之路经济带”的历史机遇,推进我国与中亚国家之间的自由贸易区建设进程。

2. 推进多边自贸区进程

(1)加快推进中日韩自贸区谈判取得实质性突破。尽量排除政治干扰及其他外

---

① 中韩自贸区结束实质性谈判[EB/OL].新华网,2014－11－10.

② 中韩自贸区带来啥[EB/OL].网易网,2014－11－14.

围因素的影响，加快推进三方谈判进程；可采取“先易后难”、“以双边带三边”的方式，通过中韩自贸区的倒逼作用“撬动”中日韩自贸区进程。

(2)加快区域全面经济伙伴关系协定(RCEP)谈判进程。“十三五”需要以积极主动的姿态加速 RCEP 谈判进程，综合权衡整体利益与局部利益的得失，在已有合作框架基础上，适度提高合作门槛；可考虑增加与国际标准接轨的自贸区规则，打造在资金、关税、项目、制度等多方面提升合作水准的“升级版”，有效规避和减轻 TPP 带来的压力和挑战。

(3)积极推进亚太自贸区进程。2014 年 11 月，习近平总书记在 APEC 领导人非正式会议上提出“大力推进亚太自由贸易区进程”。《亚太经合组织推动实现亚太自由贸易区北京路线图》标志着亚太自贸区进程正式启动。“十三五”应以亚太互联互通建设为突破口，积极发挥亚洲基础设施投资银行和丝路基金等金融工具的杠杆作用，提升我国的区域影响力和辐射能力，加快亚太自贸区建设进程。

三、实现沿边开放的新突破

以沿边为基础扩大开放是我国新阶段对外开放的重要趋势。主动服务于“一带一路”战略的实施，以沿边自贸区建设为突破口，加快沿边地区的开放，把云南等沿边地区建设成为我国对外开放的“新高地”。

1. 加快沿边地区开放

(1)设立自由港型的沿边自由贸易试验区。整合沿边对外开放资源，在沿边地区设立具有国际贸易、转口贸易、国际物流、出口加工功能的“自由贸易试验区”，全面实施贸易投资自由化政策；力争取消绝大部分货物的关税和非关税壁垒；赋予沿边自由贸易试验区最大程度的投资审批权和开放管理权限；在服务业领域采取宽松的市场准入条件；加快建立人民币与周边国家货币直接兑换机制；加快通关便利化进程。

(2)设立出口加工型的沿边自由贸易试验区。建设跨境产业合作基地，利用周边国家的资源优势和低成本劳动力的优势，承接沿海加工制造业转移，创新加工贸易模式，形成面向中亚、西亚、东南亚和南亚市场的加工贸易产业区。

(3)设立自由工业区型的沿边自由贸易试验区。以自由贸易试验区为方向，探索跨境经济合作区建设的新模式，在货物贸易、服务贸易、外资管理、资金流动、检验检疫、通关便利化等方面先行先试，为国家出台跨境经济合作区发展规划积累经验；探索跨境经济合作区的管理体制机制创新，在双方中央政府谈判签署的合作框架协议中，明确跨境经济合作区由参与国政府组成共同的管理机构进行开发管理；赋予合作管理委员会必要的特殊行政管理权限，凡能下放的审批权全部下放。

2. 以沿边自贸区建设为重点带动沿边开放

沿边地区可以充分发挥地缘优势，把基础设施建设放在优先位置，加强国际综合运输通道、国际航运、国际物流体系、口岸设施、城市基础设施建设，可参照上海自贸区的标准，尽快把具有一定基础的沿边经济合作区提升为沿边自贸区，从而带动边疆地区发展；西南地区以广西、云南为主，依托广西东兴、云南瑞丽等重点开发开放试验区，构建面向东盟和南亚区域的经贸合作区，探索沿边金融服务业的全面开放，不断扩大与周边国家贸易投资人民币结算的范围和规模；西部地区以新疆为主，重点围绕喀什、霍尔果斯两个特殊经济开发区，深化与中亚、西亚、南亚及欧洲国家的合作，加快与内地及周边国家的物流大通道建设；北部和东北地区以内蒙古、吉林和黑龙江为主，深化与俄罗斯、蒙古等国家的经贸合作与技术交流，加快建设面向俄、蒙经贸合作的边境自贸区，打造面向俄罗斯及东北亚开放的重要枢纽。

第三节 建设服务贸易强国的战略任务

建设服务贸易强国，重在打破贸易壁垒，创新服务贸易自由化和投资便利化的体制机制；大力发展新兴服务贸易，促进贸易结构转型升级；助推企业“走出去”，提升我国服务贸易的国际竞争力；积极参与国际经贸规则的制定，发挥我国在世界服务贸易格局中的大国引领作用。

一、把服务贸易作为双边和多边自由贸易的战略重点

大力发展服务贸易，使其成为新时期我国对外贸易的新增长点。加快服务贸易结

构的转型升级，大力发展新兴服务贸易，将成为破解当前服务贸易发展困境、释放服务贸易发展潜力、提升服务贸易国际竞争力、推进双边及多边自由贸易区进程的重要突破口。

1. 大力发展生产性服务贸易

（1）发展跨境金融服务。鼓励和支持金融机构在双边、多边自贸区内开展跨境人民币借款、跨境人民币资金集中运营业务、个人跨境贸易人民币结算业务、跨境人民币双向资金池、外汇资本金意愿结汇、小额外币存款利率议价、大宗商品衍生品交易等跨境金融业务；扩大金融机构出口买方信贷、进口信贷和国际保理业务，完善出口信用保险机制；充分发挥政策性金融对外贸的支持作用，继续推动人民币对其他货币直接交易市场的发展；丰富汇率避险工具，为企业“走出去”提供全方位的金融服务。

（2）发展物流服务贸易。支持发展保税商品的展示交易、保税贸易；加快口岸基础设施建设，完善口岸货物集疏运体系，降低国际货物通关及中转成本，发展以保税物流为主的口岸物流，加快国际知名船公司、高能级航运服务企业、航运航空物流企业及功能性机构的积聚，加快发展船舶、飞机融资租赁等高端运输服务业及交易平台。

（3）发展跨境电子商务。支持开展跨境电子商务出口业务试点，支持建立海关跨境通关服务平台和跨境通关管理平台，建设跨境电子商务综合服务平台，构建跨境电子商务一站式服务中心，为跨境电商企业提供代运营、营销、物流仓储等配套服务，基本满足商品跨境电子商务出口监管要求；鼓励企业利用电子商务开拓国际营销渠道，积极研究为符合条件的电子商务企业、快递企业提供便利通关的措施，加快跨境电子商务通关试点建设。

2. 大力发展生活性服务贸易

（1）发展教育服务贸易。加快高等教育的质量认证，积极参加国际教育质量活动，解决学历、学位互认问题；在积极促成国家间外交对等式学位互认的同时，着力建设我国的教育质量标准、保证体系和质量认证机制，抓紧制定相应的法律、法规，确定科学的质量标准，建立以认证为基础的各级各类教育质量保证体制与机制；以建立和完善职业教育与服务外包行业企业的教产合作机制为目的，通过搭建沟通交流平台，深化校企合作，提高服务外包行业各层次职业人才的培养质量。

（2）发展医疗健康服务贸易。支持具有优势的健康服务企业“走出去”，鼓励企业积极承接国际间产业转移与药品代工服务，逐步融入国际生物医药、健康保健研发链和产业链；以创新自主知识产权积极推进医药、健康保健产品的二次开发，积极参与海外市场检验和认证，加快健康服务产品的国际化步伐。

（3）发展文化服务贸易。 重点扶持具有民族特色的演艺、影视、动漫、游戏、艺术品、工艺美术、网络文化等领域产品和服务的出口；加大对文化出口企业的财政、金融和服务保障支持；建设对外文化贸易基地，逐步形成政府引导、以企业为主体、市场运作的对外文化贸易新格局；建立文化产品和服务“走出去”资源库，定期发布文化出口重点企业和项目目录，加大对入选企业和项目的扶持力度。

3. 大力发展服务外包业务

（1）明确服务外包产业的发展方向。 重点发展软件和信息技术、研发、设计、互联网、医疗、工业、能源等领域的服务外包；加快发展教育、健康护理、文化创意、休闲娱乐、金融、交通物流、科技服务、批发零售等领域的服务外包。

（2）增加服务外包示范城市的数量。 打造我国服务外包产业的核心竞争力，立足于构建全球服务外包中心城市，形成服务外包产业集群；积极扩大服务外包城市的范围和数量，对示范城市进行战略性定位，明确促进政策的着力点，实施差异化、特色化发展战略；确定若干个具有全球供应链整合能力、具备形成全球服务外包中心城市基本条件的示范城市加以重点支持。培育若干个具有特定服务区域（特定对象国）和特色领域（特定产业）供应链整合能力的示范城市。

（3）着力提升服务外包业务的附加值。 支持服务外包企业参加国际展会、项目洽谈等活动，综合运用贸易、出口信贷、对外投资合作和对外援助等措施，支持有条件的服务外包企业“走出去”，开展研发外包、知识流程外包和业务流程外包等高附加值项目合作；鼓励和支持企业加大研发投入，与云计算、物联网等相结合，有效利用新兴技术促进产业结构调整和技术升级；鼓励企业加强原始创新、集成创新和引进消化吸收再创新，对于获得国际认证、技术先进、自主创新的服务外包企业及个人给予奖励。

（4）加大对服务外包产业的政策支持。 研究制定《中国国际服务外包产业发展“十三五”规划》，明确提出服务外包的发展目标、重点任务和保障措施等；积极推动服务外包离岸在岸、接包发包业务协调发展；加大对服务外包业务的财税、金融等政策支持；简化服务外包产业审批程序，将服务外包企业境外并购审批制改为登记制；加快落实外汇管理便利化措施，具备条件的服务外包企业可申请参与服务外包境外投资外汇管理改革试点;创新服务外包海关监管模式和服务外包检验检疫监管模式,提升服务外包便利化水平;加快出台新的支持服务外包产业发展的指导意见和重点领域指导目录,为我国服务外包业持续快速发展提供更好的营商环境。

二、打破服务贸易壁垒

“十三五”建设服务贸易强国,关键在于打破服务贸易壁垒,通过建立更加完善的服务贸易自由化体制与政策环境,改变服务贸易不平衡的状况,减少贸易争端和摩擦。

1.实行更加开放的服务贸易市场准入机制

(1)实施负面清单管理制度和外商投资准入前国民待遇。凡国家法律法规未明令禁入的服务业领域,全部向外资开放,并实行内外资、内外地企业同等待遇;推进生产性服务业领域有序开放,放开建筑设计、会计审计、商贸物流、电子商务等服务业领域的外资准入限制。

(2)实行服务业外商投资登记备案制。逐步把服务业外商投资审批制改为登记备案制,除国家规定的重大和限制类项目外,取消外资企业投资项目的审批,逐步实施备案制度,政府重点把好环境安全评估、事后监管两道关。

(3)实行外商投资企业信息申报及共享公示制度。在弱化审批的同时加强监管;实行企业年度报告制度,将联合联检制度改为信息申报及共享公示制度,在公示平台上对企业的各项信息,如注册信息、违法信息等进行公示,提高监管的透明度。

2.扩大双边、多边和区域服务贸易协定的规模和范围

目前,国际上消除贸易壁垒的途径主要有签订双边、多边和区域贸易协定三种。建议以扩大双边、多边和区域服务贸易协定为重要抓手,打破一些国家和地区对我国服务贸易的壁垒,率先在新兴经济体、欧洲等国家和地区取得突破;加快拓展与这些国家在金融、信息、物流业等服务业领域的开放合作,把服务业的开放和服务贸易自由化作为双边或区域合作的重点;利用好多边贸易体制及 20 国集团等平台,努力遏制各种形式的贸易保护主义;加快与有关国家的自贸区谈判,充分利用各种层次的区域经济合作机制发展与相关国家、地区的服务贸易。

3. 打破开业权、人员移动、技术性等服务贸易壁垒

(1)打破开业权壁垒。开业权壁垒指一国在允许其他国家投资者在本国境内设立生产经营机构的同时又对其设立的生产经营机构进行各方面的限制。以我国台湾地区为例。利用台湾地区健康服务的产业发展优势，消除贸易壁垒，放开健康服务贸易市场，促进大陆与台湾地区在健康服务领域的经贸合作，例如将符合条件的台资医院纳入医保报销范围等。

(2)打破人员流动壁垒。对入境的外国自然人设置教育、培训和资历等准入资格的规定成为最常见的贸易壁垒之一。迫切需要取消与主要贸易成员国或地区自然人的流动壁垒，推动学位、培训、执业资格认证等国家间互认，为专业人才和专业服务"走出去"提供便利，为服务贸易商务签证、进出境审批提供便利。

(3)打破知识产权等技术性壁垒。提高我国服务贸易国际通用标准的采标率，例如提高专利技术、商标等知识产权标准，使国家标准、行业标准与国际标准协调；建立双边、多边技术磋商和协调机制，加强同国际互认机构的交流和合作，建立产品认证、体系认证的互认机制；通过加强双方在技术标准制定和合格评定程序等方面的合作，帮助企业获得进入国际市场的通行证；鼓励具有较强资金实力的服务业企业通过跨国并购、合资、独资等手段进行跨国经营，利用东道国当地外商的技术、生产标准、品牌和营销渠道，绕开技术性贸易壁垒。

4. 建立与国际贸易规则接轨的服务贸易法规体系

依据《外贸法》、《国际服务贸易法》，制定出台《中国服务贸易法》，加快服务贸易领域的立法进程，将服务市场的准入原则、服务贸易的税收、投资、优惠条件等以法律形式规定下来；加快研究制定《服务进出口管理条例》、《服务贸易促进条例》，建立不同层次、不同阶段相互协调的服务贸易法律法规以及切实可行的规章制度，使我国的服务贸易真正实现制度化和规范化。

三、助推服务业企业"走出去"

"十三五"加快实施企业"走出去"战略，需要高度重视服务业企业"走出去"，在参与国际市场竞争、打造服务贸易新品牌上取得重要突破。

1. 改革服务业企业“走出去”的审批制度

（1）大幅缩小民营企业对外投资项目的审批范围。按照市场决定和企业自主决策的原则，清理“走出去”行政审批事项，缩小行政审批范围；进一步减少行政审批环节，简化民营企业开展境外投资的审批手续，鼓励民营企业到国外开展绿地投资、并购投资、证券投资、联合投资等。

（2）尽快将核准制改为备案制。强化企业的投资主体地位，将一般性境外投资项目的核准制一律改为备案制；除国家规定的限制类项目外，对企业对外投资项目的审批，实施“宽进、简批”原则；逐步完善备案制度，凡是不涉及政府资金的企业投资项目，由审核、审批改为备案。

（3）采取“一站式服务”和“一站式审批”。改变商务部门负责在境外开办企业审批、发改委负责投资项目和用汇额度审批、外汇管理局负责资金汇出审批的多头管理格局，整合和约束审批权力，简化和改进审批程序，增加审批的透明度，明确审批时限和标准；放宽境外投资汇兑限制，以及企业外汇管理要求及跨国公司资金境外运作限制，实施合格境内机构投资者制度。

2. 构建服务业企业“走出去”的金融服务体系

（1）设立支持民营企业“走出去”专项基金。设立海外并购基金，鼓励民营企业到海外并购国内不具有竞争优势但社会需求巨大的特定行业的企业；借鉴韩国的经验，设立海外资源开发基金或品牌发展基金，给予民营企业同等待遇，为民营企业尤其是中小型服务型民营企业提供贷款担保等。

（2）鼓励金融机构为民营企业海外投资提供金融服务。

——探索开展境外资产抵押贷款。充分发挥我国的外汇储备优势，扩大外汇贷款规模，探索开展境外资产抵押贷款，推动生产性服务企业走向世界。

——鼓励金融机构为民营企业投资海外贷款创建绿色通道。设立国家鼓励投资项目清单，鼓励金融机构为民营企业投资提供海外贷款，减少审批环节，提高审批效率，提供优惠贷款利率；进一步完善民营企业信用体系，在此基础上放宽民营企业投资海外的贷款额度限制。

——取消境内企业、商业银行在境外发行人民币债券的地域限制，简化境外上市、并购、设立银行分支机构等核准手续。

——积极推动人民币跨境贸易、跨境信贷及投资的支付清算。完善人民币跨境支付和清算体系，同时提高自身的金融服务和国际化经营水平。

——支持中资银行在我国进出口贸易伙伴国和人民币离岸中心的布局，提高海外分支机构的竞争力。

（3）健全海外投资保险制度。设立海外投资保险和投资利润保险制度，进一步完善海外投资保险制度，加大我国出口信用保险公司的政策性保险作用，为民营企业海外投资提供更多的保险品种；鼓励国内商业保险公司及其海外机构，为民营企业投资海外提供有针对性的保险产品，并利用自身专业优势帮助民营企业做好风险管控；设立海外投资亏损准备金，满足一定条件的对外直接投资项目可按项目投资额的一定比例缴纳准备金，一旦投资受损，即可得到补偿。

3. 建立服务业企业“走出去”的公共服务平台

（1）出台支持企业“走出去”的国家战略规划。在尊重企业投资主体地位的前提下，出台支持企业“走出去”的战略规划，使国家对外开放的战略目标和总体布局与企业“走出去”投资海外的微观利益有机结合；加强国家宏观指导，提高政策透明度，建立有利于促进企业“走出去”的政府绩效考核机制。

（2）搭建境外投资的公共信息平台。通过公共信息平台，定期公开发布我国企业对外直接投资东道国的市场需求、法律法规、宏观政策、投融资制度、风险因素等信息；加强与当地政府相关部门的沟通协调，改善驻外企业的经营环境；建立投资风险预警机制，在投资国发生政策变化、政局变动和突发事件时，及时发出警示。

（3）建立境外投资贸易服务机构。鼓励企业利用电子商务开拓国际营销渠道，加快跨境电子商务通关试点建设；鼓励设立境外投资贸易服务机构，做好境外投资需求的规模、领域和国别研究，提供对外投资的准确信息，为企业“走出去”提供咨询服务。

（4）鼓励企业到海外建设境外经贸合作区。加大对国内企业到周边国家和地区设立境外经济贸易合作区的支持力度；鼓励和支持有实力的民营企业在境外开发建设多种形式的经贸合作区；鼓励金融机构为在境外设立经济贸易合作区的企业提供必要的授信服务和配套金融服务。

（5）提高企业境外投资的仲裁服务能力。开展企业国际化经营法律风险防范专项培训，总结我国企业在境外仲裁的经验教训，向国内外贸企业、海外中资企业提示风险，为政府有关部门制定相关政策提供参考；推动全国仲裁机构间的交流合作，不断创新服务手段，提升我国仲裁服务的整体质量和水平。

(6)加强对企业海外投资行为的监管。在《境外投资管理办法》(2009)、《中央企业境外投资监督管理暂行办法》(2012)、《关于鼓励和引导民营企业积极开展境外投资的实施意见》(2012)、《对外承包工程行业社会责任指引》(2012)等规定的基础上，进一步整合国有企业和民营企业"走出去"的法律法规，尽快出台《境外投资管理条例》，在法律的框架下积极引导国内企业开展海外投资。

四、争取制定国际贸易规则的主导权

我国作为全球第一大货物贸易大国和第三大服务贸易大国，"十三五"有条件在全球贸易治理中采取更加主动的态度，通过双边、多边、区域等层面的贸易谈判，积极参与国际贸易新规则的构建，平衡发达国家和发展中国家的利益诉求，推进建立适合全球贸易发展的新规则体系。

1. 在推进 APEC、G20 等多边贸易谈判上发挥引领作用

2013 年 12 月，WTO 第九届部长级会议达成了自 WTO 成立后的首个多边贸易协定，表明各国在多边贸易体制框架下推进贸易自由化的决心。我国作为发展中国家、东亚国家、新兴经济体的代表，需要在 WTO、APEC、G20 等层面上，积极参与和引领新贸易和投资规则的制定，并在区域、三边 FTA、双边 FTA 谈判中发挥主导作用，积极主动地提出适合我国特点，并能平衡全球各国利益的高标准规则，在这些谈判中渗透和体现中国版的国际贸易新规则范本。

2. 积极参与 TPP、TISA 等贸易和投资谈判

在美欧主导的跨太平洋战略经济伙伴协定(TPP)、跨大西洋贸易与投资伙伴关系协议(TTIP)和服务贸易协定(TISA)的推动下，国际贸易和投资规则体系正在面临重构，并呈现四大趋势：一是推行更高标准的贸易自由化；二是强调服务贸易自由化；三是推行投资自由化；四是更加注重公平竞争和权益保护。TPP 和 TISA 具有开放性和非排他性。我国已正式宣布加入 TISA 谈判。"十三五"我国需要密切关注 TPP 相关谈判议题，积极参与 TPP 谈判，并在谈判中更多地反映发展中国家的合理利益诉求，为建立面向 21 世纪的平衡发展中国家和发达国家利益的新标准发挥大国作用。

3. 在中美BITT谈判、中欧BIT谈判上实现重要突破

(1)尽快启动中美双边投资与贸易协定(BITT)谈判。中美双边投资协定(BIT)谈判始于2008年,截至2014年7月已举行了13轮谈判,目前已完成双边投资协定的文本谈判,进入BIT深入谈判阶段,这为中美双边投资和贸易协定(BITT)谈判奠定了良好的基础。启动中美(BITT)谈判,一方面,有利于我国在目前无法加入TPP谈判的情况下,平行地与美国进行新规则谈判;另一方面,推进中美BITT谈判,将为中美FTA打下坚实的基础,有利于发挥中美的大国引领作用,为全世界的投资贸易自由化提供正向引导和示范。

(2)加快完成中欧双边投资协定(BIT)谈判。欧盟正逐渐将其在欧洲的FTA网络向北美、东亚的FTA网络扩展。2013年10月18日,欧盟理事会授权欧盟委员会对中欧双边投资协定(BIT)进行谈判,预计2年内完成。中欧BIT是中国与欧盟进行新规则对接的平台,是我国直接参与构建全球经济新规则的重要一环,为未来双边FTA以及在亚太区域自由贸易区等框架下进行合作奠定了重要基础。

4. 以国内自贸区建设为抓手实现国内外贸易规则的整合对接

加快上海、天津、福建、广东等国内自由贸易试验区建设进程,先行试验国际经贸新规则、新标准,在试验区内创造更加开放的投资经营环境,探索高标准规则在我国的适应性,积累新形势下参与双边、多边、区域合作的经验,为与美国、欧洲等发达国家开展相关谈判提供实证样本和参考依据,进而为我国参与国际经贸规则的制定提供有力支撑。

第八章 深化以简政放权为重点的政府改革

——“十三五”：全面深化改革的关键环节

到2020年实现经济转型升级的战略目标，关键在于深化以简政放权为重点的政府改革。“十三五”能否以理顺政府与市场关系为主线实现行政体制改革的实质性突破，既是经济转型升级的重大挑战，也是国家治理体系和治理能力现代化的重大任务。

走向服务业大国的经济转型升级对深化以简政放权为重点的政府改革提出新的要求:服务业市场对内对外开放倒逼负面清单管理的全面推行;无论是简政放权还是形成公平竞争的市场秩序,都要求尽快实现市场监管由以行政审批为主向以法治为基础的转型;新阶段创新公共服务体制机制,重在全面推行政府购买公共服务。“十三五”以理顺政府与市场关系为主线的行政体制改革,涉及到政府发展理念的深刻变革,需要尽快形成适应新常态、引领新常态的政府发展理念。

第一节 全面实施负面清单管理

无论是服务业市场的对内开放还是对外开放,都需要以实施负面清单管理为重点,实现政府经济管理方式的重大变革。总的判断是,随着行政审批制度改革和上海自贸区负面清单管理的深入推进,“十三五”全面实施负面清单管理的时机与条件基本成熟;全面实施负面清单管理将使我国的经济转型升级获得新的“制度红利”,充分释放服务业的市场潜力和激发服务业的市场活力。

一、以实施负面清单管理破题政府转型

新一届中央政府将行政审批制度改革作为简政放权的重点,行政审批制度改革在

过去的两年中取得重要进展。“十三五”如果能够实现以实施负面清单管理为重点倒逼政府职能转变的新突破，不仅能够为经济转型升级创造有利的条件，还能够走出一条加快政府转型的有效路子。

1. 行政审批制度改革到了“最后突破期”

(1)行政审批制度改革取得重要进展。行政审批制度改革是新一届政府实现自我革命最重要的改革。2013 年初，国务院总理李克强在履职后承诺，将 1 700 多项行政审批事项再减少 1/3 作为本届政府任期内的重要目标，当年国务院取消和下放了 416 项行政审批等事项；2014 年，进一步取消、下放和调整一批行政审批项目等 403 项，已基本实现本届政府任期内行政审批事项再减少 1/3 的目标。

(2)行政审批制度改革在激发市场活力上成效显著。据国家工商总局统计，自 2014 年 3 月 1 日商事制度改革开始实施，截至 2014 年 12 月 8 日全国新登记注册市场主体 1 004.71 万户，同期增长 16.65%，平均每天新注册企业由改革前的 6 900 户上升至 1.04 万户。

(3)开放服务业市场客观上要求行政审批制度改革的新突破。进入服务业市场开放的新阶段，虽然国家提出了企业可以进入法律法规未禁止的领域，但无论是教育、医疗、文化，还是金融服务业，社会资本和外资进入仍面临着烦琐的行政审批和一些限制条件。

2. “十三五”：以实施负面清单管理倒逼行政审批制度改革

(1)上海自贸区实施负面清单管理是行政审批制度改革的超前探索。我国的负面清单管理始于上海自贸区的探索。负面清单管理是对传统行政审批制度的系统性颠覆。在传统行政审批制度模式下，政府可以以多种名义对企业的市场准入加以审查和限制，而负面清单管理的重要特征是实现市场主体“法无禁止即可为”，公权力“法无授权不可为”，让企业明明白白知道哪些不能做，哪些是需要通过审批核准的，就能够最大限度地减少企业面临的烦琐的行政审批手续。

(2)上海自贸区负面清单管理模式逐步完善。负面清单管理在推动行政审批改革上的作用取决于清单的长度。负面清单的长度越短，表明需要审批的事项越少。2013 年 9 月上海自贸区成立后公布的 2013 年版针对外商投资的负面清单的长度高达 190 条，2014 年 7 月发布的 2014 年版负面清单则减少到 139 条，比 2013 年版减少了51条,清单长度缩短了26.8%[①]。

(3)自贸区的扩容扩大了负面清单管理试点范围。根据2014年12月28日全国人大常委会授权国务院新批三家自贸区以及扩容上海自贸区并暂停相关法律法规的决定,上海自贸区新扩进陆家嘴金融片区、金桥开发片区、张江高科技片区,同时又新批广东、天津、福建三个自贸区。未来的发展趋势是,新扩建的上海自贸区和新批的三个自贸区共用一个负面清单。

(4)全面实施负面清单管理应当成为行政审批制度改革的目标。负面清单管理既能够体现市场在资源配置中的决定性作用,克服企业的负面行为,又能够有效地限制政府权力,是现代市场经济条件下政府管理经济的有效形式。为此,中共十八届三中全会《决定》明确提出,“实行统一的市场准入制度,在制定负面清单基础上,各类市场主体可依法平等进入清单之外领域”。

3.“十三五”:以实施负面清单管理带动政府职能转变

(1)有利于明确界定政府与市场的边界。正面清单管理可以在政府与市场边界模糊的条件下施行,而实现负面清单管理首先需要重新界定政府与市场、政府与企业的边界,在规范政府干预市场裁量权的同时实现政府职能履行的公开透明。

(2)有利于政府向市场放权的到位。从改革实践看,负面清单如果过长的话就会失去意义。实施负面清单管理的关键是尽可能减少政府干预市场的权力,并把过泛、过滥干预市场的政府权力真正关进制度的笼子里。

(3)有利于倒逼行政权力结构调整优化。推行负面清单管理,涉及到行政审批、市场监管等权力结构的调整,更涉及到深层次的决策权、执行权、监督权的重新配置,以及中央地方权力结构的调整。

(4)有利于建设法治政府,并实现政府与市场关系的法定化。实现负面清单管理的重要前提是政府依法管理经济,要求政府与市场关系明确化、法定化,由此倒逼法治政府的建设进程。

---

① 何欣荣.上海自贸区2014版负面清单发布 从190条“瘦身”到139条[EB/OL].新华网,2014-07-01.

二、从中央到地方全面走向负面清单管理

从上海自贸区的改革实践看，实施负面清单管理能够带来巨大的改革红利，而且大部分做法具有很强的可复制、可推广价值。总的判断是，当前无论是发达地区还是欠发达地区，都需要通过负面清单管理释放改革发展红利，“十三五”有条件从中央到地方全面实施负面清单管理。

1.全面实施负面清单管理的条件逐步成熟

(1)全面实施负面清单管理将带来巨大的改革红利。以上海自贸区为例。负面清单管理实施一年多以来，新增企业1.26万家，超过原上海综合保税区过去20年的存量。

(2)上海自贸区的经验可以在全国其他地方复制。上海自贸区的设立，就是要为全国探索出一条充分发挥市场在资源配置中起决定性作用和更好发挥政府作用的新路子。目前，上海自贸区已形成50多项可复制推广的改革措施，其中21项已在全国或部分地区推广，30多项具备复制推广的基础。

(3)负面清单管理可以对内外资同步实施。例如，上海自贸区的“先证后照”改“先照后证”、注册资本实缴改认缴，已经在全国行政审批制度改革中进行推广。

2.尽快推出自贸区负面清单管理升级版

(1)高标准打造自贸区负面清单管理升级版。推广上海自贸区的试点经验，不仅要拓展到广东、天津、福建三个自贸区，而且要在全国推行“法无禁止皆可为”的“负面清单”、“法无授权不可为”的“权力清单”、“法有规定必须为”的“责任清单”。这就需要尽快在自贸区建立高水平、与国际接轨的负面清单管理模式，为全国的政府转型与改革探路。

(2)进一步精简自贸区负面清单。尽管上海自贸区成立一周年来取得了很大的成绩，但负面清单仍需要进一步缩短。例如，按照世界银行的统计数据，在上海设立一个企业需要11道手续，共需30天才可以完成；相比之下，在新加坡设立一个企业只需

要走3道手续,平均耗时仅需2.5天①。建议经过2～3年的努力,最大限度地减少清单条目。

(3)探索建立有效的市场监管体制。从近年来地方行政审批改革的实践看,如果市场监管跟不上,政府向市场放权就会出现“一放就乱”的新问题。为此,自贸区打造负面清单管理升级版,还需要把建立有效的市场监管体制作为重点,为负面清单管理模式在全国其他地区的实施提供更多的可复制的经验。

3. 将从中央到地方实施负面清单管理作为政府转型的重要目标

(1)强化负面清单管理的顶层设计和顶层推动。从上海自贸区的实践看,负面清单管理模式涉及到中央部委审批权向地方下放的问题,涉及到行政审批与市场监管权力结构的调整问题,涉及到不同部门审批权的整合问题。如果没有中央层面的顶层设计和顶层推动,负面清单管理在全国范围内实施相当困难。

(2)加快上海自贸区可复制经验的推广。建议1～2年内,将上海自贸区实行的企业年报信息公示、经营异常名录、企业注册“一口受理”、外资广告企业审批改备案、监管信息共享机制、综合执法体系向全国推广;2～3年内,将上海自贸区可复制经验在全国范围内普遍实行;3～5年内,从中央到地方实行统一、规范的负面清单管理模式。

(3)以负面清单管理倒逼政府职能转变。负面清单管理是政府经济管理方式、流程的系统性重构,涉及到行政审批、市场监管、宏观调控、公共服务等方面的变革。建议“十三五”围绕负面清单管理转变政府职能,通过政府机构改革实现行政审批与市场监管严格分开、行政审批与宏观调控严格分开;在建立以事后监管为主的市场监管体制框架的同时,建立公平竞争导向的宏观调控,以政府购买公共服务为重点创新公共服务体制。

三、制定并实行各级政府的权力清单、责任清单

负面清单管理是政府向市场放权的重大举措,需要放权彻底,但不是一放了之,更不是让政府无所作为。着眼于形成市场决定资源配置前提下的有为政府,需要制定并

① 马化宇. 对话市长:上海自贸区负面清单成焦点[EB/OL]. 中国新闻网,2014-11-02.

实行各级政府的权力清单、责任清单，以确保政府职能行使的有为、有责、有效。

1. 重在明确政府的权力清单、责任清单

2014年以来，在简政放权和反腐败同步推进的特定背景下，一些地方政府不作为的问题引发了社会的关注。一些地方政府过去是管了大量不该管、管不了、管不好的事情，现在却出现了不愿管、不去管的现象。客观地看，政府的权力清单、责任清单不明确、不完备，对官员难以追责是一个重要原因。为此，应当尽快推出从中央到地方的权力清单和责任清单，并向社会公布，让各级政府能够明明白白地行使权力和履行职责，让社会能够明明白白地监督政府。

2. 建立和完善政府的权力清单制度

(1)中央政府开启了公开权力清单的改革。2014年初，国务院决定向社会公开国务院各部门目前保留的行政审批事项清单，以锁定各部门行政审批项目的“底数”，接受社会监督。2014年3月，国务院审改办在中国机构编制网公布国务院部门行政审批事项汇总清单，共有60个部委公布了权力清单。

(2)地方政府公开权力清单的步伐加快。2014年10月，中共十八届四中全会明确提出推行政府权力清单制度的任务。一些地方政府加快制定了权力清单，到2014年底已有1/3的省份公布了权力清单。

(3)形成中央地方建立权力清单的改革方案。尽管中央各部委率先公布了权力清单，但地方层面的权力清单公布还没有时间约束。建议尽快明确地方层面实行权力清单制度的时间表，争取2~3年内全面普及权力清单管理制度。

——1~2年内，推动中央各部委对外公开权力清单规范化、制度化，充分利用新闻发言人制度向社会做出合理的解释，自觉接受社会监督，营造政府改革新风气，树立良好的政府形象。

——2~3年内，鼓励和支持地方各级政府明确和普及权力清单制度，由省级政府带头，实现权力清单制度向市、县级政府普及，在转变政府权力理念、建设服务型政府上取得新突破。

3. 建立和完善政府的责任清单制度

(1)以建设有为政府为目标加快公开各级政府的责任清单。2014年，有不少省

份，如浙江和山东，对公布政府责任清单进行了部署。建议通过1～2年的努力，实现各级政府公布权力清单，在防止行政不作为、乱作为上取得重要突破。

（2）突出市场监管和公共服务领域的责任清单制度。当前，地方政府不作为集中表现在市场监管和公共服务领域职能的薄弱。建议在建立责任清单制度上应当突出重点，突出市场监管和公共服务领域政府职责的设计，并以此形成倒逼市场监管和公共服务体制改革的新局面。

（3）强化对官员不作为的问责。围绕权力清单，建立规范的官员问责制，实现问责公开化、透明化，对社会意见大、造成较大危害的官员不作为坚决问责；建立官员引咎辞职制度，并逐步使其常态化，形成官员主动承担责任的良好政风。

第二节
“十三五”：建立统一、有效的市场监管体制

市场监管是现代市场经济条件下政府的基本职责。只有政府有效地履行市场监管职责，才能在全面推行负面清单管理中避免政府放权“一放就乱”的问题。建议“十三五”实现由行政审批为基础向以法治为基础的转变，实现行政审批与市场监管职能的严格分离，在消费市场领域、反垄断领域、金融领域建立统一、有效的市场监管体制。

一、实现由行政审批为基础向以法治为基础的转变

我国传统的市场监管体制由计划经济时代演变而来，其主要特征是市场监管以行政审批为基础，而非以法治为基础。当前，无论是服务业市场对内开放还是对外开放，都需要建立法治型的市场监管体制，以避免市场监管的主观性、随意性，确保市场监管的有效性。

1. 以行政审批为基础的市场监管难以为继

（1）行政审批与市场监管合为一体的特征突出。在传统体制下，市场监管以前置

性的行政审批为主，通过行政审批为企业层层把关，由此严重抑制了市场活力，而事后的市场监管职能安排则相对薄弱。

（2）以行政审批取代监管的矛盾比较突出。现代市场经济条件下，行政审批与市场监管是性质不同的权力，都需要于法有据。目前的体制安排下，有关部门既管审批又管监管，既有前置性审批过多的问题，又有事后监管失灵的问题。

（3）负面清单管理下市场监管面临方向性选择。随着负面清单管理的全面实施，无论是消费市场领域、反垄断领域还是金融领域，在大幅度削减行政审批事项的同时，都面临着重构现有市场监管体系的问题。

2. 现代市场经济条件下的市场监管以法治为基础

（1）市场监管以事后监管为主。现代市场经济条件下，有效的市场监管主要是事后监管，而不是前置性的审批。前置性的审批应尽可能越少越好，对于必须保留的审批事项，则采用负面清单的管理形式。

（2）无论是事前监管还是事后监管，都以法治为基础。市场监管是政府的微观规制职能。事前监管和事后监管都应当以法律为依据，包括监管部门的权力，都需要依法赋予。

（3）以法治为基础才能确保公平公正。市场监管只有于法有据，才能避免行政审批的主观性和随意性，才能使市场主体信服。例如，2014 年的反垄断，不少外资企业被查处，一些外资企业认为反垄断主要针对外资不公平。虽然外资的说法未必正确，但反映了在目前服务业对内对外开放的新阶段，市场监管确实需要建立在法治基础之上。

3. 将依法监管作为市场监管改革的基本目标

在走向法治市场经济的特定背景下，市场监管改革的基本目标是运用法治思维和法治方式履行市场监管职能，加强事中事后监管，推进市场监管的制度化、规范化、程序化，建设法治化市场环境。2014 年 6 月，国务院出台的《关于促进市场公平竞争 维护市场正常秩序的若干意见》明确提出，“要确保行政机关均须在宪法和法律范围内活动，依照法定权限和程序行使权力、履行职责。没有法律、法规、规章依据，市场监管部门不得作出影响市场主体权益或增加其义务的决定；市场监管部门参与民事活动，要依法行使权利，履行义务、承担责任”。建议“十三五”前期尽快形成市场监管立法、修法计划，争取到

2020 年基本建成以法治为基础、体制比较成熟、制度定型的市场监管体制。

二、实现行政审批与市场监管职能的严格分离

建立法治化的市场监管体制，需要科学划分、合理配置各级政府以及政府各部门的行政审批和市场监管职责。“十三五”以实现行政审批与市场监管职能的严格分离为重点，优化市场监管中的权力结构，明确落实各类市场监管主体的职责，成为市场监管体制转型的重大任务。

1. 行政审批与市场监管职能的严格分离势在必行

多年来，行政审批与市场监管不分的体制不仅导致重审批、弱监管的问题，同时还带来严重的寻租腐败问题。据报道，2013 年下半年以来，全国范围内多位现任或曾在发改委系统任职的官员落马。这些官员落马背后重要的体制根源在于行政审批与市场监管没有严格分开，官员所掌握的行政审批权过大。改革开放 36 年来，建立公平竞争的市场秩序对行政审批与市场监管职能的严格分离提出多方面的改革诉求：只有行政审批与市场监管职能严格分离才能真正落实行政审批与市场监管各自的主体责任；只有行政审批与市场监管职能严格分离才能在市场监管机构改革上破题；只有行政审批与市场监管职能严格分离才能克服封闭式的监管模式，走向公开透明的市场监管，有效克服权力寻租和腐败现象。

2. 全面推进行政审批与市场监管职能的严格分离

(1) 推进行政审批与市场监管职能严格分离。目前，负面清单管理模式已经开始在多个领域探索。以证券市场为例。下一步的改革目标是实现 IPO 的注册制，这意味着证券市场的准入告别行政审批时代，由此需要在行政审批与市场监管职能严格分离的基础上重点强化证券市场的监管职能。未来 2 ~ 3 年，随着金融、能源、基础设施、公共服务等领域负面清单管理模式的推行，上述领域都要实现行政审批与市场监管职能的严格分离，强化市场监管职能。

(2) 把行政审批与市场监管职能严格分离作为市场监管机构改革的重点。分离行政审批职能的关键在于整合分散在不同部门的监管权力，组建统一有效的市场监管机构。在推行负面清单管理的同时，尽快组建市场监管机构，并强化政府的反垄断

职能。

(3)实现市场监管机构的独立性、专业性。现代市场经济条件下，市场监管的权威性主要依靠监管机构的独立性、专业性来实现，而非简单地依靠部门领导“拍脑袋”来实现。市场监管部门如果频繁受上级部门或领导的干预，就很难公正独立地行使监管权。例如，股票市场的IPO不能由上级领导打招呼就可以让公司上市。建议借鉴发达国家的经验，赋予市场监管机构享有同级政府或行政部门所享有的制定行政规章或规范性文件的准立法权限和行政裁决权，推进市场监管机构去行政化。

3. 实现市场监管方式由市场主体为主向市场行为为主的转变

(1)把市场行为作为监管的主要对象。以行政审批为基础的传统监管方式以市场主体为主要监管对象，其结果是监管机构既管企业也管企业行为，不利于集中做好企业行为的监管。建议强化生产经营者的主体责任，让企业为自己的行为负责，市场监管机构不再直接管企业，而是把主要的精力放在企业不正当行为的监管上。

(2)建立和完善市场监管的标准体系。完善市场监管体制，需要监管机构依据标准监管，以避免监管的主观性、随意性。我国1988年通过的《标准化法》为市场监管提供了重要依据，但当时所规定的标准范围主要限于工业产品、工程建设和环境保护。在我国走向服务业大国的新形势下，服务业领域存在着无标准可依或者标准陈旧的情况。建议尽快启动《标准化法》的修订工作，强化服务业标准体系建设，使得市场监管能够适应服务业领域公平竞争的需要。

(3)实现反垄断行为和反不正当竞争行为的全覆盖。完善反垄断法、反不正当竞争法、价格法，强化对损害竞争、损害消费者权益以及妨碍创新和技术进步的垄断协议、滥用市场支配地位行为的监管；以反行政垄断为重点，加大服务业领域的反垄断审查力度，为服务业的市场开放创造条件；改革自然垄断行业监管办法，对非自然垄断环节放开市场、引入竞争，对自然垄断环节加强监管；完善查处仿冒名牌、虚假宣传、价格欺诈、商业贿赂、违法有奖销售、商业诋毁、销售无合法进口证明商品等不正当竞争行为监管的体制机制，在建立知识产权法院、依法保护各类知识产权、打击侵犯知识产权行为上取得新突破。

4. 改革市场监管执法体制

(1)推行综合性监管执法。下大决心改变市场监管执法中的“九龙治水”，整合、规范市场监管执法主体,推进各类市场领域的跨部门、跨行业综合执法,相对集中执法权,凡能够由一个部门执法的,尽可能设置在一个部门;严格落实执法主体责任,使监管机构能够对各个环节的违法行为进行全过程的监管。

(2)理顺从中央到地方的纵向监管权力。目前,我国从中央到地方各级政府都拥有一定的市场监管权力,重复监管和监管效率低下的矛盾比较突出。在重复监管的条件下,难以落实对监管不力的问责。"十三五"需要加快建立中央地方市场监管职责分工体制,对反垄断、商品进出口、外资国家安全审查等关系全国统一市场规则和管理的事项,实行中央政府统一监管;对食品安全、商贸服务等实行分级管理的事项,厘清不同层级政府及其部门的监管职责,原则上实行属地管理,由市县政府负责监管;加强食品药品、安全生产、环境保护、劳动保障、海域海岛等重点领域的基层执法力量。

(3)实现市场监管执法与司法的衔接。建立法治化的市场监管体制,需要依法监管,同时也需要执法与司法的有效衔接。建议完善案件移送标准和程序,细化并严格执行执法协作的相关规定;建立市场监管部门、公安机关、检察机关之间的案情通报机制。

(4)推行阳光执法。从近年来各个领域市场监管的实践看,市场监管执法的不公开、不透明是导致监管机构官员寻租腐败的突出矛盾,也是市场监管失灵的突出矛盾。建议推行地方各级政府及其市场监管部门的权力清单制度,严格要求依法公开权力运行流程;推行政务公开,公示行政审批事项目录,公开审批依据、程序、申报条件等;依法公开监测、抽检和监管执法的依据、内容、标准、程序和结果,自觉接受社会监督。

三、组建综合性、强有力的市场监管机构

维护公平竞争的市场秩序,"重头戏"是组建综合性、强有力的市场监管机构。近年来,无论是消费品领域、反垄断领域还是金融领域,都存在着不同程度的市场监管失灵。建议"十三五"与大部门体制改革统筹考虑,尽快在国家层面调整监管权力结构,整合、组建综合性、权威性的市场监管机构,在强化重点领域市场监管的效能上实现新突破。

1. 成立国务院市场监管委员会,加强消费市场监管职能

消费结构升级和消费需求释放对整个消费市场的监管提出全新的要求。面对消

费安全事故频发的现实，迫切需要加强食品、药品等消费品的监管。同时，消费市场监管标准还需要与国际接轨。例如，许多企业对出口消费品和国内消费品采取双重标准，降低国内消费品的安全质量，歧视国内消费者已成为普遍现象。近年来，一些地方探索整合市场监管机构，成立了综合性的市场监管局，取得了比较好的效果。建议总结地方层面的经验，在国家层面完成消费市场监管体系的重构。

——成立国务院消费市场监管委员会，进一步整合国家工商总局、国家质量监督检验检疫总局等的市场监管职能。

——下设国家消费市场监管总局，使其成为权威性、独立性、专业化的监管机构，负责消费市场标准的执行，对消费市场进行统一、全程监管。

2. 建立统一的国家反垄断执行机构，加强垄断行业监管职能

推行服务业市场对内对外开放，迫切需要强化各个领域的反垄断审查，以确保服务业市场开放的公平公正，维护公平竞争的市场秩序。建议"十三五"建立统一的国家反垄断执行机构，加强垄断行业监管职能；采取综合性举措消除民间资本进入垄断行业存在的障碍，将破除服务业领域的行政垄断作为反垄断的重点；整合商务部、国家发改委、国家工商总局的反垄断执法权，建立统一的国家反垄断执行机构。

3. 完善"一行三会"协调机制，加强金融市场监管职能

2014 年，互联网金融的兴起成为多方面关注的一个问题。随着大数据时代的到来，金融领域不仅面临着跨界融合的创新，而且银行、信托、保险、基金、证券、期货等各类金融机构都面临着混业经营的业务模式创新。"十三五"随着资产管理牌照的逐步放开、利率市场化改革的全面推进，各类机构资管业务相互交叉，原有的资产管理业务的外延不断跨界拓展，我国金融领域将快速进入混业经营时代。这就需要金融监管适应时代的要求，为金融领域市场化改革的深入推进创造条件。

2003 年以来，我国形成了"一行三会"的金融业分业监管体制，在金融领域分业经营的条件下发挥了积极的作用。但是当前金融领域混业经营已成为大趋势，银行业、证券业、保险业金融机构之间的界限日益模糊，相互渗透和交叉的趋势不断加强，对改变分业监管模式提出新的要求。这就需要由央行统筹，从完善"一行三会"协调机制入手，在监管方式上从侧重对金融机构本身的监管转变为更加注重对金融行为的监管，逐步由分业监管过渡到混业监管模式。

四、形成政府监管与行业自律、社会监管的有效合力

在现代市场经济条件下，政府监管要面对无数个市场主体，如果仅仅靠政府唱“独角戏”，市场监管的有效性很难保证。“十三五”强化市场监管职能，需要赋予行业协会等社会组织相应的法律地位，充分发挥行业协会等社会组织在行业监管、企业自律中的重要作用，以形成政府与社会在市场监管中的合力。

1. 发挥行业协会、商会的自律作用

当前，我国消费安全问题频发，不仅反映了政府市场监管职能的缺位，同时也反映了行业自律、行业规范的严重缺失。过去说“行有行帮、帮有帮规”，主要是指各类商帮在行业自律、约束本行业企业行为、建立市场诚信体系等方面扮演着十分重要的角色。例如，明清时期就出现了以晋商、徽商为代表的十大商帮。但现阶段行业协会、商会等很难在市场诚信体系建设中发挥有效作用，频发的食品药品安全事件也表明行业缺乏底线的“自律”远超出人们的想象。从现实出发，推进市场监管由行政为主向法治为主的转型，需要把发展门类齐全的市场中介组织体系作为重要的任务。

2. 将更多行业管理职能转交给行业协会和商会，推进行业自律与社会监督相结合

(1)行政审批改革要敢于向行业协会和商会下放权力。在推动政府向市场放权、中央向地方放权的同时，将部分产品和服务标准、行业规划和政策法规制定权交给行业协会和商会，使行业协会和商会在市场监管中有职、有责、有权，促进市场的自我管理、自我规范、自我净化。

(2)建立行业协会和商会的自律体系。支持行业协会和商会建立健全行业经营自律规范、自律公约和职业道德准则，规范会员行为；建立行业协会和商会依法提起公益诉讼的制度，实质性地提高行业协会和商会自身建设水平和参与市场监管的能力。

(3)建立健全市场专业化服务机构监管制度。在推行上市公司 IPO 注册制的同时，支持会计师事务所、税务师事务所、律师事务所、资产评估机构等依法对企业财务、纳税情况、资本验资、交易行为等的真实性、合法性进行鉴证，依法对上市公司的信息披露进行核查把关；有序放开检验检测认证市场，促进第三方检验检测认证机构的

发展。

3. 规范和完善行业协会和商会的法人治理结构

(1)行业协会和商会不能成为政府机构的附属物。改革开放以来，虽然各行各业都形成了数量众多的中介组织，但这些中介组织大多是行政机构的附属物，缺乏应有的独立性，由此使其在维护市场竞争、扩展市场秩序中的作用十分有限。近年来，由互联网引发的跨界融合产生了不少新的行业，例如微信商务、金融 P2P 等，都需要加强行业自律和社会监督。建议在这些领域以社会民间机构为主组建行业协会和商会，避免走行政化的老路子，推进行业协会和商会的增量改革。

(2)加快推动行业协会和商会的“政会分开”、去行政化。与政府简政放权的改革相配套，实现行政机关与行业协会、商会在人员、财务、资产、职能、办公场所等方面真正脱钩，形成新的经费筹措机制，避免行业协会和商会对行政部门的过度依赖；对于从事行政审批前置中介服务的市场中介组织，在人、财、物等方面必须与行政机关或者挂靠的事业单位脱钩，杜绝行政部门不适当地干预行政审批；考虑到民办行业协会和商会也可能出现一家独大现象和不公正的行为，探索实行一业多会，引入行业协会和商会的竞争机制。

(3)形成行业协会和商会规范的法人治理结构。尽快修改相关法律，支持各个行业的民营企业在自愿的基础上联合建立各类行业协会，对行业组织的专业性、独立性、治理框架做出规范；通过建立完善的法人治理结构，使得行业组织有能力承担政府下放权力后的社会职能，形成自己的社会责任担当。

第三节
“十三五”：全面推进政府购买公共服务

在全社会公共需求全面快速增长的新阶段，推进政府购买公共服务，既是提高公共服务供给质量和供给效率的重大举措，同时也是政府简政放权的重要组成部分。“十三五”推进以公共服务为中心的政府职能转变，需要把全面推进政府购买公共服务作为重点，争取到2020年在全国基本建立起比较完善的政府向社会力量购买公共服务的体制机制。

一、把公共服务纳入政府购买范围

从改革实践看，政府购买公共服务的方向选择是正确的，但政府购买公共服务的范围有限，离实际需求尚有明显差距，政府购买公共服务的体制机制改革还不到位，在有的方面还尚未破题。

1. 政府购买公共服务的背景发生了深刻的变化

随着我国由生存型阶段进入发展型新阶段，改革开放之初吃饭、穿衣等私人产品的严重短缺已经成为历史，全社会公共产品的需求全面快速增长，教育、医疗、养老、就业、公共安全、基本住房、资源环境等公共产品的短缺，开始成为全社会的突出矛盾。"十三五"伴随着从规模城镇化走向人口城镇化，大量的农民工在城镇安家落户，公共需求会呈现爆发式的增长。在这个特定背景下，以政府机构和事业机构为主的传统公共服务体制，从供给量的角度看，难以适应公共需求的全面快速增长；从供给结构的角度看，无法适应多元化的公共服务需求。

2. 公共服务的契约化、社会化、市场化是大势所趋

进入发展型新阶段，尤其在全面深化改革的背景下，政府购买公共服务的主要目的是实现公共服务公开化、公正化和效益最大化。从改革实践看，政府作为公共服务主体，不仅自己办事业机构，而且自己又作为监管主体，是公共服务既难以实现公平，又难以提高效率的体制性根源。虽然我国2003年就开启了政府购买公共服务的进程，但由于公共服务体制创新滞后，在传统事业单位体制下，政府购买公共服务发展相当缓慢。例如，2013年我国政府采购规模占全国财政支出的比重为11.7%，其中服务类仅占9.4%；而欧美发达国家政府采购规模占财政收入的比例为30%～40%，服务类采购占采购规模的50%以上。"十三五"全面推进政府购买公共服务，需要尽快打破事业机构在公共服务领域的行政垄断。

3. 建立政府购买公共服务的新体制

适应13亿人公共需求变化的大趋势，把形成公共服务多元供给主体、多元竞争主体作为“十三五”发展和完善政府购买公共服务的基本目标，重点发展政府向社会组织购买公共服务，尽快取消政府购买对市场组织和社会组织的某些歧视性规定。到2020年，形成法治化、规范化、透明化的政府购买公共服务的体制机制安排，争取使政府采购规模占财政支出的比重达到15% ~20%，服务类采购占政府采购的比重在30% ~40%。

专栏8.1　政府购买公共服务的三种模式
1. 形式性购买模式。主要指政府因工作能力、编制所限，无法提供大量的具体事务性服务，转而由政府出资建立或资助社会组织，用以承接这类公共服务的模式。 **2. 指定性购买模式。**又称独立非竞争性购买，是指社会组织在与政府的关系上具有独立性，与政府不存在资源、人事等的依赖关系，但是在购买的程序上没有采用竞争的方式，而是由政府直接指定某一社会组织来承接政府购买的公共服务。 **3. 独立竞争性购买模式。**指政府采取竞争的方式，通常表现为公开招投标的形式，用契约合作的形式向具有独立性的社会组织购买公共服务的行为模式。这种模式至少要满足两个关键条件：一是公开招标、投标；二是建立在不同主体契约关系上的购买程序和购买合同。

资料来源：中改院课题组整理。

二、推进公共资源配置的社会化、市场化

适应我国经济社会转型发展的大趋势，着眼于2020年基本公共服务均等化目标的总体实现，加快形成公共资源配置社会化、市场化的政策体制安排，形成由事业机构、社会组织、企业单位公平竞争提供公共服务的新格局。

1. 放开公共资源市场

(1) 放开民生类公共资源市场。将事业机构改革和发展公益性社会组织有机结合，适应改善民生、满足多元化的公共需求，出台改革方案，全面放开教育、医疗、养老、文化等领域的公共资源市场。

(2) 放开城镇化发展的公共资源市场。与城镇化进程相适应，把全面放开市政工

程类，尤其是中小城镇的公共资源市场作为发展混合所有制、引导社会资本参与的重大举措，允许社会资本通过特许经营等方式参与社会基础设施的投资和运营，在污水处理、轨道交通、供水供暖等城镇基础设施领域全面推广和普及PPP模式。

(3)放开政府后勤类公共资源市场。与政府简政放权和建设低成本政府相适应，全面放开公车等行政机关类公共资源市场，发挥市场在资源配置中的决定性作用，降低行政成本。

2.加快形成政府向社会组织购买服务的制度安排

(1)细化政府购买公共服务的指导目录。2015年1月4日，财政部、民政部与国家工商总局联合发布了《政府购买服务管理办法(暂行)》，对政府购买服务的基本原则、购买主体和承接主体、购买目录和指导目录做出了规定。建议进一步细化政府购买公共服务的指导目录，使其更具有可操作性。

(2)发展公益性社会组织。推进政府购买公共服务，需要解放思想，对体制内的事业机构与体制外的公益性社会组织一视同仁，遵循同样的游戏规则，把社会组织作为政府购买公共服务的重要承接主体。

(3)建立公平竞争机制。除某些特殊领域外，多数公共服务领域原则上都要引入竞争机制，通过合同、委托等方式向社会组织购买公共服务。实现体制内的事业机构与体制外的公益性社会组织之间的公平竞争，在同样的成本下，谁能够提供更多的公益性，政府就向谁购买公共服务。

3.建立法治化的公共服务监管体制

(1)将政府购买公共服务纳入《政府采购法》。实现政府购买公共服务于法有据，依法规定政府购买公共服务的范围和程序，使之规范化、制度化。

(2)尽快出台《公共资源监管法》。明确界定公共资源社会化、市场化配置的范围和监管程序，形成政府购买公共服务的委托主体和委托对象之外独立性、专业性的外部监督机制，加强社会公众监督和媒体监督，强化监管的有效性。

(3)政府购买公共服务公开化、透明化。建立政府购买公共服务的公示制度，规范招投标、寻价、委托等不同方式的操作流程，最大限度地避免暗箱操作，以保证各类承接主体的公平竞争。

三、以公益性为目标推进社会组织的转型和改革

随着我国进入公共产品短缺时代，政府购买服务不仅是一个范围扩大的问题，更重要的是整体优化公共资源配置，提升公共服务供给的公平、效率和质量。

1. 推动部分事业单位向社会公益组织转型

（1）部分事业单位有条件转型为公益性社会组织。最新出台的《政府购买服务管理办法（暂行）》明确提出，“政府购买服务应当与事业单位改革相结合，推动事业单位与主管部门理顺关系和去行政化，推动有条件的事业单位转为企业或社会组织”。总体来看，一些事业单位长期以来在公益性领域发挥了重要的作用，有条件转型为公益性社会组织。在社区服务、社会福利、慈善基金、科技文化、经济社会改革发展研究等领域，也迫切需要发展一大批具有公益性、独立性、专业性的社会组织。应当说，推进事业单位向公益性社会组织转型，不仅需求性很强，而且切实可行，由此会带来多方面的改革红利。

（2）推进事业单位向公益性社会组织转型需要一系列改革及体制调整。建议“十三五”尽快研究制定事业单位向公益性社会组织转型的综合性改革方案和实施办法，以实现事业单位改革的新突破，以及行政体制改革、事业单位改革、社会治理体制改革的联动。

2. 理顺政府与公益性社会组织的关系

（1）明确事业单位向公益性社会组织转型后的独立法人地位。从增强可持续发展能力的现实需求出发，尽快出台具体办法，在严格评估的前提下将原事业单位全部或部分财产明确转为社会团体财产，实现产权上的政社分离。

（2）加大政府对事业单位转型为公益性社会组织的支持力度。凡具有公益性的社会组织，政府都要通过财政补贴对其加以支持，以在更大范围内调动社会组织的积极性，扩大公共服务的供给；把公益性作为政府购买服务的主要标准，打破以往以所有制或以谁出资为标准、以养人为主的财政支持模式。

（3）鼓励和支持社会力量参与事业单位转型为公益性社会组织的改革。推动事业单位向公益性社会组织转型，既需要政府的大力支持，也需要借助社会力量，以加快

公益性社会组织的发展。尽快对社会资本参与公益性社会组织的准入、权益、管理、税收等做出具体的政策规定，把《政府采购法》中的“服务”从后勤类服务扩展到包括健康、养老、医疗、研究等公共服务项目，以此拓宽社会资本进入公益性社会组织的范围；扩大社会捐赠税收减免的范围，尽快研究制定“免税清单”，具体列举各级政府认可的公益性行为。不管谁出资，只要符合公益性标准，就可以纳入免税范围，以此鼓励和支持社会力量向公益性社会组织出资、捐赠的积极性。

3. 加快建立公益法人制度

(1)赋予公益性社会组织公益法人地位。借鉴国外的立法模式，结合我国国情，在未来的民法典中明确将法人分为营利法人和非营利法人，再在非营利法人之下规定互助法人和公益法人。

(2)建立公益法人财产权保护制度。公益法人是以公共利益为目的而成立的法人，具有非营利性的特征。明确界定其从事活动的范围，尽可能限定其营利行为，依法保护公益法人的财产权。同时，规定公益法人并非在任何时候都不能从事经济活动，只要公益法人从事的营利活动是实现其公共利益目的的一种手段，就不影响其作为公益法人的性质。

(3)创新公益法人认定方式。成立独立的公益法人认定机构，如公益法人认定委员会，对公益法人进行认定。依法降低公益法人准入标准。根据不同行业、不同领域、不同层级的公益服务特点，制定和完善公益法人机构准入条件，依法核准公益法人资格；推动落实平等准入政策，引入竞争机制，鼓励、支持和引导不同所有制形式的公益服务机构共同发展。

(4)以公益法人免税制度为重点建立规范的政府支持制度。参照国际惯例，对公益性社会组织的捐赠免税，对其从事的公益性活动免税；政府依据公益法人所提供的公益性服务，确定每年给予的政府财政支持；在政府财政支持上，按照公益性的大小而不是按照所有制确定支持力度，对事业单位和公益性法人一视同仁。

第四节

“十三五”：建设法治政府的重大任务

“十三五”加快建设法治政府，将政府不适当干预市场的权力关进法治的笼子里，是理顺政府与市场关系、确保经济转型升级成功的重大举措，同时也是探索国家治理体系和治理能力现代化的重大举措。

一、推动政府职能法定化

确立以政府与市场关系立法带动经济体制改革的新思路，从修改和完善企业国有资产法律体系、国家宏观调控法律体系、市场监管法律体系等入手，厘清政府的职能边界，并以法律的形式确立下来，为政府职能转变提供依据。

1. 实现市场监管职能法定化

(1)研究出台综合性的《市场监管法》。确立市场监管机构的法律地位，对市场监管对象违法行为的严格制裁和监管者不当监管的严格处罚加以规定，严格规范市场监管程序，以法律制约监管权力，为全面实施负面清单管理提供依据。

(2)修改《食品安全法》和《药品管理法》。实行最严格的食品药品安全监管制度，完善食品药品监管体制，加大违法行为惩处力度，对网购食品药品等监管空白地带进行法律规范。

(3)将反行政垄断纳入《反垄断法》。对国有垄断行业、城市公用事业、公共服务领域相关行业的监管内容进行清理、修改，使这些行业监管体现公平竞争。

(4)修改《人民银行法》和《证券法》。适应金融领域混业经营的大趋势，在《人民银行法》中确立混业监管的原则和方式；与下一步证券市场 IPO 推行注册制相适应，在《证券法》中完善对上市公司的监管制度。

2. 实现宏观调控职能法定化

(1)出台专门的《国家规划法》。争取在“十三五”规划编制之前出台，将政府规划编制主体、程序、实施、评估等行为纳入法制框架，突出强化国家中长期战略规划职能。

(2)出台专门的《宏观调控法》。将宏观调控手段市场化作为基本原则，明确央行、财政部作为宏观调控的主要部门，形成以货币政策和财政政策为主的宏观调控新机制，用法定程序确定法定利率、税率、汇率等经济参数，为下一步的利率、汇率市场化提供法律依据。

(3)将宏观调控与行政审批职能严格分开。宏观调控与行政审批是政府的不同职能，前者是宏观职能，不应当针对任何具体的企业；后者是微观职能，主要是针对具体的个体企业。二者挂起钩来，不仅难以实现宏观调控目标，还会导致市场准入方面的不公。依法区分政府的宏观调控职能和微观规制职能，为完善宏观调控体制提供法律依据。

3. 实现公共服务职能法定化

(1)推动政府责任清单与权力清单立法。依法明确中央与地方各级政府的公共服务责任清单和权力清单，将基本公共服务均等化纳入法治轨道。

(2)推动中央地方关系法定化。出台《中央地方关系法》，依法规定中央与地方关系的原则、中央政府的职权范围、地方自治权限范围，以及剩余权的归属原则等，合理界定各级政府的公共职责。

(3)推动公共部门法定化。修改完善《企业国有资产法》，从法律上明确公益性国有企业的功能、经营原则，确立以管资本为主完善国有资产管理体制，取消国有企业的行政编制；立法规范公共服务供给的法定机构，为事业单位政事分开、管办分离、去行政化提供法律依据。

4. 实现社会管理职能法定化

(1)加强社区建设与管理立法。随着城镇化进程的加快和农村社区化改革的深入推进，尽快出台城乡统一的《社区自治法》，建立城乡统一的社区管理体制。

(2)加快社会慈善事业立法。依法规范官办慈善事业的管理方式，鼓励和支持企业、社会组织和个人从事慈善事业。

(3)加快网络管理立法。明确界定政府在网络管理中的职责和方式，以及网络违法行为和处罚办法。

二、推动行政程序法定化

"十三五"建设法治政府，关键在于政府依法行政。这就需要依靠法治制约权力，给政府的权力行使打造一个刚性的制度笼子，实现权力法定、程序法定、监督法定。

1.修改《行政许可法》

未来3~5年，随着行政审批制度改革的深入推进、负面清单和权力清单制度的推行，对修改《行政许可法》提出新的要求。建议明确界定负面清单管理的领域和范围，严格减少行政许可、审批的范围；充分阐述需要保留行政许可、审批事项的理由；明确界定运用行政许可和审批进行寻租、与民争利者的法律责任，完善责任追究制度。

2.尽快出台《行政程序法》

《行政程序法》是多年来社会一直呼吁的一项法律，但至今没有出台。目前，行政程序规范分散在一些单行法律如《行政许可法》、《行政复议法》、《行政处罚法》和《行政强制法》等内容中，而这些单行法律本身也相当不完善。总体看，行政程序立法已经远不能适应建设法治政府的要求。考虑到行政程序立法是建设法治政府的标志性工程，建议1~2年内尽快制定出台《行政程序法》，对行政程序主体、重大行政决策、行政规范性文件、行政执法决定、行政决定的效力等进行系统的规范，突出建设阳光政府的要求，为深入推进政务公开、预算公开、官员财产公开创造条件。

3.修改《行政诉讼法》

近年来，"信访不信法"成为一种体制惯性，"民告官告不赢"使得人们更多地依靠上访而非法庭解决自己所遭遇的不公。有数据显示，2013年民告官的案件中老百姓胜诉率全国平均水平仅为6%。尽管已有《行政诉讼法》，但行政诉讼面临立案难、审理难、执行难等诸多问题。目前，《行政诉讼法》修正案草案已经提请全国人大常委会审议。建议扩大行政诉讼案件的受案范围，将涉及土地等自然资源的所有权或者使用权、农村土地承包经营权、支付最低生活保障待遇等官民纠纷纳入行政诉讼受案范围；

明确不接收起诉状的责任主体，对民告官案件置之不理或拖延的渎职行为进行严格处理；强化对被处罚行政机关案件审理结果的执行，应明确规定拒不履行判决、裁定、调解书的，可以对该行政机关直接负责的主管人员和其他直接责任人员予以拘留。

三、实现机构编制法制化

服务于国家治理体系与治理能力现代化的大局，与建设法治政府的大趋势相适应，加快机构编制立法和改革进程，实现机构编制管理体制改革与政府职能转变、优化权力结构的有机统一，坚持用制度管权管事管人，让人民监督权力，让权力在阳光下运行。

1. 到2020年初步形成机构编制法制化的新格局

(1)建立起比较完善的机构编制法制体系框架。基本完成国家机构编制立法，形成完备的中央政府和地方政府组织法体系，形成专门的国家机构编制法，形成覆盖包括政府机构、事业单位等财政供养单位、体系完备、功能完善的机构设置和编制管理法律体系。

(2)基本形成依法管理机构编制的规范程序。明确机构编制的审批主体与责任主体，实现机构编制程序法定，包括申报程序、论证程序、决策审批程序都能够公开透明、于法有据，形成机构编制违法责任追究机制。

(3)基本形成以财政经费控制机构编制的新格局。强化编制管理的财政约束机制，建立健全财政预算制度和机构编制总额控制制度，形成财政经费预算控制机构编制新体制。

(4)基本形成内部监督、人大监督、社会监督为重点的机构编制监督体系新框架。从制度上实现权力监督权力与社会监督权力相结合，依法赋予编制管理部门监督主体地位，完善内部监督机制；加强各级人大及其常委会对同级政府编制情况的监督，确立编制管理部门向同级人大报告编制管理执行情况的制度；建立编制管理信息公开制度，形成公众监督制度；建立机构编制科学的评估机制。

2. 按照“先程序、后实体”的思路加快机构编制立法

(1)确立“先程序、后实体”的机构编制立法思路。从改革实践看，在程序法不完

善的条件下出台的实体法往往很难保证立法质量，而且容易导致机构编制管理程序的不规范，并由此造成机构编制管理中的行政裁量权过大。随着改革进入新阶段，机构编制立法要尽可能采取“先程序、后实体，以程序法带动实体法”的新思路，改变过去重视实体而轻视程序的弊病，把解决实体法中的程序规范问题作为构编制立法的关键。建议通过修改中央与地方组织法，完善机构编制法的上行法依据，以程序立法带动实体立法，经过3～5年的努力，形成综合性的国家机构编制法。

(2)修改和完善行政组织法。在《国务院组织法》、《地方各级人民代表大会和地方各级人民政府组织法》中明确立法原则，将“使市场在资源配置中起决定性作用和更好发挥政府作用”、“建立事权和支出责任相适应的制度”、“决策权、执行权、监督权既相互制约又相互协调”等内容纳入组织法原则。

(3)建立机构编制总额控制制度。规范行政机关及其内设机构的设立、撤并事项，包括实体规范与程序规范；明确规定职责权限、内设机构、组织隶属关系、工作运行机制(如决策制度、会议制度、部门间协调配合与权限争议解决机制)、重要领导岗位的权责、职数，可规定机关规模与建制标准及编制总额等。

(4)制定部门组织法规，健全行政组织法体系。在国务院各部门“三定”规定的基础上，按照部门组织法的核心规范设计和制定各部委、直属机构的组织法规。

(5)出台《国家机构编制法》。我国是一个大国，机构编制问题不仅涉及到中央地方关系、行政机关、事业单位等多个领域，也涉及到政府职能设定、权力运行的法律依据等，如果没有一部专门法律提纲挈领，很难理清编制立法的头绪。借鉴发达国家在机构编制管理方面的立法经验，重点考虑编制总额限定、执行主体明确、执行程序科学等方面的问题，制定高层次的《国家机构编制法》。

3. 以改革财政预算制度为重点建立机构编制预算控制制度

(1)把预算控制编制纳入《预算法》。扩大《预算法》的修订范围，明确把控制机构编制作为各级政府财政预算制定和实施的重要依据；改革财政预算制度，形成运用财政预算控制机构编制的法定程序和具体办法；争取通过2～3年的努力，形成“法律手段与预算手段相结合”的机构编制的约束机制。

(2)将机构编制管理情况纳入人大财政预算审议内容。从法律上赋予各级人大及其常委会对机构编制预算的审查职能，要求各级政府每一年度在提交人大审议年度财政预算的同时，提交年度机构编制执行情况，给予人大及其常委会充足的时间对机构编制进行审核，形成动态监控政府规模的新机制，实现预算控制编制法制化、常态化。

(3)建立财政预算对机构编制调整的前置性约束机制。从改革实践看，在先定机构编制、后划拨财政经费的管理体制下，财政预算处于被动的地位，很难有效遏制机构编制膨胀和财政供养人员膨胀的势头。借鉴发达国家的经验，让财政部门前置性地介入机构编制预算审批程序，通过强化财政预算的硬约束，建立机构编制、人员工资和财政预算相互制约、相互配套、相互监督的新机制。

(4)以明确机构编制管理责任主体为重点建立规范的机构编制执法体制。明确限定行政机构在机构编制上的裁量权，形成总额控制与结构调整的动态管理制度，实现机构编制决策权、执行权、监督权适度分离，建立科学的机构编制评估制度等。

第五节
“十三五”：引领经济新常态的政府发展理念

由工业大国走向服务业大国，是我国现代化进程中的第二次转型，同时也是第二次改革。“十三五”我国正处于大有可为的重要战略机遇期。在历史性转型发展的新阶段，认识新常态、适应新常态、引领新常态，关键在于以更大的决心和勇气解放思想，变革政府发展理念。

一、告别总量扩张模式，追求公平可持续

“十三五”经济转型升级是一场深刻的政府革命，尤其是触及到深层次的政府发展理念革命。这就需要政府主动、自觉地告别总量扩张模式，追求公平可持续，围绕人的自身发展推动政府转型。

1. 告别总量扩张模式

走向服务业大国的经济转型升级主要不靠总量取胜，而更多地是以质量取胜、以

服务取胜、以创新取胜。改革开放36年来，我国经济发展模式带有政府主导、总量扩张的突出特征。尤其是过去的10多年，围绕做大经济总量，地方政府以GDP论英雄的特点十分突出。在政府主导下的总量扩张模式下，通过工业项目的大干快上，我国迅速成为全球第二经济大国和全球制造业第一大国。随着全球进入工业3.0、工业4.0时代，大规模定制正在取代大规模同质化生产成为新一轮工业革命的重要特征。在大规模定制时代，经济发展依靠的不是总量，而是服务、创新。我国走向服务业大国不是不要发展工业，制造业仍是突出优势。面对新一轮工业革命的到来，更需要通过发展现代服务业全面提升制造业，发展高端制造业。在这个前提下，才有可能形成高附加值的产业链，才有条件跻身高收入国家行列。

2. 追求公平可持续

"十三五"能不能适应走向服务业大国的新常态，把公平可持续作为转型与改革的目标追求，成为政府转型的重大历史性挑战。中等收入群体是服务消费需求释放的主体力量，只有把公平可持续作为目标追求，只有扩大中等收入群体规模，才有可能释放13亿人的消费潜力，形成中高速增长的新常态；人口城镇化将为服务业的发展提供巨大的空间和载体，只有把公平可持续作为目标追求，积极破除城乡二元结构，才能形成人口城镇化的新格局；服务业发展最大的体制问题是难以实现公平竞争，只有把公平可持续作为目标追求，破除服务业领域的行政垄断，形成公平竞争的市场秩序，才有可能形成服务业主导的新常态。

3. 围绕人的自身发展推动经济转型升级

尽管当前经济下行的压力未能根本缓解，但未来5~10年，我国经济仍将处于快速成长期，主要的基础在于我国由生存型阶段进入发展型新阶段。在发展型新阶段，13亿人的自身发展需求取代传统的物质需求成为消费需求升级的大趋势，由此为经济的发展带来巨大机遇。我国一直重投资、轻内需，但要产生更多21世纪的伟大企业，更需要以国内需求为导向，自觉、主动地满足13亿人的发展型需求。

二、形成经济转型升级的中长期思维

经济转型升级是一场攻坚战，不能一蹴而就，也不能无所作为，关键在于要从政府层面克服短期行为，确立中长期思维，坚持以经济转型升级为主线全面深化改革。

1. 不能以增长为理由延迟经济转型

近几年的经济下行有国际经济周期波动的原因，但主要是国内经济转型滞后的必然结果。经济转型不可能不淘汰夕阳产业和落后企业，因而不可能不影响经济增长。只有淘汰夕阳产业和落后企业，经济才能赢得新生，才能为进一步解决多方面的矛盾和问题创造有利条件。以2014年我国互联网公司薪酬排行榜前10名为例。最高的腾讯平均月薪为18 830元，最低的果壳网平均月薪为9 100元，而同期不少传统行业却陷入困境，连正常发工资都困难。在这种情况下，以增长为理由保护落后产业、延迟经济转型从中长期看是得不偿失的，而且经济转型推迟一年，矛盾和隐患就会累积一年，从而使经济发展失去历史机遇。

2. 基本完成经济发展方式转变的主体任务

"十二五"规划提出以转变经济发展方式为主线，现在看这是一个正确的选择。如果没有在转变经济发展方式上的努力，经济下行的矛盾和隐患可能更大。"十二五"我国在转变经济发展方式上取得了一些重要进展，但总体上尚未取得实质性突破。因此，"十三五"保持转变经济发展方式政策的连续性，持之以恒地坚持十分关键。如果中期战略把握得好，到2020年能够基本完成转变经济发展方式的主体任务，使消费成为拉动经济增长的内生动力；基本完成服务业主导的经济转型，形成人力资本和创新驱动的新格局，就不仅能够消化短期的问题，还能够赢得中长期的可持续发展，从而为未来"两个百年"长期目标的实现奠定坚实的基础。

3. 保持宏观政策定力，锐意深化全面改革

经济发展方式的转变从根本上取决于全面深化改革的进程。从多年来的实践看，转变经济发展方式需要稳定的宏观环境，更需要全面深化改革。这方面，过去曾有不少深刻的教训。比如，一旦某个季度经济增长速度放缓，各方面议论纷纷，虚夸经济增速放缓将带来严重后果，迫于各方面压力，宏观政策就"开闸放水"。其结果是，一些本该淘汰、没有生命力的落后企业又重获延续下来的机会，形成了不少的"僵尸企业"，从而使经济发展方式转变错过最佳的历史机遇。建议把解决产能过剩问题作为"十三五"规划的重大任务，采取有效措施打破地方保护主义，推动产能过剩企业跨地

区、跨所有制的并购重组。

三、形成社会转型中的底线思维

从国际经验看，拉美一些国家陷入“中等收入陷阱”，不少国家的经济转型是被社会问题中断的。如果社会问题丛生，形成社会多方面的共识顺利推进经济转型是相当困难的。高度重视经济转型中的社会问题，在解决社会问题上把握主动权，是“十三五”经济转型升级不可回避的重大课题。

1. 以底线思维赢得主动

多年来，不少人认为社会问题是发展中必然会出现的问题，需要在发展中解决。这有一定的道理。但问题在于，不能用经济增长掩盖、延迟社会问题的解决，更不能在解决社会问题上失去底线。例如，一些地方为了上大项目，强行进行征地拆迁，严重损害了政府形象。即使这些大项目对地方经济发展有利，但从国家长治久安的角度看，也是得不偿失的。

改革开放36年来，社会转型确实到了临界点。确立社会转型中的底线思维，就是不能因为任何理由激化社会矛盾，就是不能因为任何理由继续积累社会隐患，就是要对社会转型和社会问题有充分的估计、超前的预判和未雨绸缪的预案。

2. 让公权力退出市场

从征地拆迁等反映出来的问题看，不受约束的公权力与市场结合，是引发基层社会矛盾的重要根源，是腐败问题产生的重要根源，是市场在资源配置中难以起决定性作用的重要根源。在反腐败取得重大成果的同时，进一步打破利益固化的藩篱，让公权力退出市场，是正确处理政府与社会关系，有效化解社会矛盾的釜底抽薪之举。“十三五”在简政放权的同时，更需要在改变竞争性地方政府发展模式上“啃硬骨头”。要从地方层面采取果断措施，让公权力退出招商引资，让公权力退出农村土地市场，严格杜绝基层官商勾结损害社会利益。

3. 主动缩小贫富差距

主动缩小贫富差距是解决社会矛盾的重要基础之一。从“十二五”期间反映出来的问题看，不少社会情绪、社会矛盾的根源在于贫富差距过大。仇富情绪、仇官情绪、不少非理性行为都与贫富差距过大有着直接或间接的联系。尤其是我国由中上收入阶段迈向高收入阶段，在对待贫富差距问题上更要防止以平均数掩盖大多数。在此方面，“十三五”政府需要有所作为。从社会政策层面看，政府的再分配不仅不应当拉大收入分配差距，还应当向农村、落后地区、困难群体倾斜，在协调重大利益关系上要形成共识。

4. 让农民工成为历史

2014 年，我国农民工人数接近 2.7 亿。同时，农民工的结构发生了重大变化，绝大多数农民工是 80 后、90 后的新生代农民工。这些农民工进城，绝大多数人的意愿是落户城镇，但在现行体制下又难以融入城镇。如此庞大的年轻人群体成为城乡之间的“夹心层”，将成为未来 5 ~ 10 年国家治理的一个重大难题。从现实情况看，这个问题越早解决越主动，越晚解决问题越大。为此，确立解决社会问题上的底线思维，更需要把让农民工成为历史作为“十三五”规划的一个约束性目标。

四、形成治理转型中的法治思维

“十三五”是我国治理转型的关键时期。实现全面深化改革与全面依法治国有机统一，走出一条国家治理体系和治理能力现代化的新路子，重在确立治理转型中的法治思维。

1. 以法治思维根治机制性寻租腐败

近两年的反腐风暴取得了阶段性成果，应当说有效地改善了党风政风，在多方面改善了政府形象，极大地集聚了社会公平正义的正能量。从反腐败的实践看，如此多的官员落马也集中反映了政府权力运行的不规范，反映了现行体制机制的结构性缺陷。下一步反腐败的深入，关键是确立法治思维，把解决机制性寻租腐败作为重点，真正“把权力关进制度的笼子里”。

2. 以法治政府引领法治市场、法治社会

“把权力关进制度的笼子里”，关键是建设法治政府。这些年，政府与市场、政府

与社会的关系没有理顺，主要问题在于法治政府建设的滞后。如果能够在法治政府建设上尽快取得突破，就会为正确处理政府与市场、政府与社会的关系提供重要保障。新阶段的行政体制改革，更需要确立法治思维，把建设法治政府作为目标追求。为此，“十三五”确立以机构编制法制化带动行政体制改革的新思路，形成以法治政府引领法治市场、法治社会的新格局，对于推进国家治理体系和治理能力现代化十分关键。

3. 实现全面深化改革与全面依法治国有机统一

“十三五”是我国全面深化改革、实现国家治理体系和治理能力现代化的关键时期。实现国家治理体系和治理能力现代化，重中之重是在建设法治中国上取得决定性成果。中共十八届四中全会提出全面依法治国的总体目标和重大任务，提出建设法治中国的许多新观点、新举措，这是走向法治中国的路线图和行动纲领。落实中共十八届四中全会“建设中国特色社会主义法治体系，建设社会主义法治国家”的总目标，根本途径和动力在于全面深化改革。这就需要实现全面深化改革与全面依法治国的有机统一，把建设法治中国作为全面深化改革的关键和重点，同时要确保重大改革于法有据。